COLLECTION DE TEXTES
POUR SERVIR A L'ÉTUDE ET A L'ENSEIGNEMENT DE L'HISTOIRE

GRÉGOIRE DE TOURS

HISTOIRE DES FRANCS

LIVRES VII-X

TEXTE DU MANUSCRIT DE BRUXELLES

Bibliothèque royale de Bruxelles, ms. 9403

AVEC INDEX ALPHABÉTIQUE

PUBLIÉ PAR

GASTON COLLON

PARIS
ALPHONSE PICARD ET FILS, ÉDITEURS
Libraire des Archives nationales et de la Société de l'École des Chartes
82, RUE BONAPARTE, 82

1893

LBRAIRIE ALPHONSE PICARD ET FILS, ÉDITEURS
82, Rue Bonaparte, 82

COLLECTION DE TEXTES

POUR SERVIR A

L'ÉTUDE ET A L'ENSEIGNEMENT DE L'HISTOIRE

La *Collection de textes pour servir à l'étude et à l'enseignement de l'histoire*, fondée en janvier 1886 par l'initiative d'un certain nombre de membres de l'Institut, de l'Université, de l'Ecole des Chartes et de l'Ecole des Hautes-Etudes, et placée sous le patronage de la Société historique, est publiée par les soins d'un comité composé de MM. Giry, Jalliffier, Langlois, Lavisse, Lemonnier, Luchaire, Prou, Thévenin et Thomas.

Elle se compose d'éditions de sources historiques importantes, annales, chroniques, biographies, documents divers, ainsi que de recueils de textes propres à éclairer l'histoire d'une époque déterminée ou d'une grande institution.

Sans exclure aucune période ni aucun pays, l'histoire de France doit cependant y occuper la place principale. Chaque document ou recueil forme un volume publié séparément dont le prix, pour les souscripteurs à la collection, est établi à raison de 0 fr. 25 c. la feuille d'impression, sans que le prix des publications d'une année puisse dépasser la somme de 10 francs. La collection s'adressant entre autres personnes aux étudiants, il a paru que le montant de la souscription ne devait pas être plus élevé. Chaque volume est du reste vendu séparément.

Nous avons publié les ouvrages suivants :

EXERCICE 1886

RAOUL GLABER, *Les cinq livres de ses Histoires* (900-1044), publiés par Maurice PROU.................................. ne se vend plus séparément.
Pour les souscripteurs à la collection........................... 2 fr. 50
GRÉGOIRE DE TOURS, *Histoire des Francs*, livres I-VI ; texte du manuscrit de Corbie (Bibl. nat., ms. lat. 17655), avec un fac-similé, publié par H. OMONT de la Bibliothèque nationale.................................... 7 fr. »
Pour les souscripteurs à la collection........................... 5 fr. »

EXERCICE 1887

Textes relatifs aux institutions privées et publiques aux époques mérovingienne et carolingienne. Institutions privées, publ. par Marcel THÉVENIN.. 6 fr. 50
Pour les souscripteurs à la collection........................... 4 fr. 50
Vie de Louis le Gros, par SUGER, suivie de *l'Histoire de* oi Louis VII, publiées d'après les manuscrits par A. MOLINIER................. 5 fr. 50
Pour les souscripteurs à la collection........................... 4 fr. »

EXERCICE 1888

Textes relatifs à l'histoire du Parlement depuis les origines jusqu'en 1314, publiés par Ch.-V. LANGLOIS........................... 6 fr. 50
Pour les souscripteurs à la collection........................... 4 fr. 50
Lettres de GERBERT (983-997), publ. avec une introduction et des notes par Julien HAVET..................................... 8 fr. »
Pour les souscripteurs à la collection........................... 5 fr. 50

EXERCICE 1889

Les grands traités de la guerre de Cent Ans, publ. par E. COSNEAU. 4 fr. 50
    Pour les souscripteurs à la collection.................... 3 fr. 25
Ordonnance Cabochienne (mai 1413), publ. avec une introduction et des notes par A. COVILLE... 5 fr. »
    Pour les souscripteurs à la collection.................... 3 fr. 50
PIERRE DUBOIS, *De recuperatione terre sancte*, traité de politique générale du commencement du XIVe siècle, publ. par Ch.-V. LANGLOIS, chargé de cours à la Faculté des lettres de Paris .... 4 fr. »
    Pour les souscripteurs à la collection .... 2 fr. 75

EXERCICE 1890

GALBERT DE BRUGES, *Histoire du meurtre de Charles le Bon, comte de Flandre* (1127-1128) suivie de Poésies latines contemporaines, publ. avec une introduction et des notes par Henri PIRENNE, professeur à l'Université de Gand.. 6 fr. »
    Pour les souscripteurs à la collection..................... 4 fr. 25
Documents relatifs à l'administration financière en France de Charles VII à François Ier (1443-1523), publiés par G. JACQUETON, conservateur-adjoint à la Bibliothèque-musée d'Alger...................................... 8 fr. 50
    Pour les souscripteurs à la collection..................... 5 fr. 75

EXERCICE 1891

Chartes des libertés anglaises (1100-1305), publiées avec une introduction et des notes par Ch. BÉMONT, maître de conférences à l'Ecole pratique des Hautes-Etudes.. 4 fr. 50
    Pour les souscripteurs à la collection..................... 3 fr. 25
EUDES DE SAINT-MAUR, *Vie de Bouchard-le-Vénérable, comte de Vendôme, de Corbeil, de Melun, et de Paris, X^e et XIe siècles*, publiée avec une introduction et des notes par Ch. BOUREL DE LA RONCIÈRE, ancien élève de l'Ecole des Chartes et de l'Ecole des Hautes-Etudes........................ 2 fr. 25
    Pour les souscripteurs à la collection..................... 1 fr. 50
Documents relatifs aux rapports du clergé avec la royauté de 1682 à 1705, publiés par M. MENTION, docteur ès lettres,..................... 4 fr. 50
    Pour les souscripteurs à la collection..................... 3 fr. 25

EXERCICE 1892

Les grands traités du règne de Louis XIV (1648-1659), publiés par M. VAST, docteur ès lettres... 4 fr. 50
    Pour les souscripteurs à la collection..................... 3 fr. 25
GRÉGOIRE DE TOURS, *Histoire des Francs*, livres VII-X ; texte du manuscrit de Bruxelles (Bibl. royale de Bruxelles, ms. 9403), publ. par Gaston COLLON, élève de l'Ecole des Chartes et l'Ecole des Hautes-Etudes......... 5 fr. 50
    Pour les souscripteurs à la collection..................... 4 fr. »

Les publications suivantes sont en préparation :

Textes relatifs aux institutions privées et publiques aux époques mérovingienne et carolingienne, publiés par M. M. THÉVENIN. 2e partie. *Institutions publiques*. (Sous presse.)

HARIULFE, *Chronique de l'abbaye de Saint-Riquier*, publiée par M. F. LOT, ancien élève de l'Ecole des Chartes et de l'Ecole pratique des Hautes-Etudes (*Sous presse.*)

ROBERT DE SORBON, *De conscientia*, publié par M. CHAMBON, élève de la Faculté des Lettres de Paris. (*Sous presse.*)

Recueil de documents sur l'histoire et la géographie de l'Afrique chrétienne, publ. par M. l'abbé DUCHESNE, membre de l'Institut.

Textes relatifs à l'histoire ecclésiastique depuis les origines jusqu'au XIe siècle, publiés par M. C. BAYET, recteur de l'Académie de Lille.

Vie de Louis le Pieux par l'ASTRONOME, publ. par M. A. MOLINIER, conservateur à la Bibliothèque Sainte-Geneviève.

Annales de Flodoard, publiées par M. COUDERC, ancien élève de l'Ecole des Chartes et de l'Ecole des Hautes-Etudes.

Le livre des miracles de saint Mesmin, abbé de Micy, publié par M. M. POETE, ancien élève de l'Ecole des Chartes et de l'Ecole des Hautes-Etudes.

HELGAUD, *Vie du roi Robert-le-Pieux*, publiée d'après le manuscrit original par M. F. SOEHNÉE, membre de l'Ecole française de Rome.

Textes relatifs aux institutions publiques et privées à l'époque des Capétiens directs, publiés par M. A. LUCHAIRE.

GUIBERT DE NOGENT, *Histoire de sa vie*, publiée par M. LEFRANC, ancien élève de l'Ecole des Chartes et de l'Ecole des Hautes-Etudes.

Annales Gandenses, publiées par M. Frantz FUNCK-BRENTANO, bibliothécaire à la Bibliothèque de l'Arsenal.

Textes relatifs aux rapports de la royauté avec les villes en France depuis le XIV° jusqu'au XVIII° siècle, publiés par M. A. GIRY.

Textes relatifs à l'histoire de l'industrie et du commerce de la France au Moyen-Age, publiés par M. Gustave FAGNIEZ.

Textes relatifs à l'histoire des institutions de la France depuis 1515 jusqu'en 1789, publiés par M. J. ROY, professeur à l'Ecole des Chartes.

Textes relatifs à l'histoire des colonies françaises (XVII° et XVIII° siècles), publiés par M. Ch. GRANDJEAN, secrétaire-rédacteur au Sénat.

Les grands traités du règne de Louis XIV (1660-1715), publiés par M. H. VAST, docteur ès lettres.

Documents relatifs aux rapports du clergé avec la royauté de 1705 à 1789, publiés par M. Léon MENTION, docteur ès lettres.

Cette liste donne une idée assez exacte du caractère de la collection : Grégoire de Tours, Gerbert, Raoul Glaber, Suger, Galbert de Bruges, ont inauguré les textes originaux dont nous nous proposons de donner des éditions nouvelles; les recueils de textes, comprenant des diplômes, des chartes, des formules, des actes législatifs ou judiciaires, groupés de manière à éclairer l'histoire d'une époque ou d'une institution, mettront à la portée de tous une catégorie de documents depuis longtemps en faveur auprès des historiens, mais restée jusqu'ici assez difficilement accessible en dehors des bibliothèques aux étudiants et aux travailleurs.

Dans le choix des documents et des recueils que nous nous proposons de publier, nous nous préoccupons avant tout de créer des instruments de travail utiles et commodes, analogues à ceux qui existent depuis longtemps pour l'étude de l'antiquité. Nous ne recherchons ni les textes inédits ni les curiosités vaines, notre choix s'est porté et se portera de préférence sur les documents qui nous paraissent les plus utiles, les plus propres à fournir la matière d'explications dans les chaires d'enseignement supérieur, ou la base d'études nouvelles pour les étudiants.

La faveur avec laquelle nos éditions ont été accueillies nous a prouvé que notre tentative répondait à un véritable besoin. En province surtout, où les travailleurs sont moins favorisés qu'à Paris, nous avons recueilli des adhésions et des encouragements précieux. Beaucoup de nos souscripteurs sont entrés en relation avec nous pour nous presser de publier tels ou tels documents ou pour nous conseiller certaines améliorations. Nous avons ainsi décidé, à la demande de plusieurs d'entre eux, que dorénavant nos éditions de chroniques seront accompagnées de courts sommaires en français, qui faciliteront la lecture du texte et y rendront les recherches plus aisées.

Nous ne saurions, en revanche, comme on nous l'a demandé de divers côtés, augmenter le nombre de nos publications, ni en développer beaucoup les notes grammaticales et historiques. Nous sommes liés, en effet, par les conventions acceptées par nos souscripteurs, et, d'autre part, nous proposant de créer des instruments d'études, nous ne devons pas, en multipliant les notes, prévenir tout effort pour l'intelligence des textes. Nous voulons avant tout donner des éditions correctes et maintenir à l'ensemble de l'œuvre l'unité de la méthode et un caractère rigoureusement scientifique. En parlant d'unité dans la méthode, nous ne voulons pas dire — et les volumes publiés jusqu'ici le montrent assez — que nous entendons imposer à nos collaborateurs un cadre et des procédés uniformes. Il nous a paru que chacune de nos publications, selon les textes qu'elle contient, devait au contraire avoir son individualité propre et que l'unité résulterait de l'application à tous nos recueils des méthodes scientifiques les meilleures et les mieux appropriées. Un index alphabétique de noms propres, nécessaire aux éditions des chroniques, nous paraît avantageusement remplacé par des tables de matières, méthodiques ou alphabétiques, dans des recueils de textes, comme ceux qu'ont publiés MM. Thévenin, Langlois et Cosneau. Les notes explicatives qui peuvent être très rares dans des textes relativement faciles comme ceux de Raoul Glaber et de Suger, ou souvent commentés et traduits comme celui de Grégoire de Tours, nous ont paru, au contraire, indispensables pour les lettres si souvent énigmatiques de Gerbert. Les biographies de Grégoire de Tours, de Raoul Glaber, de Suger, sont assez connues pour qu'il ait paru suffisant d'en rappeler seulement les faits principaux ; celle de Gerbert, au contraire, demandait à être écrite avec détail, car elle a pour objet de justifier les dates attribuées à chacune de ses lettres.

Notre intention est de ne publier que des éditions critiques, dont les textes doivent reposer sur le classement des manuscrits ; nous avons cru cependant pouvoir déroger exceptionnellement à cette règle pour l'*Histoire des Francs* de Grégoire de Tours : la valeur, l'autorité et l'intérêt philologique des deux manuscrits employés nous ont paru une justification suffisante.

Nous n'avons plus besoin d'insister aujourd'hui sur l'utilité de cette Collection. Nos volumes ont servi à des explications et à des exercices dans les Facultés et dans les Écoles ; plusieurs d'entre eux ont été choisis pour les épreuves du concours de l'agrégation d'histoire. Réunis, ils formeront une bibliothèque qui convient non seulement aux professeurs, aux étudiants des Facultés, aux élèves de l'École normale, de l'École des Chartes et de l'École des Hautes-Études, mais aussi à tous ceux qui sont curieux d'étudier l'histoire à ses sources mêmes.

A. GIRY, professeur à l'École des Chartes et à l'École des Hautes-Études ;
H. JALLIFFIER, professeur au lycée Condorcet ;
Ch.-V. LANGLOIS, chargé de cours à la Faculté des lettres de Paris ;
E. LAVISSE, de l'Académie française, directeur d'études pour l'histoire à la Faculté des lettres de Paris ;
H. LEMONNIER, professeur d'histoire à l'École des Beaux-Arts.
A. LUCHAIRE, professeur à la Faculté des lettres de Paris ;
M. PROU, bibliothécaire à la Bibliothèque Nationale ;
M. THEVENIN, directeur d'études adjoint à l'École des Hautes-Études ;
A. THOMAS, chargé de cours à la Faculté des lettres de Paris.

Adresser les souscriptions à MM. Alphonse Picard et fils, éditeurs, rue Bonaparte, nº 82, à Paris.

Mâcon, Protat frères, imprimeurs.

GRÉGOIRE DE TOURS
HISTOIRE DES FRANCS

LIVRES VII-X

MACON, PROTAT FRÈRES, IMPRIMEURS

COLLECTION DE TEXTES
POUR SERVIR A L'ÉTUDE ET A L'ENSEIGNEMENT DE L'HISTOIRE

GRÉGOIRE DE TOURS

HISTOIRE DES FRANCS

LIVRES VII-X

TEXTE DU MANUSCRIT DE BRUXELLES

Bibliothèque royale de Bruxelles, ms. 9403

AVEC INDEX ALPHABÉTIQUE

PUBLIÉ PAR

GASTON COLLON

PARIS
ALPHONSE PICARD ET FILS, ÉDITEURS
Libraires des Archives nationales et de la Société de l'École des Chartes
82, RUE BONAPARTE, 82

1893

INTRODUCTION

La méthode suivie dans la publication des quatre derniers livres de l'*Histoire de France*, de Grégoire de Tours, est la même que celle qui a présidé à la publication des six premiers.

Le manuscrit 9403 de la bibliothèque royale de Bruxelles, qui nous donne les quatre derniers livres dans l'état à la fois le plus complet et le plus voisin du texte primitif[1], a été, comme le manuscrit de Corbie, scrupuleusement reproduit, sous la forme que lui a donnée un scribe peu lettré de la fin du viiie ou du commencement du ixe siècle. Nous y avons ajouté en note les corrections nombreuses faites par un réviseur contemporain plus instruit.

On trouvera donc avant tout dans cette édition une reproduction aussi fidèle qu'il nous a été possible des plus anciens et des meilleurs manuscrits de l'histoire de Grégoire de Tours.

---

1. Le manuscrit, mutilé, s'arrête au cours du chapitre 29 du livre X. — Nous avons donné la fin du chapitre 29 et les chap. 30 et 31 d'après les *Monumenta*, en les distinguant par un artifice typographique ; ils sont imprimés en petit texte.

Elle présente d'abord un intérêt philologique, et permet à l'érudit de prendre sur le vif les modifications de l'orthographe du latin, d'étudier l'influence qu'exerçait sur elle la langue parlée, et de se rendre compte de l'état de l'enseignement dans les écoles monastiques à la fin du viiie et au commencement du ixe siècle.

Mais on pourra rechercher aussi dans ces volumes une édition de Grégoire de Tours d'un format commode, édition que nous ne possédons pas encore. En vue de faciliter aux historiens l'intelligence du texte, nous avons pris soin de donner en note la bonne leçon, toutes les fois que la leçon du manuscrit rendait la phrase obscure ou inintelligible.

A la fin de ce volume, on a ajouté un index alphabétique des noms propres des deux fascicules réunis; pour chacun de ces noms propres, nous avons donné toutes les formes que l'on rencontre dans notre texte, les groupant par des renvois autour de la forme commune; toutefois, nous avons négligé de différencier les formes en *ensis*, des formes *insis*, et quelques autres variantes d'un usage trop fréquent pour qu'il soit utile d'y insister.

INCIPIUNT CAPITULA LIBRI VII.

I. De obitu sancti Salvii episcopi.
II. De conlisione Carnetenorum et Aurilianinsium.
III. De interitu Vidastis cognomento Avi.
IIII. Quod Fredegundis in aeclesia confugit, et de thesauris ad Hildeberto ductis.
V. Quod Guntramnus[1] rex Parius[2] venit.
VI. Quod idem rex ea que de regno Chariberthi erant sibi subegit.
VII. Quod legati Hildeberthi Fredegundem requirunt.
VIII. Quod rex populum petiit, ne ut fratres eius interematur.
VIIII. Quod Riguntis[3] a Desiderio, thesauris ablatis,
X. retenta est.
XI (10). Quod Gundoaldus in rigno elevatus est, et de Rigundae, filia Chelpirici regis.
XII (11). De signis quæ apparuerunt.
XIII (12). De incendio regionis Thoronicae et virtutis sancti Martini.
XIIII (13). De incendio et predes Pectavi urbis.
XV (14). De legatis Childeberthi regis ad Guntramno principi missis.‖

---

1. *Corr.* Guntrhamnus. — 2. *Corr.* Parisius. — 3. *Corr.* Rigunthis.

Fol. 181 v° XVI (15). De malicia Fredegunde.
XVII (16). De regressu Pretextati episcopi.
XVIII (17). De Promoto episcopo.
XVIIII (18). De eo quod rege dictum est, ut se cautum redderet, ne interficeretur.
Fol. 182. XX (19). Quod regina in villa abire iussa est.
XXI (20). Quod idem emisit qui Brunechildem lederet.
XXII (21). De fuga et custodiae Eberulfi.
XXIII (22). De malicia eius.
XXIIII (23). De Iudaeo interfecto cum suis.
XXV (24). De praeda urbis Pectavę.
XXVI (25). De spolia Marileifi.
XXVII (26). Quod Gundoaldus civitates circuit.
XXVIII (27). De iniuria Magnulfi episcopi.
XXVIIII (28). Quod exercitus in ante accessit.
XXX (29). De interitu Eberulfi.
XXXI (30). De legatis Gundoaldi.

XXXII (31). De reliquis sancti Sergi marthiris.
XXXIII (32). De aliis Gundoaldi legatis.
XXXIV (33). Quod Childebertus ad Gunthramnum patruum suum venit.
XXXV (34). Quod Gundoaldus Convenas abiit.
XXXVI (35). De basili ca sancti Vinti[1] marthiris Agemninsis vastata.
XXXVII (36). De conlocucione[2] Gundoaldi cum exercitu.
XXXVIII (37). De bello contra urbem.
XXXVIIII (38). De interitu Gundoaldi.
XXXX (39). De interitu Sagittarii episcopi et Mummoli.
XLI (40). De thesauris Mummoli.
XLII (41). De gigante.
XLIII (42). De virtute sancti Martini.
XLIIII (43). De Desiderio et Waddone.
XLV (44). De muliere phitonissa[3].

---

1. *Corr.* Vincenti. — 2. *Corr.* conlocutione. — 3. *Corr.* phytonissa.

XLVI (45). De fame anni presentis[1].
XLVII (46). De interitu Cristofori.

XLVIII (47). De bello civile
   inter cives To-
   ronicus[2].

EXPLICIUNT CAPITULA [3].

---

1. *Corr.* presentis. — 2. *Corr.* Toronicos. — 3. *Add.* libri VI.

INCIPIT LIBER SEPTIMVS.

[I.] Licet sit studium historiam prosequi, quam priorum librorum ordo reliquid[1], tamen prius aliqua de beati Salvii obitu exposcit loqui devocio[2], qui hoc anno obisse probatur. Hic enim, ut ipse referre erat solitus, diu in habitu saeculario mundialis[3] causas est exsecutus; numquam tamen se in his concupiscenciis || oblegans[4], quibus aduliscentum animus solitus est inplicari. Iam cum divini spiramenti odor interna viscerum attigisset, relicta saeculari milicia, monasterium expetivit; intellexitque vir iam tunc divinitati deditus, melius esse uti papertatem[5] cum Dei timorem[6], quam saeculi pereuntis lucra sectari. In quo monasterio diu sub regula a patribus instituta versatus est. Iam vero cum in robore maiori tam intellectus quam aetatis effectus esset, defuncto abba[7], qui huic monasterio praeerat, alendi gregis suscepit officium; et qui se magis fratribus puplicum pro || correccione reddere debuerat, adsumpto honore, remocior[8]. Ideo sibi secreciorem cellolam querit[9]; nam in priore, ut ipse asserebat, amplius quam novem vicibus, nimia excesus abstinencia, pellem corporis demutavit. Denique accepto honore, cum in hac contentus parsimonia orationi et lectione[10] vacaret, illud plerumque revolvebat, melius sibi fieri, esset[11] inter monachos occultus, quam nomen acceperit[12] abbatis in populus[13]. Quid plura? Includitur vale dicens fratribus, sibique ipsis vale dicentibus. In qua inclusione in omni abstinencia, magis quam prius egerat[14], commoratur; || studens pro caritatis obsequio, ut cum quisque venisset extraneus, et oracionem tribuerit[15] et eoglogias graciam plenissimam ministraret[16]; quae multis infirmis plerumque salutem integram detullerunt[17]. Quodam autem tempore, febre nimia exaustus, hanillus[18] iacebat in lectulo; et ecce subito magno

---

1. *Corr.* reliquit. — 2. *Corr.* devotio. — 3. *Corr.* saeculari mundiales. — 4. *Corr.* obligans. — 5. *Corr.* paupertate. — 6. *Corr.* timore. — 7. *Corr.* abbate. — 8. *Corr.* remutior. — 9. *Corr.* cellulam querit. — 10. *Corr.* lectioni. — 11. *Corr.* ut esset. — 12. *Corr.* acciperet. — 13. *Corr.* populos. — 14. *Corr.* erat. — 15. *Corr.* tribuere. — 16. *Corr.* eulogias gratia plenissima ministrare. — 17. *Corr.* detulerunt. — 18. *Corr.* hanelus.

lumine cellola [1] clarificata contremuit. Ad [2] ille, extensis ad
caelum manibus, cum graciarum accione [3] spiritum exalta-
vit [4]. Mixto quoque ‖ ululatum [5] monachi cum ipsius genetrice [6] Col. 331.
corpus defuncti extrahunt, aqua diluunt, vestimentis in-
5 duunt et feretro superponunt, adque in psallencio fletuque
labentem exegunt [7] noctem. Mane autem facto, funeris officio praeparatus [8], corpus movere [9] coepit in feretro. Et ecce
malis robiscentibus [10], vir, quasi de gravi somno excitatus,
excutitur, apertisque oculis, manibus elevatis, ait : « O
10 Domine misericors, quid fecisti mihi, ut me [11] hunc tenebro-
sum mundanae habitacionis [12] locum redire permitteris [13], cum
mihi melior esset in caelo tua misericordia quam istius
mundi vita nequissima ? » Stupentibus autem suis et interrogantibus, quid fuerit tale prodigium, nihil interrogantibus
15 ille respondit. Surgens autem de feretro, nihil mali senciens ‖
de incommodo quod laboraverat, triduum [14] absque cibi et Fol. 183 v°
poculi perstetit [15] alimento. Die autem tercio convocatis
monachis et matrem [16], ait : « Audite, o delectissimi [17], et
intellegite, quia nihil est, quod cernitis in hoc mundo; sed
20 sunt iuxta id quod Solomon propheta cecinit : *Omnia vani-
tas* [18]. Filix [19] est enim que [20] ea agere potest in seculo, ut
gloriam Dei cernere mereatur in celo. » Et cum hec [21] diceret, dubitare cepit [22], utrum loqueretur [23] amplius an sileret.
Quo tacente, inplicatus fratrum precibus, ut quid vidisset
25 exponeret, ait : « Cum me ante hos quatuor [24] dies, contre-
mescente cellola [25], exanimem vidistis, adprehensus a duobus
angelis in celorum excelsa sublatus sum, ita ut non solum
hunc squalidum seculum, verum etiam solem ac lunam,
nubes ac sidera sub pedibus habere putarem. Deinde per
30 portam luce ista clariorem introductus sum in illud habitaculum, in quo omni [26] pavimentum erat quasi aurum argentumque renitens, lux ineffabiles [27], amplitudo inenarrabilis;

---

1. *Corr.* cellula. — 2. *Corr.* At. — 3. *Corr.* gratiarum actione. — 4. *Corr.*
exalavit. — 5. *Corr.* ululatu. — 6. *Corr.* genitrice. — 7. *Corr.* labente exigunt.
— 8. *Corr.* praeparato. — 9. *Corr.* moveri. — 10. *Corr.* rubescentibus. —
11. *Corr.* me in. — 12. *Corr.* habitationis. — 13. *Corr.* permitteres. — 14. *Corr.*
triduo. — 15. *Corr.* perstitit. — 16. *Corr.* matre. — 17. *Corr.* dilectissimi. —
18. Eccl. 1, 2. — 19. *Corr.* Felix. — 20. *Corr.* qui. — 21. *Corr.* hec. — 22. *Corr.*
coepit. — 23. *Corr.* loqueretur. — 24. *Corr.* quattuor. — 25. *Corr.* cellula. —
26. *Corr.* omne. — 27. *Corr.* ineffabilis.

quam ita multitudo promiscui sexus obtexerat, ut longitudo
ac latitudo || catervae prosus pervidere[1] non possit. Cumque
nobis via inter cumprementes[2] ab his qui precedebant angelis pararetur, pervenimus ad locum, quem iam de longinquo
contemplabamus; in quo superpendebat nubes omne[3] luce
lucidior, in quo non sol, non luna, non astrum cerni poterat, set[4] super his omnibus naturali luce splendidius effuł-
gebatur[5], et vox procedebat e nubi[6], tam||quam vox aquarum
multarum. Ibi etiam me peccatori[7] humiliter salutabant viri
in veste sacerdotali ac seculari[8], quos mihi[9] precedebant[10]
enarraverunt esse marthires ac confessores, quos hic summo
excolemus famolatu[11]. Stans igitur in loco in quo iussus sum,
operuit me odor nimiae suavitatis, ita ut ab hac suavitate
refectus, nullum adhuc cybum potumque desiderarem. Et
audivi vocem dicentem : « Revertatur hic in sæculo, quoniam necessarius est acclesiis nostris. » Vox enim audieba-
tur; nam qui loqueretur penitus cerni non poterat. Et ego
prostratus super pavimento[12] cum fletu dicebam : « Heu,
heu, Domine, quur mihi hęc ostendisti, si ab his frustrandus
eram! Ecce hodie eiecies[13] me a facię tua, ut revertar ad
sęculum fragilem et hic ultra redire non valeam. || Ne,
queso, Domine, auferas misericordiam tuam a me, set[4] deprecor ut permittas me hic habitare, ne illic decidens peream. »
Et ait vox, que[14] loquebatur mihi : « Vade in pace. Ego enim
sum custus[15] tuus; donec reducam te in hoc loco[16]. » Tunc
relictus a comitibus meis, discedens cum fletu, per portam
quam[17] ingressus fueram hic sum regressus. » Hęc eo
loquente, stupentibus cunctis qui aderant, coepit iterum
sanctus Dei cum lacrimis dicere : « Vę mihi qui talem[18]
misterium ausus sum revelare. Ecce enim odor suavitatis,
quam de loco sancto hauseram, et in quo per hoc triduum
sine ullo cybo potumque[19] sustentatus sum, recessit a me.
Set[20] et lingua mea gravibus est operta vulneribus et ita

---

1. *Corr.* prorsus pervideri. — 2. *Corr.* comprimentes. — 3. *Corr.* nubis omni. — 4. *Corr.* sed. — 5. *Corr.* effulgebat. — 6. *Corr.* nube. — Cf. Apoc. 14, 2. — 7. *Corr.* peccatorem. — 8. *Corr.* seculari. — 9. *Add.* qui. — 10. *Corr.* precedebant. — 11. *Corr.* excolimus famulatu. — 12. *Corr.* pavimentum, et. — 13. *Corr.* eicies. — 14. *Corr.* qui. — 15. *Corr.* custos. — 16. *Corr.* hunc locum. — 17. *Corr.* qua. — 18. *Corr.* tale. — 19. *Corr.* potuque. — 20. *Corr.* Sed.

HISTORIAE FRANCORUM LIBER VII.

tumefacta, ut omne os meum videatur inplere[1]. Et scio quia non fuit bene placitum domino Deo meo, ut hęc archana vulgarentur. Set[2] tu nosti, Domine, quia in simplicitatem[3] cordis hec[4] feci, non in iactancia[5] mentis. Sed[6], queso, 5 indulgeas et non me derelinquas iuxta pollicitacionem[7] tuam. » Et hęc dicens siluit, et accepit cybum potumque. Ego vero hęc scribens, vereor ne alicui legenti sit incredibile, iuxta id quod Salustius, storiam scribens, ait : *Ubi de virtute adque gloriam*[8] *bonorum memores, quę sibi quisque* 10 *facilia factu*[9] *putat,* ‖ *aequo animo accipit; supra ea veluti* Fol. 185. *facta pro fulsis ducit.* Nam testor Deum omnipotentem, quia ab ipsius orae ‖ omnia quae retuli audita cognovi. Post haec Col. 333. multo[10] vero tempus ipse vir beatus a cellola[11] sua extractus, ad aepiscopatum electus, invitus est ordinatus. In quo, ut 15 opinor, decimo anno[12] cum ageret, invalescente apud Albigensem urbem inguinario morbo et maxima iam parte de populo illo defuncta, cum iam pauci de civibus remanerent, vir beatus tamquam bonus pastor numquam ab illo loco recedere voluit; sed semper ortabatur eos, qui relicti fuerant, 20 oratione[13] incumbere ac vigiliis instanter insistere et bona semper tam in operibus quam in cogitatione versari, dicens : « Haec agite, ut, si vos Deus de hoc mundo vocare voluerit, non in iuditium, sed in requiem introire possetis[14]. Cum autem, ut credo, iam revelante Domino, tempus suae voca-25 tionis agnosceret, ipse sibi sarcofagum conposuit, corpus abluit, vestem induit; et sic intento semper caelo beatum spiritum exalavit. Fuit autem magnae sanctitatis minimaeque cupiditatis, aurum numquam habere volens. Nam, si coactus accipisset[15], protinus erogabat. Cuius tempore cum Mum-30 molus patricius multos cap‖tivos ab ea urbe duxisset, prose- Fol. 186. cutus ille omnes redemit. Tantamque ei Dominus graciam[16]

---

1. *Corr.* implere. — 2. *Corr.* sed. — 3. *Corr.* simplicitate. — 4. *Corr.* hec. — 5. *Corr.* iactantia. — 6. *Corr.* sed. — 7. *Corr.* pollicitationem. — 8. *Corr.* gloria. — Cf. de Catilinæ conjur. c. 3. — 9. *Corr.* facto. — 10. *Corr.* post multum. — 11. *Corr.* cellula. — 12. *Corr.* decimum annum. — 13. *Corr.* orationi. — 14. *Corr.* possitis. — 15. *Corr.* accepisset. — 16. Fol. 185 v° *vacat, et initio fol.* 186 *octo lineæ et semis iterum scriptæ et erasæ a verbis :* Cum autem ut credo, *cum variantibus :* sarcofacum -accepisset -pauperibus erogabat -multus. — 17. *Corr.* gratiam.

cum populo illo tribuit, ut ipsi etiam qui captivos duxerant et de precio ei concederent et in reliquo munerarent; et sic patriae suae captivos liberati[1] pristine restauravit. Multaque de hoc viro bona audivi; sed dum ad historia acceptum[2] reverti cupio, plurima premitto[3].

II. Defuncto igitur Chilpirico, inventamque[4], quam diu quesierat, mortem[5], Aurilianinsis[6] cum Blesinsibus iuncti super Dunensis inruunt[7] eosque inopinantes prosternunt; domus[8] annonasque || vel que[9] movere ab eleno[10] poterant incendio tradunt, pecora di||ripiunt adque[11] res quas levare poterant sustullerunt[12]. Quibus discendentibus[13], coniuncti Dunensis[14] cum reliquis Carnotenis, de vestigio subsecontur, simile[15] sorte eos adficientes, qua ipsi adfecti fuerant, nihil in domibus vel extra domus[16] vel de domibus relinquentes. Cumque adhuc inter se iurgia commoventes deservirent[17], et Aurilianensis[18] contra hos arma concuterent, intercedentibus comitibus, pax usque in audiencia data est; scilicet ut in die, quo iudicium[19] erat futurum, pars, que[20] contra partem iniuxte[21] exarserat, iusticia mediante, conponerit[22]. Et sic a bello cessatum est.

III. Vidastis cognomentum[23] Avius, qui ante hos annus[24] Lupum Ambrosiumque pro amore uxoris Ambrosii interfecerat[25] et ipsam sibi, que[26] || consubrina[27] sua esse dicebatur, in matrimonio acceperat, dum multa scelera infra Pectavum terminum perpetraret, quodam loco cum Hilderico Saxone coniunctus, dum se invicem convitiis lacesserent, unus ex pueris Childerici Avionem hasta transfixit. Qui ad terram ruens, plurisque[28] adhuc ictibus sauciatus, iniquam animam,

---

1. *Corr.* libertati. — 2. *Corr.* historiae ceptum. — 3. *Corr.* pretermitto. — 4. *Corr.* Chilperico inventaque. — 5. *Corr.* morte. — 6. *Corr.* Aurilianinses. — 7. *Corr.* Dunenses irruunt. — 8. *Corr.* domos. — 9. *Corr.* que. — 10. *Corr.* ab eo loco. — 11. *Corr.* atque. — 12. *Corr.* sustulerunt. — 13. *Corr.* discedentibus. — 14. *Corr.* Dunenses. — 15. *Corr.* subsecuntur simili. — 16. *Corr.* domos. — 17. *Corr.* deservirent. — 18. *Corr.* Aurilianenses. — 19. *Corr.* iuditium. — 20. *Corr.* que. — 21. *Corr.* iniuste. — 22. *Corr.* conponeret. — 23. *Corr.* cognomento. — 24. *Corr.* annos. — 25. *Corr.* interficerat. — 26. *Corr.* que. — 27. *Corr.* consobrina. — 28. *Corr.* pluribusque.

sanguine defluente, refudit; fuitque ultrix divina maiestas
sanguinis innocentis, quem propria effuderat manu. Multa
enim furta, adulteria homicidiaque miserimus¹ sępę conmi-
serat, que silere melius poto². Conposuit tamen filiis Saxo
ille mortem eius.

IIII. Interea Fredegundis regina iam viduata Parisius
advenit et cum thesauris, quos infra murorum septa con-
clauserat³, ad ęclesiam⁴ confugit adque a Ragnemundo fove-
tur episcopo. || Reliquos vero thesaurus, qui apud villam
Calam remanserunt, in quibus erat missurium⁵ illud aureum
quod nuper fecerat, thesaurarii levaverunt et ad Childe-
berto⁶ regem, qui tunc apud Meldensem commo||rabatur
urbem, velociter transierunt⁷.

5. Fredegundis igitur regina, accepto consilio, legatos ad Gunthramnum
regem mittit, dicens : « Veniat dominus meus et suscepiat regnum fratres sui.
Est, inquid, mihi infans parvolus, quem in eius ulnis ponere desiderans,
me ipsam eius humilio ditioni. » Conperto autem Gunthramnus rex de fratres
excessu amarissime flevit. Moderato quoque planctu, conmoto exercitu, Parisius diriget. Cumque ille infra muros susceptus fuisset, Childebertus rex,
nepus eius, ab alia advenit parte.

6. Sed cum eum Parisiaci recepere nollent, legatos ad Gunthramnum regem
diregit, dicens : « Scio, piissime pater, non latere pietati tuae, qualiter
utrumque usque praesens tempus pars oppraesserit inimica, ut nullus de
rebus sibi debitis possit invenire iusticiam. Idcirco supplex nunc dipraecor,
ut placita, quae inter nos post patris mei obitum sunt innexa, custodiantur. »
Tunc Gunthramnus rex legatis illius ait : « O miseri et semper perfidi, nihil
in vobis verum habentes neque in promissis permanentis, ecce omnia quae
mihi polliciti estis relictis, cum Chilperico rege novam pactionem scripsistis,
ut, me a regno depulso, civitates meas inter se dividerent. Ecce pactionis
ipsas, ecce manus vestrae subscriptiones, quibus hanc conibentiam confir-
mastis. Et qua nunc fronte quaeritis, ut nepotem meum Childebertum susce-
pere debeam, quem mihi vestra perversitate voluistis facere inimicum? » Cui
legati dixerunt : « Si tantum mentem iracundia coepit, ut nihil nepoti tuo de
his quae pollicitus es indulgeas, vel illa quae de regno Chariberthi debentur
auferre desiste. » Quibus ille ait : « Ecce pactiones, quae inter nos factae sunt,
ut, quisque sine fratris voluntatem Parisius urbem ingrederetur, amitteret
partem suam, essetque Polióctus martyr cum Hylario adque Martino confes-
soribus iudex ac retributor eius. Post haec ingressus est in ea germanus || meus
Sygyberthus, qui iudicio Dei interiens, amisit partem suam. Similiter et Chilpericus gessit. Per has ergo transgressiones amiserunt partes suas. Ideoque,
quia illi iuxta Dei iudicium et maledictionibus pactionum defecerunt, omnem

---

1. *Corr.* miserrimus. — 2. *Corr.* quę s. m. puto. — 3. *Corr.* concluserat. —
4. *Corr.* ęcclesiam. — 5. *Corr.* missorium. — 6. *Corr.* Childebertum. —
7. *Cap.* 5-6, *usque ad* contigit mihi, *omissi; in margine corrector adscripsit :*
Hic falsum est, aut desunt enim quaedam, aut sunt interposita.

regnum Chariberthi cum thesauris eius meis ditionibus, lege opitulante, subiciam nec exinde alicui quicquam nisi spontanea voluntate indulgeam. Absistete igitur, vos semper mendaces ac perfidi, et haec regi vestro referte. »

7. Quibus discedentibus, legati iterum Childeberthi ad antedictum regem veniunt, Fredegundem reginam requirentes atque dicentes : « Redde homicidam, quae amitam meam suggillavit, quae patrem interfecit et patruum, quae ipsus quoque consobrinus meus gladio interemit. » At ille : « In placito, inquid, quem habemus, cuncta decernimus, tractantes quid oporteat fieri. » Nam Fredegundem patrocinio suo fovebat, ipsamque sepius ad convivium evocans, promittens, se ei fieri maximum defensorem. Quadam vero die, dum pariter ad mensam epolarentur, regina consurgens et vale dicens, a rege detenebatur, dicente sibi : « Adhuc aliquid cybi sume. » Cui illa : « Indulge, inquid, depraecor, domini mi, quia iuxta consuetudinem mulierum contigit mihi,

ut pro conceptu consurgam. » Hęc ille audiens, obstipuit, sciens quartum esse mensem, ex quo alium edederat[1] filium; tamen permisit eam consurgere. Prioribus[2] quoque de regno Chilpirici, ut erat Ansoaldus, et reliqui ad filium eius, qui erat, ut superius diximus, quatuor mensuum, se collegerant, quem Chlotharium vocitaverunt, exegentes[3] sacramenta per civitatis[4] quę ad Chilpericum prius aspexerant, ut scilicet fideles esse debeant Gundramno regi ac nepoti suo Chlothario. Gundramnus vero rex omnia que[5] fideles regis Chilpirici[6] non recti deversis[7] abstullerant[8], iusticia[9] intercedente, restituit, multa et ipse eclesiis[10] ‖ conferens; testamenta quoque ‖ defunctorum, quia eclesias[11] heredes instituerant, et ab Chilpirico[12] conpressa fuerant, restauravit; multisque se benignum exhibens ac multa pauperibus tribuens.

VIII. Sed quia non erat fides ab hominibus inter quo[13] venerat, armis se minivit, nec umquam ad eclesiam aut reliqua loca, qua ire delectabat[14], siue grande[15] pergebat costodia[16]. Unde factum est, ut quadam die dominica, postquam diaconus[17] silencium populis, ut misse abscultarentur, indixit, rex conversus ad populum diceret : « Adiuro vos, o viri cum mulieribus qui adestis, ut mihi fidem inviolatam servare dignemini nec me, ut fratres meus[18] nuper fecistis, interematis[19], liceatque mihi vel tribus annis nepotis meus[20],

---

1. *Corr.* ediderat. — 2. *Corr.* priores. — 3. *Corr.* exigentes. — 4. *Corr.* civitates. — 5. *Corr.* quę. — 6. *Corr.* Chilperici. — 7. *Corr.* diversis. — 8. *Corr.* abstulerant. — 9. *Corr.* iustitia. — 10. *Corr.* ecclesiis. — 11. *Corr.* qui ecclesias. — 12. *Corr.* Chilperico. — 13. *Corr.* quos. — 14. *Corr.* delectabatur. — 15. *Corr.* grandi. — 16. *Corr.* custodia. — 17. Diacós, *corr.* diaconus. — 18. *Corr.* meos. — 19. *Corr.* interimatis. — 20. *Corr.* nepotes meos.

qui mihi adoptivi facti sunt filii, enutrire, ne forte contingat, quod divinitas eterna non paciatur, ut illis parvolis[1], me defuncto, || simul pereatis; cum de genere nostro rubustus[2] non fuerit qui defensit[3]. » Hęc eo dicente, omnes[4] || populus oracionem[5] pro rege fudit ad Dominum.

VIIII. Dum haec agerentur[6], Rigunthis, Chilpirici[7] regis filia, cum thesauris suprascriptis usque Tholosam accessit. Et cernens se iam ad terminum Gothorum esse propinquam, moras innectire[8] coepit, dicentibus sibi tum pręterea suis, oportere eam ibidem commorari, cum ipse[9] fatigati de itenere[10] vestimenta haberent inculta, calciamenta scisa[11], ipsosque ęquorum adque carrucarum apparatus adhuc, sicut plaustris evecti erant seursum[12] esse disiunctus[13]. Oportere pocius omnia hęc prius diligenter stabilire et sic in itenere[14] proficisci ac suscepi[15] cum omni elegancia[16] ab sponso, ne forte, si inculti inter Gothus[17] apparerent, inriderentur[18] ab ipsis. Dum ergo his retardarentur ex causis, mors Chilpirici[19] regis in aures || Desiderii ducis inlabetur[20]. Ipse quoque, collectis secum viris fortissimis, Tholosam urbem ingreditur repertusque[21] thesauros abstullit[22] de potestate reginę et in domo quadam sub sigillorum || municione ac virorum forcium custodiam[23] mancipat, deputans reginę victum artum, donec ad urbem regrederetur.

X. Ipse vero ad Mummolum, cumque[24] foedus ante duus[25] annos inierat, properavit. Morabatur tunc Mummolus infra murus[26] Avennicę urbis cum Gundoaldo, cui[27] in libro superiorem[28] meminimus. Qui coniunctus cum supradictis ducibus Limovicinum accedens, Brava Currecia vicum, in quo sanctus Martinus, nostri, ut aiunt, Martini discipulus, requiis-

---

1. *Corr.* parvulis. — 2. *Corr.* robustus. — 3. *Corr.* defenset. — 4. *Corr.* omnis. — 5. *Corr.* orationem. — 6. VIIII. Dum haec agerentur *add.* — 7. *Corr.* Chilperici. — 8. *Corr.* innectere. — 9. *Corr.* ipsi. — 10. *Corr.* itinere. — 11. *Corr.* scissa. — 12. *Corr.* scorsum. — 13. *Corr.* disiunctos. — 14. *Corr.* itinere. — 15. *Corr.* suscipi. — 16. *Corr.* elegancia. — 17. *Corr.* Gothos. — 18. *Corr.* irriderentur. — 19. *Corr.* Chilperici. — 20. *Corr.* inlabitur. — 21. *Corr.* repertosque. — 22. *Corr.* abstulit. — 23. *Corr.* custodia. — 24. *Corr.* cum quo. — 25. *Corr.* duos. — 26. *Corr.* muros. — 27. *Corr.* cuius. — 28. *Corr.* superiore.

cit¹, advenit; ibique parmę superpositus, rex est levatus. Sed cum tercio² cum eodem girarent, cecidisse fertur, ita ut vix manibus circumstancium sustentare³ potuisset. Deinde ibat per civitates in circuitu positas. Rigunthis vero in basilica sancte Marię Tholosa, in qua Ragnoaldi uxor, cui⁴ supra meminimus, Chilpiricum⁵ metuens confugerat, sedebat. Ragnoaldus vero de Spaniis rediens, uxore⁶ facultatique restituetur⁷. Legacionis enim causa Spaniam petierat a rege Gundramnum⁸ directus. Magno⁹ tempestate incendio basilica antedicti Martini beati apud Brivam vicum ab inminente hoste cremata est, ita ut tam altarium quam colomnę¹⁰ quę de diversis marmorum generebus abtatę¹¹ erant, ab igne dissolverentur. Sed ita hęc ędis¹² in posterum a Ferriolo episcopo reparata est tamquam si nihil mali pertulerit. Vehementer enim admirantur veneranturque hunc sanctum incolę, eo quod plerumque virtutes eius experiantur.

XI. Erat enim, cum hęc agebaǁtur, mensis decimus. Tunc apparuerunt in codicibus vinearum palmites novi cum uvis deformatis, in arboribus flores. Pharus magna per cęlum discurrens, quę priusquam lux fieret¹³ in die, late mundum inluminavit. Aparuerunt¹⁴ etiam in cęlo et radii. A parte septemtrionali colomna¹⁵ ignea, quasi de cęlo ǁ pendens, per duarum horarum spacium visa est, cui stilla¹⁶ magna superposita est. In Andegavo enim terra tremuit, et multa alia signa apparuerunt, que¹⁷, ut opinor, ipsius Gundoaldi interitum nunciarunt.

XII. Igitur Gundramnus rex comites suos ad conpraehendendas civitates, quas condam¹⁸ Sigibertus de regno Chaberthi¹⁹ fratris sui acciperat²⁰, direxit, ut exigentes sacramenta suis eas dicionibus subiugarent. Toronici vero adque

---

1. *Corr.* requiescit. — 2. *Corr.* tertio. — 3. *Corr.* sustentari. — 4. *Corr.* cuius. — 5. *Corr.* Chilpericum. — 6. *Corr.* uxori. — 7. *Corr.* restituitur. — 8. *Corr.* Gundramno. — 9. *Add.* ea. — 10. *Corr.* columnę. — 11. *Corr.* generibus aptatę. — 12. *Corr.* ędes. — 13. *Corr.* fieret. — 14. *Corr.* apparuerunt. — 15. *Corr.* columna. — 16. *Corr.* stella. — 17. *Cod.* q;. — 18. *Corr.* quondam. — 19. *Corr.* Chariberthi. — 20. *Corr.* acceperat.

Pectavi ad Chilbertum[1] Shyberti[2] filium transire voluerunt,
set[3] commoti Biturigi[4] contra eos venire disponunt adque
infra terminum Toronicum incendia facere ceperunt. Tunc
Maroialensem ęclesiam[5] termini Toronici, in qua sancti
Martini reliquię habibantur[6], incendio concremaverunt; set[7]
virtus beati adfuit, ut in tam valido incendio pallolę[8] quę
super altarium fuerunt positę, non consumerentur ab igne.
Et non solum ipsę, set[7] etiam herbolę[9] olim collectę ad
altarioque[10] conlocatę nequaquam exustę sunt. Qua[11] incendia videntes Toronici legacionem[12] mittunt, dicentes, melius
sibi esse ad tempus Gundramnum regis[13] subdi quam cuncta
incendio ac ferro vastari.

XIII. Confestim autem post mortem Chilpirici[14] Gararicus
dux Limovicas accesserat et sacramenta de nomine Childeberthi ‖ susceperat. Exinde Pectavis[15] veniens, ab ipsis Fol. 191.
receptus est, et ibi morabatur. Audiens vero que[16] Toronici
paciebantur, mittit legacionem, obtestans ne nos ad partem
Gundramni regis tradere deberimus[17], si nobis vellimus[18]
esse consultum; set meminirimus[19] potius Syghiberthi, qui
quondam genitur[20] Childeberthi ‖ fuit. Nos vero hęc rursum Col. 340.
episcopo et civibus mandata remisemus[21], quod, nisi se ad
tempus Gundramno rege[22] subderent, similia paterentur,
adserentes, hunc esse nunc patrem super duos filios, Sighi-
berthi scilicet et Hilpirici[23], qui ei fuerant adoptati; et sic
tenere regni principatum, ut quondam Chlotharius rex fecerat, pater eius. His quoque non adquiiscentibus[24], Gararicus
de civitate egreditur, quasi exercitum adducturus, in urbe
vero Eberonem cubicularium Childeberthi regis relinquens.
Sicchari[25] vero cum a Villachario Aurilianense comite, qui
tunc Toronus acceperat, exercitum contra Pectavos[26] com-

---

1. *Corr.* Childebertum. — 2. *Corr.* Shygiberti. — 3. *Corr.* sed. — 4. *Corr.* Biturici. — 5. *Corr.* ęcclesiam. — 6. *Corr.* habebantur. — 7. *Corr.* sed. — 8. *Corr.* pallulę. — 9. *Corr.* herbulę. — 10. *Corr.* altariumque. — 11. *Corr.* quæ. — 12. *Corr.* legationem. — 13. *Corr.* Gundramno regi. — 14. *Corr.* Chilperici. — 15. *Corr.* Pictavis. — 16. *Corr.* quę. — 17. *Corr.* deberemus. — 18. *Corr.* vellemus. — 19. *Corr.* sed meminiremus. — 20. *Corr.* genitor. — 21. *Corr.* remisimus. — 22. *Corr.* regi. — 23. *Corr.* Chilperici. — 24. *Corr.* adquiescentibus. — 25. *Corr.* Siccharius. — 26. *Corr.* Pictavos.

movit, ut scilicet ab una parte Thoronici, ab alia Biturigi[1] commoti cuncta vastarent. Qui cum ad terminum propinquasent ac domus[2] cremare cepissent, miserunt ad eos Pectavi legatos, dicentes : « Petemus[3], ut usque in placito, quod inter se Gundramnus et Childebertus regis[4] habent, susteneatis[5]. Quod si convenit, ut pacis bonus[6] rex Gundramnus accipiat, non resistemus[7], sin aliud, dominum nostrum recognuscimus[8] cuius[9] servire plenius debeamus. » Ad hec ille[10] responderunt : « Nihil nobis de ac causa pertinet, nisi tantum iussa principis adimplere. Nam si nolueritis, cuncta ut cepimus devastamus. » Cumque in hoc res ageretur, ut universa incendio, predę atque captivitati traderentur, eiectis de civitate hominibus Childiberti, sacramenta Gunthramno regi dederunt; non longo tempore ea custodientes.

XIIII. Igitur, adveniente placito, directi sunt ad[11] Chilberto rege Egidius episcopus, Gunthramnus Boso, Sigoaldus et alii multi ad Gundramno[12] regem; ingressique ad eum, ait episcopus : « Gracias agimus Deo omnipotenti, piissime rex, quod te post multos labores regionibus tuis regnoque restituit. » Cui rex ait : « Illi enim dignę sunt gracię referendę, qui est Rex regum et Dominus dominorum, qui hęc sua miseracione operare dignatus est. Nam non tibi, cuius consilio doloso ac periuriis regiones meę anno superiore incensę sunt, qui numquam fidem integram cum ullo homine habuisti, cuius dolositas ubique dispergitur, qui non sacerdotem, sed inimicum regni nostri te esse declaras. » Ad hęc verba episcopus iracondia[13] commotus siluit. Unus autem ex legatis dixit : « Supplecat nepus tuus Chilbertus[15], ut civitates, quas pater eius tenuit, reddi iubeas. » Ad hęc ille respondit : « Iam dixi vobis prius, quia pacciones nostre[16] mihi hec conferunt, ideoque eas reddere nolo. » Alius quoque legatorum ait : « Rogat nepus tuos[17], ut Fredegundem

---

1. *Corr.* Biturici. — 2. *Corr.* domos. — 3. *Corr.* petimus. — 4. *Corr.* reges. — 5. *Corr.* sustineatis. — 6. *Corr.* pacem bonum. — 7. *Corr.* resistimus. — 8. *Corr.* recognoscimus. — 9. *Corr.* cui. — 10. *Corr.* illi. — 11. *Corr.* a. — 12. *Corr.* Gundramnum. — 13. *Corr.* iracundia. — 14. *Corr.* supplicat nepos. — 15. *Corr.* Chiltbertus. — 16. *Corr.* pactiones nostrę. — 17. *Corr.* nepos tuus.

maleficam, per quam multi reges interfecti sunt, redde[1] iubeas ad ulciscendam mortem patris, patrui vel consobrinorum suorum. » « Tradi ei, inquid[2], in potestate non poterit, quia filium regem habet. Set[3] et ea que contra illam adseretes[4], vera esse non credo. » Post hos Gunthamnus[5] Boso, quasi aliquid sugesturus[6] ad regem accedit. Et quia sonuerat Gundoaldum manifeste regem levatum, antecipans[7] verba eius rex, ait : « O inimici[8] regionis regnique nostri, qui propterea ante hos annos Orientem adgressus es, ut Ballomerem quendam — sic enim vocabat rex Gundoaldum — super regnum nostrum adduceris[9], semper perfidi[10] et numquam costodiens que[11] promittis! » Cui ille : « Tu, inquid[12], dominus et rex regali in solio resedis[13] et nullus tibi ad ea quę loqueris ausus est respondere : insotem[14] enim me de hac causa profiteor. At si aliquis est similis mihi, qui hoc crimen inpingat occulte, veniat nunc palam et loquatur. Tunc, o rex piissime, ponens hoc in Dei iudicium, ut ille discernat, cum nos in unius campi planicię viderit demicare[15]. » Ad hęc, cunctis silentibus, addedit[16] rex : « Omnibus autem hęc causa animus[17] accendere debet, ut repellatur a finibus nostris advena, cuius pater molinas gobernavit[18]; et, ut vere dicam, pater eius pectinibus insedit lanasque conposuit. » Et quiquam possit fieri ut ‖ unus homo utriusque artificii magisterio subderetur, ad increpacionem tamen regis quidam ex ipsis respondit : « Ergo duos, ut ad‖seris, patres hic homo habuit, lanarium simul molinariumque. Absit a te, o rex, ut tam inculte loquaris. Non enim auditum est, unum hominem, pręter spiritalem causam, duos habere posse pariter genitores. » Dehinc cum multi solverentur in risu, respondit alius legatorum, dicens : « Vale dicimus tibi, o rex. Nam quia reddere noluisti civitatis[19] nepotis tui, scimus, salvam esse securem, que[20] fratrum tuorum capitibus

---

1. *Corr.* reddi. — 2. *Corr.* inquit. — 3. *Corr.* sed. — 4. *Corr.* adseritis. — 5. *Corr.* Guntrhamnus. — 6. *Corr.* suggesturus. — 7. *Corr.* anticipans. — 8. *Corr.* inimice. — 9. *Corr.* adduceres. — 10. *Corr.* perfide. — 11. *Corr.* custodiens quę. — 12. *Corr.* inquit. — 13. *Corr.* resides. — 14. *Corr.* insontem. — 15. *Corr.* dimicare. — 16. *Corr.* addidit. — 17. *Corr.* animos. — 18. *Corr.* molina gubernavit. — 19. *Corr.* civitates. — 20. *Corr.* quę.

est defixa : celerius tuum libravit[1] defixa cerebrum. » Et sic cum scandalum[2] discesserunt. Tunc rex his verbis succinsus[3], iussit super capita euncium proici aequorum stercora putrefacta[4], astulas, palias[5] ac fenum putridine dissolutum ipsumque fetidum urbis lutum. Quibus de rebus maculati graviter, non sine inmensa iniuria adque contumelia abierunt.

XV. Resedente[6] vero Fredegundę regina in ęcclesia Parisiaca, Leunardus domesticus, qui tunc ab urbe Tholosa advenerat, ingressus ad eam, causas contumelie iniuriasque filię eius narrare coepit, dicens, quia : « Iuxta imperium tuum accessi cum regina Rigunthe ac vide[7] humilitatem eius, vel qualiter expoliata est a thesauris et omnibus rebus ; ego vero per fugam dilapsus[8] veni nonciare[9] dominę meę quę gesta sunt. » Hec illa audiens furore commota, iussit eum in ipsa ęclesia expoliare, nudatumque vestimentis ac balteo, quod ex munere Chilpirici[10] regis abebat[11], discedere a sua iubet pręsencia. Cocos quoque sive pistores, vel quoscumque de hoc itenere regressus[12] esse cognovit, cęsos expoliatusque[13] ac demancatus reliquid[14]. Nectarium autem, Baudegisili episcopi fratrem, nefandis accussacionibus cum rege temptavit obruere, adserens, eum de thesauro regis mortui multa portasse. Set et de prumpariis[15] tam tergora quam vina multa eum abstulisse dicebat, petens, ut vinctus carceralibus tenebris truderetur. Sed paciencia regis fratrisque ausilium[16] fieri non permisit. Multa quidem ibi vana exiens[17], non metuebat Deum, in cuius ęclesiam petebat ausilium[16]. Habebat tunc temporis secum Audonem iudicem, qui ei tempore regis in multis consenserat malis. Ipse enim cum Mummolo pręfecto multus[18] de Francis, qui tempore Childeberthi regis seniores ingenui fuerunt, publico tributu[19] subegit. Qui post

---

1. *Corr.* librabit. — 2. *Corr.* scandalo. — 3. *Corr.* succensus. — 4. *Corr.* putrefactas. — 5. *Corr.* paleas. — 6. *Corr.* residente. — 7. *Corr.* vidi. — 8. *Corr.* delapsus. — 9. *Corr.* nunciare. — 10. *Corr.* Chilperici. — 11. *Corr.* habebat. — 12. *Corr.* regressos. — 13. *Corr.* expoliatosque. — 14. *Corr.* demancatos reliquit. — 15. *Corr.* prumptuariis. — 16. *Corr.* auxilium. — 17. *Corr.* exegens *vel* exigens. — 18. *Corr.* multos. — 19. *Corr.* tributo.

mortem regis ab ipsis expoliatus ac denudatus est, ut nihil ei, preter quod super se auferre poterat, remaneret. Domus enim eius incendio subdederunt; abstulissent utique et ipsam vitam, nisi cum reginę[1] ęclesiam petisset.

XVI. Pretextatum[2] vero episcopum[3] regressus coepit, quem cives Rotomensis post excessum regis de exilio expetentes, cum grande laude civitate sue[4] restituerunt. Post reditum vero suum ad urbem Parisiacam advenit ac se Gundramno regi repręsentavit, exorans, ut causam suam diligenter inquereret[5]. Adserebat enim regina, eum non debere recipi, quia fuisset per iudicium quadraginta quinque episcopus[6] Rothomago sacerdotali officio segregatus. Cumque rex pro hac causa sinodum excitare vellit[7], Ragnemundus huius urbis episcopus pro omnibus responsum reddidit, dicens: « Scitote ei penitenciam indictam a sacerdotibus, non tamen eum prursus ad episcopatum[8] remotum. » Et sic a rege susceptus adque convivio eius || adscitus, ad urbem Fol. 194 v° suam regressus est.

XVII. Promotus vero, qui in Dunense castro ordinante Syghyberhto rege episcopus fuerat institutus et post mortem regis amotus fuerat, eo quod castrum illud esset diocisis[9] Carnotena; contra quem ita iudicium datum fuerat, ut presbiterii tantum officio fungeretur; accessit ad regem, depręcans || ut ordinacionem[10] episcopatus in antedictum Col. 344. castro[11] reciperet. Set, obsisten Papolo[12], Carnotene urbis episcopus[13], ac dicente, quia: « Diocis[14] mea est, ostendente presentem[15] iudicium episcoporum, nihil aliut[16] potuit obtinere cum rege, nisi ea quę sub ipsius castri termino propria [a]bebat reciperit[17], in qua cum genetricę adhuc superstitem[18] moraretur.

---

1. *Corr.* regina. — 2. *Corr.* Pretextatus. — 3. epm., *corr.* episcopatum. — 4. *Corr.* civitati suę. — 5. *Corr.* inquireret. — 6. eps., *corr.* episcoporum. — 7. *Corr.* vellet. — 8. *Corr.* prorsus ab episcopatu. — 9. *Corr.* diocesis. — 10. *Corr.* ordinationem. — 11. *Corr.* castrum. — 12. *Corr.* obsistente Papolo. — 13. *Corr.* episcopo. — 14. *Corr.* diocesi. — 15. *Corr.* ostendens presens. — 16. *Corr.* aliud. — 17. *Corr.* habebat reciperet. — 18. *Corr.* superstite.

XVIII. Commoran[1] vero rege apud urbem Parisiacam, venit quidam pauper, dicens : « Audi, rex, verba oris mei. Noveris enim, quia Faraulfus, cobicolarius[2] quondam fratris tui, querit[3] te interficere. Audivi enim consilium eius, ut, eunte te matutina oracione ad ęclesiam, aut cultro adpeteret aut hasta transfoderet. » Obstupefactus autem rex, misit vorare[4] eum. Quo negante, de his || rex metuens, armis se valde munivit, nec penitus ad loca sancta vel alibi nisi vallatus armis se adque costodibus[5] procedebat. Faraulfus autem non post multum tempus mortuos[6] est.

XVIIII. Cum autem magnus clamor fierit[7] adversus eos qui potentes cum rege fuerant Chilperico, scilicet quod abstullissent[8] vel[9] villas vel res reliquas de rebus alienis, omnia, que[10] iniuste ablata fuerant, rex reddi precepit, sicut iam superius indecatum[11] est. Fredegundem quoque reginam ad villam Rotoialensem, que[12] in Rotomense termino sita est, abire precepit[13]. Secutique sunt eam omnes meliores natu regni Chilperici regis. Ibique relinquentis[14] eum cum Melanio episcopo qui de Rotomago submotus fuerat, ad filium eius se transtulerunt, promitentes, quod ab is[15] studiosissime[16] nutriretur.

XX. Postquam autem Fredegundis regina ad supradictam villam abiit, cum esset valde mesta, quod ei potestas ex parte fuisset ablata, me||liorem se existimans Bruneheldem[17] misit occultum clericum sibi familiarem, qui eam circumventam dolis interimere possit, || videlicet ut, cum se subtiliter in eius subderet famulatum, ab ea credi possit, et sic clam percoliretur[18]. Veniens igitur clericos[19], cum diversis ingenies[20] se eidem commendavit, dicens : « A facię Fredegundis reginae fugio, deposcens auxilium tuum. » Coepit se

---

1. *Corr.* Commorante. — 2. *Corr.* cubicularius. — 3. *Corr.* queret. — 4. *Corr.* vocari. — 5. *Corr.* custodibus. — 6. *Corr.* mortuus. — 7. *Corr.* fieret. — 8. *Corr.* abstulissent. — 9. *Corr.* vi. — 10. *Corr.* quę. — 11. *Corr.* indicatum, — 12. *Cod.* q; *corr.* quae. — 13. *Cod.* pręcepit. — 14. *Corr.* relinquentes. — 15. *Corr.* his. — 16. *Corr.* studiosissimę. — 17. *Corr.* Brunchilde. — 18. *Corr.* percuteretur. — 19. *Corr.* clericus. — 20. *Corr.* ingeniis.

etiam omnibus reddere humilem, carum, oboedientem hac reginam¹ privatum. Sed non longo tempore interposito, intellexerunt eum dolose transmissum; vinctusque ac cesus, cum rem patefecisset occultam, redire permissus est ad 5 patronam. Reserans queque acta fuerant, effatus quod jussa patrari non potuisset, manuum hac pedum abscisionem² multatur.

XXI. His ita gestis, cum rex Gunthramnos Cabillonno³ regressus mortem fratris conaretur inquerere⁴, et regina crimen 10 super Eberulfum cobicularium inposuissit⁵, — rogatus enim fuerat ab ea, ut post mortem regis cum ipsa resederet⁶, sed optenere⁷ non potuit; — hec⁸ enim inimicitia pululante⁹ adseruit regina ab eodem principem interfectum, ipsumque multa de thesauris abstulisse et sic in Toronicum abscessisse; ideo- 15 que, si rex mortem fratris desideraret ulciscere, noverit huius cause hunc esse signeferum¹⁰. Tunc rex iuravit omnibus optimatibus quod non modo ipsum, verum etiam progeniem eius in nonam generacionem dileret¹¹, ut per horum necem consuetudo auferetur¹² iniqua, ne reges amplius interfece- 20 rentur¹³. Quod cum Eberulfus cumperissit¹⁴, basilicam sancti Martini, cuius res sepe pervaserat, expetivit. Tunc data occansione, ut costodiretur, Aurilianensis¹⁵ adque Blisensis vicissem¹⁶ ad has excobies¹⁷ veniebant, implitisque¹⁸ quindecim diebus, cum preda multa revertebantur, adducentis¹⁹ 25 iumenta, pecora, vel quodcumque derepere²⁰ potuissent. Ille²¹ vero qui beati Martini iumenta abduxerant, commota altercacione, se invicem lanceis transfixerunt. Duo, qui mulas diripiebant, ad domum vicini cuiusdam accedentes, potum rogare ceperunt. Cumque ille se habere negarit²², elevatis 30 lanceis ut eum transfoderent, hic extracto gladio utrumque perfodit, cecideruntque ambo et mortui sunt; iumenta tamen

---

1. *Corr.* regine. — 2. *Corr.* abscisione. — 3. *Corr.* Gunthramnus Cavillono. — 4. *Corr.* inquirere. — 5. *Corr.* cubicularium imposuisset. — 6. *Corr.* resideret. — 7. *Corr.* optinere. — 8. *Corr.* hac. — 9. *Corr.* pollulante. — 10. *Corr.* signiferum. — 11. *Corr.* deleret. — 12. *Corr.* auferretur. — 13. *Corr.* interficerentur. — 14. *Corr.* comperisset. — 15. *Corr.* occasione ut custodiretur Aurilianenses. — 16. *Corr.* Blisenses vicissim. — 17. *Corr.* excubias. — 18. *Corr.* impletisque. — 19. *Corr.* abducentes. — 20. *Corr.* diripere. — 21. *Corr.* illi. — 22. *Corr.* negaret

sancti Martini redita[1] sunt. Tantaque ibi tunc mala per hos Aurilianenses gesta sunt, ut nequeant explicari.

XXII. Dum hęc autem agerentur, res ipsius Eberulfi diversis conceduntur; aurum argentumque vel alias meliores species, quas secum retenebat[2], in medio exposuit. Quod vero || conmendatum habuit, publicatum est. Greges etiam ęquorum, porcorum iumentorumque diripiuntur. Domus vero inframuranea, quam de dominacione ęclesię abstullerat[3], referta annonis, vino adque tercoribus[4] rebusque aliis multis, adplene expoliata est, nec ibi aliud quam pariete vacui remanserunt. Ex hoc nos maxime suspectus[5] habebat que[6] in causis eius fideliter currebamus, promittensque plerumque quod, si umquam ad regis graciam perveniret, in vobis[7] hęc que perferrebat ulcisceretur. Deus enim novit cui arcana pectoris revelantur, quia de puro corde, in quantum potuemus[8] solacium ministravimus. Et quamquam multas nobis insidias prius de rebus sancti Martini fecissit[9] extabat tamen causa, ut easdem obliviscerem, eo quod filium eius de sancto lavacro suscipissem. Set[10] credo, infiliciae[11] res maximum fuit inpedimentum, quod nullam reverenciam sancto prestabat antestiti[12]. Nam sepe cedes infra ipsum atrium, quod ad pedes beati erat, exegit, exercens assiduę ebrietatis[13] ac vanitatis[14]. Presbiterum quoque unum, pro eo quod ei vinum dare differret, cum iam crapulatus aspiceretur, elisum super scamnum[15] pugnis ac diversis ictibus verberavit, ut pęnę animam reddere videretur; et fecissit[16] forsitam, si ei medicorum || ventusę non subvenissent. Habebat enim pro timore regis in id[17] ipsum salutaturium[18] bea||tę basilicę mansionem. Cum autem presbiter, qui clavis ostei retenebat, clasis[19] reliquis, recessissit[20], per illum salutarii[21] ustium introeuntes puellę cum reliquis pueris eius, suspi-

---

1. *Corr.* reddita. — 2. *Corr.* ritenebat. — 3. *Corr.* abstulerat. — 4. *Corr.* pecoribus. — 5. *Corr.* suspectos. — 6. *Corr.* qui. — 7. *Corr.* nobis. — 8. *Corr.* potuimus. — 9. *Corr.* fecisset. — 10. *Corr.* suscepissem. Sed. — 11. *Corr.* infelici ea. — 12. *Corr.* antistiti. — 13. *Corr.* ebrietates. — 14. *Corr.* vanitates. — 15. *Cod.* sca num. — 16. *Corr.* fecisset. — 17. id *expunct.* — 18. *Corr.* salutatorium. — 19. *Corr.* claves ostii retinebat, clausis. — 20. *Corr.* recessisset. — 21. *Corr.* salutatorii.

HISTORIAE FRANCORUM LIBER VII.

ciebant picturas parietum, rimabant ornamenta beati sepulcri; quod valde facinorosum relegionis[1] erat. Quod cum presbyter cognovissit[2], defixis clavis super ostium, serras[3] aptavit. Hec ille cum post cenam vino maditus[4] advertissit[5],
5 et nos in basilicam in inicium noctis orationis gratia psallerimus[6], furibundus ingreditur meque conviciis ac maledicionibus urguere cepit, illud inter iurgia exprobans, quod ego eum velem a sancti antestitis[7] fimbriis separare[8]. Sed ego stupens, que virum cepissit insania[9], blandis sermoni-
10 bus mulcire[10] conatus sum. Set[11], cum eius furias verbis lenibus superare non possim, silere decrevi. Ille vero me tacitum intendens, ad presbiterum[12] convertitur evomitque in eum multa convicia. Nam et illum verbis procacibus et me diversis obpropriis inpugnabat. Nos vero cum vidissimus[13]
15 eum, ut ita dicam, agi a demone, egressi a basilica sancta, scandalum vigiliasque finivimus, illud maxime indignum ferentes, quod ad hoc iurgium absque reverencia sancti ante ipsum sepulcrum antestitis[14] excitaverat. His diebus || vidi Fol. 197 v° somnium, quod ipsi in sancta basilica ... , dicens : « Puta-
20 bam me quasi in hac basilica sacrosanc.. missarum solemnia celebrare. Cumque iam altarium cum oblacionibus pallio sirico[15] coopertum essit, sobito[16] ingredientem Gunthramnum regem conspicio, qui voce magna clamabat : « Extrahite inimicum generacionis nostre, evellite homicidam
25 a sacro Dei altario. » At ego, cum hec audirem, ad te conversus dixi : « Adprehende pallium altaris, infilix[17], quo sacrum[18] munera conteguntur, ne hinc abiciaris. » Cumque adprehenderis[19], laxa cum manu et non viriliter detinebas. Ego vero, expanicis[20] manibus, contra pectus regis meum
30 pectus abtabam, dicens : « Noli eiecere hunc hominem de basilica sancta, ne vite periculum patiaris, ne te sanctus antesti||tis[21] sua virtute confiat[22]. Noli [te] proprio iaculo Col. 348.

---

1. *Corr.* religioni. — 2. *Corr.* cognovisset. — 3. *Corr.* seras. — 4. *Corr.* madidus. — 5. *Corr.* advertisset. — 6. *Corr.* psalleremus. — 7. *Corr.* antistitis. — 8. *Corr.* separari. — 9. *Corr.* cepisset insana. — 10. *Corr.* mulcere. — 11. *Corr.* sed. — 12. *Cod.* prbr. *add.* m. — 13. *Corr.* vidissemus. — 14. *Corr.* antistitis. — 15. *Corr.* serico. — 16. *Corr.* esset, subito. — 17. *Corr.* infilix. — 18. *Corr.* sacra. — 19. *Corr.* adprehenderes. — 20. *Corr.* expansis. — 21. *Corr.* antestis. — 22. *Corr.* confodiat.

interemere¹, quia hoc si feceris, presentem vitam aeternamque² carebis. » Set³, cum rex mihi resisteret, tu laxabas palleum et post me veniebas. Ego vero valde tibi molestus eram. Cumque reverteris⁴ ad altarium, adprehendebas pallium, set³ rursum relinquebas. Dum hunc tu tepide reteneris⁵ et ego rege⁶ viriliter resisterem, evigilavi pavore conteritus⁷, ignarus quid somnium indecaret⁸. » Igitur cum ei ista narrassem, ait : « Verum est somnium, quod vidisti, quod valde cogitacione mee⁹ concordat. » Cui ego : « Et quid providit cogitacio tua ? » Et ille : « Deliberatum, inquid, habuit¹⁰, || ut, si me rex ab hoc loco iuberit¹¹ extrai¹², ab una manu pallas altaris tenerem, ab alia vero, evaginato gladio, te prius interfectum, quantuscumque¹³ deinceps clericus¹⁴ reperissem, in mortem prosternerem. Nec mihi post hec erat iniuria leto subcumbere, si de huius sancti clericis acciperem ulcionem. » Hec ego audiens et stupens, admirabam¹⁵ quod erat, quia per hos¹⁶ eius diabolus¹⁷ loquebatur. Numquam enim in Deum ullum timorem habuit. Nam dum essit¹⁸ in libertatem, equi eius ac pecora per segites¹⁹ pauperum vineisque demittebantur²⁰. Quod si expellebantur ab his quorum evertebat labores, statim a suis percolibantur²¹. Nam in hac angustia qua erat sepe commemorabat, quod²² beati antestitis abstulissit iniuste²³. Denique anno superiore commotum quendam levem e civibus eclesie actores fecit interpellare. Tunc postposita iusticia, res quas olim eclesie possedebat²⁴ sub specie emcionis²⁵ abstraxit, datam²⁶ ipsi homini partem auream²⁷ baltei sui. Set²⁸ et alia multa perverse egit usque ad finem vite suae, quem in posterum explanamus²⁹.

XXIII. Presenti quoquæ anno Armentarius Iudeus cum

---

1. *Corr.* interimere. — 2. *Corr.* presenti vita eternaque. — 3. *Corr.* sed. — 4. *Corr.* revertereris. — 5. *Corr.* retineres. — 6. *Corr.* regi. — 7. *Corr.* conterritus. — 8. *Corr.* indicaret. — 9. *Corr.* cogitacioni mee. — 10. *Corr.* habui. — 11. *Corr.* iuberet. — 12. *Corr.* extrahi. — 13. *Corr.* quantoscumque. — 14. *Corr.* clericos. — 15. *Corr.* admirabar. — 16. *Corr.* os. — 17. *Corr.* diabolus. — 18. *Corr.* esset. — 19. *Corr.* segetes. — 20. *Corr.* vineasque dimittebantur. — 21. *Corr.* percutebantur. — 22. *Add.* res. — 23. *Corr.* antistitis abstulisset iniuste. — 24. *Corr.* ecclesia possidebat. — 25. *Corr.* emtionis. — 26. *Corr.* data. — 27. *Corr.* parte aurea. — 28. *Corr.* sed et. — 29. *Corr.* explanabimus.

uno secte suae atillite¹ et duobus christianis ad exegendas caucionis², quas ei propter tributa puplica Iniuriosus ex vecario³, ex comitę vero Eonomius ǁ deposuerant, Toronus Fol. 198 v° advenit. Interpellatisque viris, promisionem⁴ accepit de ǁ
5 redendo⁵ pecunię fenore cum usuris, dicentibus sibi prece- Col. 349. derę ipsis⁶ : « Si ad domum nostram veneris, et quę debentur exsolvimus et aliis te muneribus, sicut dignum est, honoramus. » Eo quoque euntę, ab Iniurioso suscepitur⁷ et convivio conlocatur⁸, expletoque aepulo, adpropinquante
10 noctę, cummoti⁹ ab eodem loco ad alium transeunt. Tunc, ut ferunt, Iudei cum duobus christianis ab Iniuriosi hominibus interfecti, in puteum, qui propinquos¹⁰ domui eius, proiecti sunt. Auditis his parentes eorum quę gesta fuerant, Toronus adverunt¹¹; datoque quibusdam hominibus indicio,
15 puteum reperiunt virusque¹² extrahunt, multum negantę Iniurioso, quod in hac causa non fuerit inquinatus. Post hęc in iudicio venit; sed confortiter¹³, ut diximus, denegaret, et hii non haberent, qualiter eum convincere possint, iudicatum est, ut se insontem redderet sacramento. Sed, nec hoc
20 his adquiiscentibus¹⁴, placitum in regis presenciam Childeberti posuerunt. Verumtamen nequae pecunia neque caucionis Iudei¹⁵ ǁ defunctis repertę sunt. Loquebantur tunc Fol. 199. multi hominum Medardum tribunum in hoc scelere mixtum fuisse, eo quod et ipse a Iudęo pecuniam mutuassit¹⁶. Iniu-
25 riosus tamen ad placitum in conspectu regis Childeberthi advenit et per triduum usque occasum solis observavit. Sed cum hii non venissent, neque de¹⁷ causa ab ullo fuisset interpellatus, ad propria rediit.

XXIIII. Anno igitur decimo Childeberthi regis rex Gun-
30 thramnus, commotis gentibus regni sui, magnum iuncxit exercitum. Set pars maior cum Aurilianensibus adque Bitu-

---

1. *Corr.* satellite. — 2. *Corr.* exigendas cautiones. — 3. *Corr.* vicario. — 4. *Corr.* promissionem. — 5. *Corr.* reddendo. — 6. *Corr.* ipsos. — 7. *Corr.* suscipitur. — 8. *Corr.* collocatur. — 9. *Corr.* commoti. — 10. *Corr.* propinquus — 11. *Corr.* advenerunt. — 12. *Corr.* virosque. — 13. *Corr.* cum fortiter. — 14. *Corr.* adquiescentibus. — 15. *Corr.* cauciones Iudeis. — 16. *Corr.* mutuasset. — 17. *Add.* hac.

regis[1] Pectavum petiit. Excesserant enim de fide, quam regi promiserant. Miseruntque prius legacionem[2], ut scirent, utrum susceperentur[3] ab his an non. Sed episcopus loci Maroveus dure suscepit hos nuncios. At illi infra terminum ingressi, predas, incendio adque[4] homicidia faciebant. Hii vero que[5] cum preda re‖vertebantur per Toronicum transeuntes, similiter illis qui iam sacramenta dederant faciebant, ita ut ipsa[6] quoque eclesię incenderentur et quęcumque invenire[7] potuissent diriperentur. Quod sępius actum est, dum illi ad regem egre converterentur. Set[8] cum exercitus propius ad urbem accederet, ‖ et iam pars maxima regionis devastata cerneretur, tunc miserunt noncius[9], fideles se rege[10] Gunthramno fatentes. At illi infra murus[11] urbis recepti, super episcopum inruerunt[12], dicentes eum infidelem esse. Ille vero cum se ab his cerneret coartatum, effracto unum[13] de sacris ministeriis calicem et in numisma redactum[14], se populumque redimit[15].

XXV. Marileifum vero, qui primus medicorum in domo Chilpirici[16] regis habitus fuerat, ardentissime vallant; et qui iam a Gararico duce valde expoliatus fuerat, ab his iterum denutatur[17], ita ut nulla ei substancia remaneret. Equos quoque eius, aurum argentumque sive species, quas meliores habebat, pariter auferentes, ipsum dicioni[18] eclesiasticę subdederunt[19]. Servicium enim patris eius tale fuerat, ut molinas eclesiasticas stodiret[20], fratresque consubrini[21] vel reliqui parentes cocinis[22] dominicis atque pistrino subiecti erant.

XXVII (26). Gundoaldus vero Pectavum accedere voluit, set[23] timuit. Audierat enim, iam contra se exercitum commoveri.

---

1. *Corr.* Bituricis. — 2. *Corr.* legationem. — 3. *Corr.* susciperentur. — 4. *Corr.* incendia atque. — 5. *Corr.* qui. — 6. *Corr.* ipsæ. — 7. *Corr.* inveniri. — 8. *Corr.* sed. — 9. *Corr.* nuncios. — 10. *Corr* regi. — 11. *Corr.* muros. — 12. *Corr.* irruerunt. — 13. *Corr.* uno. — 14. *Corr.* nomisma redacto. — 15. *Corr.* redemit. — 16. *Corr.* Chilperici. — 17. *Corr.* denudatur. — 18. *Cod. pergit* derius et Bladastis (*cap.* 28), *folio uno in archetypo interposito; corrector in margine notavit*: R[e]q[uire]; *falsum est. Interposita sunt enim quaedam, et rursum, fol.* 201, *ubi sequuntur*: ęclesiasticę subdederunt, *pariter in margine*: Falsum est. Interposita sunt quaedam. — 19. *Corr.* subdiderunt. — 20. *Corr.* custodiret. — 21. *Corr.* consobrini. — 22. *Corr.* coquinis. — 23. *Corr.* sed.

In civitatibus enim, quę Sighiberti regis fuerant, ex nomine regis Childeberthi sacramenta suscipiebat; in reliquis vero, quę aut Gunthramni aut Chilpirici[1] fuerant, nomine[2] suo, quod fidem servarent, iurabant. Post hęc Ecolisinam acces-
5 sit, susceptaquę sacramenta muneratisque prioribus, Petrocoricum adgreditur. Graviter episcopum tunc iniuriatum reliquid, pro eo quod susceptus ab eodem honorifice non fuerat.

XXVIII (27). Exinde Tholosam degressus, emisit noncius[3]
10 ad Magnulfum || episcopum civitatis, ut ab eo susceperetur[4]. Col. 351.
Sed ille, non inmemor prioris iniurię, quam per Sigulfum quondam, qui se in regno elevare vo[luit], pertulerat, dicit civibus suis : « Scimus enim || regis[5] esse Gunthramnum ac Fol. 201 v°
nepotes eius; hunc autem nescimus unde sit. Estote ergo
15 parati, et si voluerit Desiderius dux hanc calamitatem inducere super nos, simili ut Sigulfus sorte depereat; sitque omnibus exemplum, ne quis extraneorum Francorum regnum audeat violare. » His ita resistentibus et bellum parantibus, adveniente Gundoaldo cum magno exercito[6], cum vidissent,
20 quod sustenire[7] non possint, susceperunt eum. Post hęc, cum ad convivium in domo ęclesię[8] episcopus una cum Gundoaldo resederet[9], ait : « Filium te Chlothacharii[10] regis asseris, set[11] utrum sit verum an non, ignoramus. Vel si possis vendecare[12] coepta, incredibile habetur aput animus[13]
25 nostros. » At ille ait : « Ego regis Chlothacharii sum filius et partem regni de pręsente[14] sum percepturus; et usque Parisius velociter accedam et ibi sedem regni statuam. » Cui episcopus ait : « Verumne est ergo, quod nullus de stirpe regum Francorum remansit, si tu hęc que dicis
30 impleberis? »[15] Inter has altercaciones cum hęc Mummolus exaudisset[16], elevata manu alapis cecidit episcopum, dicens : « Non pudet, ut tam degeneri[17] stultus ita magno rei[18] res-

---

1. *Corr.* Chilperici. — 2. *Corr.* nomini. — 3. *Corr.* nuncios. — 4. *Corr.* susciperetur. — 5. *Corr.* reges. — 6. *Corr.* exercitu. — 7. *Corr.* sustinere. — 8. *Corr.* ecclesię. — 9. *Corr.* resideret. — 10. *Corr.* Chlotharii. — 11. *Corr.* sed. — 12. *Corr.* vindicare. — 13. *Corr.* apud animos. — 14. *Corr.* pręsenti. — 15. *Corr.* impleveris. — 16. *Corr.* audisset. — 17. *Corr.* degener. — 18. *Corr.* regi.

pondeat? » Verum ubi et Desiderius de consilio episcopi conperit quę fuerant dicta, ira commotus, manus in eum iniecit; cęsumque conmuniter hastis, || pugnis, calcibus ac fune revinctum, exilio damnaverunt, resque eius tam proprias quam ęclesię[1] integre auferentes. Waddo autem, qui erat maior domus reginę Rigunthis, se eisdem copolavit. Relique[2] vero qui cum eo abierant per fugam dilapsi sunt.

XXVIIII. (28). Post hęc autem exercitus ab urbe Pectava remotus in antea post Gundoaldum proficiscitur. Secutique sunt cum de Toronicis multi lucri causa; sed Pectavis super se inruentibus, || nonnulli interempti, plurimi vero spoliati redierunt. Hii autem qui de his ad exercitum prius unexerant pariter abierunt. Itaque exercitus ad Dornoniam fluvium accedens, prestolare coepit, quid de Gundoaldo cognusceret[3]. Cui iam, ut supra dictum est, adhęserant dux Disederius[4] et Bladastis cum Waddone maiore domus Rigunthis reginę. Erant primi cum eo Sagittarius episcopus et Mummolus. Sagittarius enim iam repromissione[5] de episcopatu Tholosano acceperat.

XXVI (29). Dum autem hęc agerentur, misit rex Guntchramnus [Claudium] quendam, dicens : « Si abieris, inquid, et eiectum de basilica Eberulfum aut gladio interemis[6] aut catenis vincxeris, magnis te muneribus locupletabo; veruntamen, ne sanctę basilicę iniuriam inferas, omnino commoneo. » Ille vero, ut erat vanitate adque[7] avaricię deditus, velociter Parisius atvolavit[8]. Uxor enim ei[9] ex Meldensi terreturium[10] || erat. Volvere animo coepit, utrum Fredegundem reginam videret, dicens : « Si eam videro, elicere ab ea aliquid muneris possum. Scio enim eam esse homini ad quem directus sum inimicam. » Tunc accedens ad eam, de pręsente[11] munera magna capiens, promissiones multas elicuit, ut aut extractum a basilica Eberulfum occideret, aut

---

1. *Corr.* ęcclesię. — 2. *Corr.* copulavit. Reliqui. — 3. *Corr.* cognosceret. — 4. *Corr.* Desederius. — 5. *Corr.* repromissionem. — 6. *Corr.* interemeris. — 7. *Corr.* vanitati atque. — 8. *Corr.* advolavit. — 9. *Corr.* eius. — 10. *Corr.* terreturio. — 11. *Corr.* pręsenti.

circumventum dolis catenis vinceret aut certe in ipso eum
atrio trucedaret[1]. Regressus autem ad Dunensem castrum,
comitem commovit, ut ei trecentus[2] viros quasi at costodien-
das[3] Toronicę urbis portas adiungeret, scilicet ut, cum
venisset, per eorum solacium Eberulfum posset obpremere[4].
Cumque comes loci viros istos commoneret, Claudius Toronus peraccessit. Et cum iter ageret, ut consuetudo est bar-
barorum, auspicia intendere coepit ac dicere sibi esse contraria, simulque interrogare multis[5], si virtus beati Martini
de presente manefestaretur[6] in perfides[7]; aut certe, si aliquis iniuriam in eum sperantibus intulisset, ipsi protenus[8]
ulcio sequeretur. Igitur postpositis, ut diximus[9], viris, qui
ad solacium eius venire debuerant, ipse basilicam accessit.
Statimque infelici Eberulfo coniunctus, sacramenta dare
coepit ac iurare per omnia sacrosancta vel virtutem beati
presentes[10] antestitis, nullum in causis eius fore fideliorem,
qui ita cum rege causas eius posset exercere. Hoc enim aput[11]
se consilium habuerat miscrimus[12] : « Nisi eum periurando
decepero, non vincam. » Verum ubi videt[13] Eberulfus, quod
ei talia cum sacramento in ipsam basilicam ac per porticus
vel singula loca atrii veneranda promitterit, crededit[14] miser
homini periuranti. Die autem altero, cum nos in villa quasi
milia triginta ab urbe commoraremur, ad convivium basilica[15]
sanctę cum eodem vel reliquis civibus est adscitus, ibique
cum Claudius gladio ferire voluit, si pueri eius longius
atstetissent[16]. Verumtamen numquam hec Eberulfus, ut erat
vanus, advertit. Postquam autem convivium est finitum, ipse
simul ac Claudius per atrium domus basilicę deambulare
coeperunt, sibi invicem fidem ac caritatem sacramentis
intercurrentibus promitentes. His ita loquentibus, ait Claudius Eberulfo : « Delectat animo at[17] metatum tuum occur-
rere potum, si vina odoramentis essent inmixta, aut certe

---

1. *Corr.* trucidaret. — 2. *Corr.* trecentos. — 3. *Corr.* ad custodiendas. —
4. *Corr.* possit obprimere. — 5. *Corr.* multos. — 6. *Corr.* presenti manifesta-
retur. — 7. *Corr.* perfidis. — 8. *Corr.* ipsum protinus. — 9. *Corr.* diximus.
— 10. *Corr.* presentis. — 11. *Corr.* apud. — 12. *Corr.* miserrimus. — 13. *Corr.*
vidit. — 14. *Corr.* promitteret, crededit. — 15. *Corr.* basilicæ. — 16. *Corr.*
adstitissent. — 17. *Corr.* ad.

potencioris[1] vini libacionem strenuetas tua perquereret[2]. ||
Hęc eo dicente, gavisus Eberulfus, respondit habere se, dicens : « Et omnia quę volueris ad metatum meum reperies[3], tantum ut dignetur dominus meus tugurium ingredi mansiones[4] meę. » Misitque puerus[5] unum post alium ad requerenda[6] potenciora vina, Laticina videlicet adque Gazitina. Cumque illum a pueris relictum solum Claudium conspexisset, elevata contra basilica manu, ait : « Martini[7] beatissimę, fac me uxorem || cito cum parentibus videre. » Infelix enim in discrimine positus, || et hunc interfecere[8] in atrio cogitabat et virtutem sancti antestites[9] metuebat. Tunc unus e pueris Claudii, qui erat rubuscior[10], adpręhensum Eberulfum a tergo validioribus lacertis adstringit resupinatumque pectus eius ad [iu]gulandum[11] parat. At Claudius, extractu[12] a balteo gladio, ad eum diriget. Set[13] et ille prolatum a cingulo ferrum se ad percuciendum, [dum][14] teneretur, adaptat. Cumque Claudius, ele[va]ta[15] dextera, cultrum [eius] pectoris iniecisset, et ille non segniter sub ascella illius pugionem defixisset, retractum ad se, libratu[16] ictu pollicem Claudii intercidit. Ex hoc convenientes pueri eius cum gladiis, Eberulfum diversis ictibus sauciant. Quorum de manu dilapsus, dum fugire[17] iam exanimes nitiretur[18], extracto gladio caput eius gravissime verberant, effusoque cerebro cecidit; nec promeruit ab eo salvari, quem fideliter numquam intellexit exposcere. Igitur Claudius timore perterritus, cellolam[19] abbatis expetiit, ab eo tunsorare[20] se cupiens, in cuius patronum reverenciam[21] habere non sapuit. Ille[22] quoque resedente[23], ait : « Perpetratum est scelus inmensum, et nisi tu subveneris, periemus. » Hęc eo loquente, inruerunt pueri Eberulfi || cum gladiis ac lanceis, obseratumque reperientes ostium, effractis cellolę vitreis[24], hastas

---

1. *Corr.* potenciores. — 2. *Corr.* perquireret. — 3. *Corr.* repperies. — 4. *Corr.* mansionis. — 5. *Corr.* pueros. — 6. *Corr.* requirenda. — 7. *Corr.* Martine. — 8. *Corr.* interficere. — 9. *Corr.* antestitis. — 10. *Corr.* robustior. — 11. *Corr.* iugulandum. — 12. *Corr.* extracto. — 13. *Corr.* dirigit. Sed. — 14. *Add.* dum. — 15. *Corr.* elevata. — 16. *Corr.* librato. — 17. *Corr.* fugere. — 18. *Corr.* niteretur. — 19. *Corr.* perterritus, cellulam. — 20. *Corr.* tinsari. — 21. *Corr.* reverentiam. — 22. *Corr.* illo. — 23. *Corr.* residente. — 24. *Corr.* atriis.

per parietes[1] fenestras inieciunt[2] Claudiumque iam simevivum[3] ictu transfigunt. Satellites autem eius post ostia et sub lectis abduntur. Abba adprehensus a duobus clericis, inter gladiorum acies vix vivos eripetur[4], reseratisque osteis[5], turba gladiatorum ingreditur. Nonnulli etiam matriculariorum et reliquo‖rum pauperum pro scelere commisso tectum cellolę[6] Col. 355 conantur evertere. Sed et inergumini ac diversi egeni cum petris et fustibus ad ulciscendam basilicę violenciam proficiscuntur, indigne ferentes, quur[7] talia, quę numquam facta fuerant, essent ibidem perpetrata. Quid plura? Extrahuntur fugaces ex abditis et crudeliter trucidantur; pavimentum cellolę tabo maculatur. Postquam vero interempti sunt, extrahuntur foris et nudi super humum frigidam relinquuntur. Percussoris[8] vero nete sequente[9], adprehensis spoliis, fuga dilabuntur. Adfuit autem Dei ulcio de presenti super eos qui beatum atrium humano sanguine polluerunt. Sed nec eius facenos[10] parvum esse censetur, quem talia beatus antestis perferre permisit. Magnam ex hoc rex iracundiam habuit, sed, cognita racione, quievit. ‖ Res tamen ipsius Fol. 203 v° infelices[11] tam mobelis[12] quam inmobelis[13], quod a prioribus relectum[14] fuerat, suis fidelibus condonavit. Quia uxorem eius valde expoliatam in sanctam basilicam reliquerunt. Corpus vero Claudii vel reliquorum parentes[15] proximi auferentes, in suam regionem sepelierunt.

XXX. Igitur Gundoaldus duos ad amicos suos legatus derigit, clericus[16] utiquę. Ex quibus unus abba Caturcinæ urbis litteras quas acceperat, cavatam codicis tabulam[17], sub cera recondidit[18]. Sed adprehensus ab hominibus regis Gunthramni, repertis litteris, in regis presencia est deductus; qui caesus gravissime, in costodia[19] est retrusus.

---

1. *Add.* et. — 2. *Corr.* iniciunt. — 3. *Corr.* semivivum. — 4. *Corr.* vivus eripitur. — 5. *Corr.* ostiis. — 6. *Corr.* cellulę. — 7. *Corr.* cur. — 8. *Corr.* percussores. — 9. *Corr.* nocte sequenti. — 10. *Corr.* facinus. — 11. *Corr.* infelicis. — 12. *Corr.* mobiles. — 13. *Corr.* inmobiles. — 14. *Corr.* relictum. — 15. *Add.* ac. — 16. *Corr.* legatos diriget, clericos. — 17. *Corr.* cavata codicis tabula. — 18. *Corr.* recondit. — 19. *Corr.* custodia.

XXXI. Erat tunc temporis Gundoaldus in urbe Burdegalensi ad[1] Berteramno episcopo satis dilectus. Inquirens autem, quę ei causę solacium prębere possint[2] narravit quidam, quod aliquis in partibus Orientis rex, ablato sancti Sergy[3] martyris pollice, in dextro brachio corporis sui seruissit[4]. Cumque ei necessitas ad depellendum inimicos obvenisset, in hoc confusus ausilio[5], ubi dextri lacerti erexisset ulnam, protinus multitudo hostium, quasi martyris oppręssa virtute, labibatur[6] in fugam. Hęc audiens Gundoaldus, inquirere diligencius coepit, quisnam esset in loco, qui reliquias sancti Sergii martyris meruisset accepere[7]. Interea proditus ab episcopo Berthramno Eufron neguciatur[8] per inimicitiam, quia invitum aliquando cum totunderat[9], inhians facultatem eius. Quod ille dispiciens[10], ad aliam urbem transiens, cęsarię creste, egreditur[11]. Ait ergo episcopus : « Est hic quidam Sirus[12] Eufron nomine, qui de domo sua ęclesiam[13] faciens, huius sancti reliquias collocavit et plurima ex his signa, virtute martyris opitulante, conspexit. Nam cum tempore quodam Burdegalensis civitas maximo flagraretur incendio, hęc domus circumdata flammis nullatenus est adusta. » Ita[14] eo dicente, statim Mummolus cursu rapido cum episcopo Berthramno ad domum Siri accedit; vallatumque hominem[15], pignora sibi sancta pręcepit ostendi. Negat illi[16]. Tamen cogitans, quod pro milicia aliqua ei hęc pararetur insidia, ait : « Noli fategare[17] senem nec sancto inferre iniuriam ; sed, acceptis a me centum aureis, abscide[18]. » Illo quoque insistenti[19], ut sanctas viderit[20] reliquias, ducentus optulit aureos; et nec sic obtenuit[22] eum recedere, nisi ipsa pignera[23] viderentur. Tunc Mummolus elevari ad parietem scalam iubet — erant enim in sublime parietes[24] contra altarium in capsola[25]

---

1. *Corr.* a. — 2. *Corr.* possent. — 3. *Corr.* Sergii. — 4. *Corr.* inservisset. — 5. *Corr.* confisus auxilio. — 6. *Corr.* labebatur. — 7. *Corr.* accipere. — 8. *Corr.* negociator. — 9. *Corr.* totonderat. — 10. *Corr.* despiciens. — 11. *Corr.* crescente regreditur. — 12. *Corr.* Syrus. — 13. *Corr.* ecclesiam. — 14. *Corr.* ista. — 15. *Corr.* vallatoque homine. — 16. *Corr.* ille. — 17. *Cor* fatigare. — 18. *Corr.* abscede. — 19. *Corr.* insistente. — 20. *Corr.* videret. — 21. *Corr.* ducentos. — 22. *Corr.* obtinuit. — 23. *Corr.* pignora. — 24. *Corr.* sublimi pariete. — 25. *Corr.* capsula.

recondite —; diaconus[1] suum scandere precipit[2]. Qui per gradus[3] scandens scale, adprehendens capsam, ita tremore concusus[4] est, ut nec vivens putaretur ad terram reverti. Adtamen accepta, ut diximus, capsula, que de parieti[5] pen-
5 debat, adtulit. Quam perscrutatam, Mummolus os de sancti digito reperit[6], quod cultro ferire non metuit. Posito enim desuper cultro, et sic de alio percuciebat. Cumque post ‖ multus ictus[7] vix frangi potuisset, divisum in tres[8] partibus Col. 357. ossiculum diversas in partes dilabitur. Credo, non erat
10 acceptum martiri, ut hec ille contigerit[9]. Tunc flente vehimencius Eofronio[10], prosternuntur omnes in oracionem, deprecantes, ut Deus dignaretur ostendere, que ab oculis humanis fuerant ablata. Post oracionem[11] autem reperte sunt particule, ex quibus una Mummolus adsumpta abscessit;
15 set[12] non, ut credo, cum gracia martyris, ‖ sicut in sequenti Fol. 205. declaratum est. Dum autem in hac urbe morarentur, Fausticianum presbiterum Aquensi urbi episcopum urdinare[13] precipiunt. Nuper enim in Aquense urbi[14] episcopus obierat, et Niccicius comes loci illius, germanus Rustici civis Iulensis
20 episcopus, precepcionem ab Chilperico elicuerat, ut tunsoratus civitati illi sacerdus[15] daretur. Sed Gundoaldus [des-]truere[16] nitens eius decreta, convocatis episcopis, iussit eum benedici. Berthramnus autem episcopus, qui erat metropolis, cavens futura, Palladium Santonicum[17] iniungit, qui eum
25 benedicerit[18]. Nam et oculi ei eo tempore a lippitudine gravabantur. Fuit autem ad hanc ordinacionem et Orestis Varatinsis episcopus; sed negavit hoc coram regi[19].

XXXII. Post hec misit iterum Gundoaldus duos legatus[20] ad regem cum virgis consecratis iuxta ritum Francorum, ut
30 scilicet non contingentur ab ullo, sed exposita legacione cum responsu[21] reverterentur. Sed hii incauti, priusquam

---

1. *Corr.* diaconum. — 2. *Corr.* precepit. — 3. *Corr.* grados. — 4. *Corr.* concussus. — 5. *Corr.* pariete. — 6. *Corr.* repperit. — 7. *Corr.* multos ictos. — 8. *Corr.* tribus. — 9. *Corr.* contigeret. — 10. *Corr.* vehemencius Eufronio. — 11. *Corr.* orationem. — 12. *Corr.* sed. — 13. *Corr.* ordinare. — 14. *Corr.* urbe. — 15. *Corr.* sacerdos. — 16. *Corr.* destruere. — 17. *Corr.* Sanctonicum. — 18. *Corr.* benediceret. — 19. *Corr.* rege. — 20. *Corr.* legatos. — 21. *Corr.* responso.

Fol. 205 v° regis pręsenciam cernerent, ‖ multis que[1] petebant explana
verunt. Extemplo sermo cucurrit ad regem; itaquę vincti
catenis [ad][2] regis pręsenciam deducuntur. Tunc illi qui
quererent, ad quem directi, vel aliquo[3] fuerint missi negar
non ausi, aiunt : « Gundoaldus, qui nuper ab Oriente veniens
dicit filium [se][4] esse patris vestri regis Chlothacharii, misi

Col. 358. nos, ut ‖ debitam porcionem[5] regni sui recipiat. Sin autem
vobis non reditur[6], noveritis, eum in his partibus cum exer
citu esse venturum. Omnes enim viri fortissime regiones
illius, quę ultra Dornoniam sita ad Gallias pertinent, e
coniuncti sunt. Et ita inquid : « Iudicavit[8] tunc Deus, cun
in unius campi planicię iunxerimus, utrum sim Chlotho
charii filius, an non. » Tunc rex furore succensus iussit eo
ad trocleas extendi, ut, si vera essent quę dicerint[9], eviden
cius adprobarent, et si aliquid doli adhuc intra pectorun
archana retinerent, vix[10] tormentorum extorqueret invitus[11]
Deinde increscentibus suppliciis, aiunt neptem illius regi
Chilperici filiam, cum Magnulfo Tholosanorum episcop
exsilio depotatam[12], thesauros omnes ab ipso Gundoaldo
oblegatus[13] ipsum quoquę regem ab omnibus maioribus nat
Fol. 206. Childeberthi regis ‖ expetitum esse, set[14] pręsentem cun
Gunthramnus porro[15] ante hos annus[16] Constantinopolinin
abissit[17], ipsum in Galliis invitassit[18].

XXXIII. Quibus caesis et in carcere trusis[19], rex arcessire[20]
nepotem suum Childebertum iubet, ut scilicet coniunct
pariter homines istos audire deberent. Denique cum simu
coniuncti viros interrogarent, iteraverunt ea, regibus simu
adstantibus, quę prius solus rex Guntchramnus[21] audivit
Adserebant etiam constanter, hanc causam, sicut iam supr
diximus, omnibus senioribus in regno Childeberthi regi
esse cognitam. Et ob hoc nonnulli tunc de prioribus regi

---

1. *Corr.* quę. — 2. *Add.* ad. — 3. *Corr.* a quo. — 4. *Add.* se. — 5. *Corr*
portionem. — 6. *Corr.* redditur. — 7. *Corr.* fortissimi regionis. — 8. *Corr*
inquit : Iudicabit. — 9. *Corr.* dicerent. — 10. *Corr.* vis. — 11. *Corr.* invitis. —
12. *Corr.* deputatam. — 13. *Corr.* obligatos. — 14. *Corr.* sed. — 15. *Corr.* Boso
— 16. *Corr.* annos. — 17. *Corr.* abisset. — 18. *Corr.* invitasset. — 19. *Corr*
retrusis. — 20. *Corr.* arcessiri. — 21. *Corr.* Gunthramnus.

Childeberthi in hoc placito abire timuerunt, qui in hac causa putabantur esse particepis[1]. Post hęc rex Guntchramnus[2], data in manu regis Childeberthi hasta, ait : « Hoc est indicium, quod tibi omne regnum meum tradedi[3]. Ex hoc nunc vade et omnes civitates meas tamquam tuas proprias sub tui iuris dominacione subici[4]. Nihil enim fa‖cientibus peccatis de stirpe mea remansit, nisi tu tantum, qui mei fratres[5] es filius. ‖ Tu enim heres in omni regno meo succede, citeris[6] exheredibus factis. » Tunc relictis omnibus, adsumpti seursum[7] puero, clam locutus est, prius obtestans diligentissime, ne secreta conlocucio ulli hominum panderetur[8]. Tunc indicavit ei, quos in consilio haberet aut sperneret a conloquio ; quibus se crediderit[9], quos vitaret, quos honoravit[10] muneribus, quos ab honore depellerit[11]. Interea interdicens, ut Egidium episcopum, qui ei semper inimicus exteterat[12], nullo modo aut crederet aut haberet, quia et ei et patri suo sepius periurassit[13]. Deinde cum ad convivium convenissent, cohortabatur Guntchramnus rex omnia[14] exercitum, dicens : « Videte, o viri, quia filius meus Childeberthus iam vir magnus effectus est. Videte et cavete, ne cum pro parvolo[15] habeatis. Relinquete[16] nunc perversitatis[17] atque presumpciones[18] quas exercitis[19], quia rex est, cui vos nunc deservire debetis. » Hęc et his similia locutus, per triduum epullantes[20] atque iocundantes multisque se muneribus ‖ locupletantes, cum pace discesserunt. Tunc ei reddedit[21] rex Guntchramnus omnia quę pater eius Sighibertus habuerat, obtestans, ne ad matrem accederet, ne forte aliquis daretur aditus, qualiter ad Gundoaldum scriberet ut[22] ab eo scripta susceperit[23].

XXXIIII. Igitur Gundoaldus cum audisset sibi exercitum

---

1. *Corr.* participes. — 2. *Corr.* Gunthramnus. — 3. *Corr.* tradidi. — 4. *Corr.* subice. — 5. *Corr.* fratris. — 6. *Corr.* succedes ceteris. — 7. *Corr.* adsumpto seorsum. — 8. *Corr.* panderentur. — 9. *Corr.* crederet. — 10. *Corr.* honoraret. — 11. *Corr.* depelleret. — 12. *Corr.* extiterat. — 13. *Corr.* periurasset. — 14. *Corr.* omnem. — 15. *Corr.* parvulo. — 16. *Corr.* relinquite. — 17. *Corr.* perversitates. — 18. *Corr.* presumptiones. — 19. *Corr.* exercetis. — 20. *Corr.* epulantes. — 21. *Corr.* reddidit. — 22. *Corr.* aut. — 23. *Corr.* susciperet.

propinquare, relictus a Desiderio duci [1], Garronnam cum Sagittario episcopo, Mummolo et Bladasti docibus [2] atque Waddone transsivit, Convenas petentes. Est enim urbs in cacumine montes [3] sita nullique monti conticua [4]. Fons magnus ad radicem montes [5] erumpens, circumdatus torre [6] tutissima; ad quem ‖ per cuniculum discendentis [7] ex urbe, latentur [8] latices hauriunt. Hanc enim ingressus urbem in inicium quadraginsimę [9], locutus est civibus, dicens : « Noveritis, me cum omnibus, qui in regno Childeberthi habentur, electum esse regem atque habere mecum non modicum solacium. Sed quoniam frater meus Guntchramnus [10] rex inmen‖sum adversus me movit exercitum, oportet vos alimenta adquę cuncta suplectilem [11] infra murorum municionem [12] concludere, ut scilicet, dum nobis illa pietas divina augit [13] solacium, non pereatis inopia. » Hęc illis credentibus, quecumque habere potuerunt collocantes in urbe, preparabant se ad resistendum. Eo tempore Guntchramnus rex missit [14] litteras ad Gundoaldum ex nomine Brunechildis regine, in quibus erat scriptum, ut, relicto exercitu in loca sua abire iussum, ipse remocior aput [15] Burdegalensem urbem hyberna deduceret. Scripserat enim hęc dolosę [16], ut de eo plenius, quid agerit [17]. Igitur cummorante eo apud urbem Convenas, locutus est incollis [18], dicens : « Ecce iam exercitus adpropinquat, egrediemini [19] ad resistendum. » Quibus egredientibus, hii occupantes portas adquę cl[a]uden[tes] [20], excluso foris populo cum episcopo loci cuncta quę in urbe invenire potuerunt suis diccionibus subdederunt [21]. Tantaquę ibi multitudo annonę atquę vini reperta est, ut, si viriliter stetissent, per multorum annorum spacia victus alimenta non egerent.

XXXV. Audierant enim eo tempore duces Guntchramni [22]

---

1. *Corr.* duce. — 2. *Corr.* Bladasto ducibus. — 3. *Corr.* montis. — 4. *Corr.* contigua. — 5. *Corr.* montis. — 6. *Corr.* turre. — 7. *Corr.* discendentes. — 8. *Corr.* latenter. — 9. *Corr.* quadragesimę. — 10. *Corr.* Gunthramnus. — 11. *Corr.* cunctam supellectilem. — 12. *Corr.* munitionem. — 13. *Corr.* auget. — 14. *Corr.* misit. — 15. *Corr.* remotior apud. — 16. *Cod. pergit* in his locis (cap. 36) *folio uno, ut supra, in archetypo interposito; corrector in margine notavit.* R[e]q[uire], falsum de enim. a. b. *Folio* 209 *insunt rursum litterae* a. c. — 17. *Corr.* ageret, cognosceret. — 18. *Corr.* incolis. — 19. *Corr.* egredimini. — 20. *Corr.* claudentes. — 21. *Corr.* subdiderunt. — 22. *Corr.* Gunthramni.

regis, Gundoaldum ultra Garonnam in litore || resederé[1] Fol. 209 v°.
cum ingenti hostium multitudine, ipsusque[2] thesauros
quos Rigundę tulerat, secum retinere. Tunc impetu factu[3],
cum equitibus Garon||nam nantando transire[4], nonnullis de Col. 361.
exercitu in amne dimersis. Reliqui litus egressi, requirentes
Gundoaldum, invenerunt camellus[5] cum ingenti pondere
auri adquę argenti sive equites[6], quos fessus[7] per vias reli-
querant. Audientes deinceps eos infra muro[8] urbis Convę-
nicę commorari, relictis plaustris ac diversis inpedimentis
cum populo minor, rubuscioris viris[9] ipsum, sicut iam
Garonnam transierant, insequites[10] distinant. Quibus pro-
perantibus, venerunt ad basilicam sancti Vincenti, que[11] est
infra terminum Agennensis urbis, ubi ipsa marer pro Christi
nomine agonem dicitur cunsummasse[12]; inveneruntquę eam
refertam diversis thesauris incolarum. Erat enim spes incolis non esse a christianis tanti martyris basilicam violandam.
Cuius ostia summo studio obserata erant. Nec mora, adpro-
pinquans exercitus cum res[e]rare[13] templi regias non || vale- Fol. 210.
rent, ignem accendit; cumsumptisquę osteis[14], omnem sub-
stanciam cunctamquę suppellectilem, quę in ea invenire
potuerunt, cum sacris ministeriis abstulerunt. Sed multus
ibi ulcio divina conteruit. Nam plerisque manibus divinitus
urebantur, emittentis[15] fumum magnum, sicut ex incendio
surgere solet. Nonnulli arepti[16] a dęmone, per energiam
debachantes martyrem declamabant. Plurimi vero semutua
sedicione[17] propriis se iaculis sauciabant. Relicum[18] vero
vulgus inante non sine grande[19] metu progressum est. Quid
plura? Convenitur ad Convenas — sic enim dixemus[20] nomen
urbis —, omnesquę[21] falanga in suburbana urbis campania
castra metata est, ibique extensis tenturiis resedebat[22].
Vastabatur in circuitu tota regio, nonnulli autem ab exercitu,

---

1. *Corr.* residere. — 2. *Corr.* ipsosque. — 3. *Corr.* facta. — 4. *Corr.* natando transiere. — 5. *Corr.* camelos. — 6. *Corr.* equos. — 7. *Corr.* fessos. — 8. *Corr.* muros. — 9. *Corr.* minore, robustiores viros. — 10. *Corr.* insequi. — 11. *Corr.* quę. — 12. *Corr.* consummasse. — 13. *Corr.* reserare. — 14. *Corr.* consumptisquę ostiis. — 15. *Corr.* emittentes. — 16. *Corr.* arrepti. — 17. *Corr.* seditione. — 18. *Corr.* reliquum. — 19. *Corr.* grandi. — 20. *Corr.* diximus. — 21. *Corr.* omnis qui. — 22. *Corr.* tentoriis residebat.

quos forcior avaricię acoleos¹ terebat, longius evacantis, peremebantur² ab incolis. ||

Col. 362.

XXXVI. Ascendebant enim per collem et cum Gundoaldo sepius loquębantur, inferentes ei convicia ac dicentes : « Tune es pictur³ ille, qui tempore Chlothacharii regis per

Fol. 210 vº. oraturia parietis adquę || camaras caraxabas? Tune is⁴ ille, quem Ballomerem nomine sępius Galliarum incole vocitabant? Tune es ille, qui plerumque a regibus Francorum propter has pręsumpciones quas proferis⁵ tunsoratus et exilio datus es? Vel quis te, infelicissimę hominum, in his locis adduxit, edicito. Quis tibi tantam audaciam pręstetit⁶, ut dominorum ac regum nostrorum fine auderis⁷ atingere? Certe, si a quoquam es evocatus, clara voce testare. En tibi ante oculus⁸ mortem expositam, en ipsam, quam diu quęsisti, exitii foveam, in qua pręceps deiciaris. Dic satellites veritim⁹, vel a quibus invitęris enuncia. » Ad ille cum hęc audiret, proprius super portam adstans dicebat : « Quod me Chlotharius pater meus exosum¹⁰ habuerit, habetur inco-

Fol. 208. gnitum nulli; quod autem ab eo vel deinceps || a fratribus sim tunsoratus, manifestum est omnibus. Et hec me causa Narsiti prefecto Italiae iuncsit¹¹; ibique uxorem accipiens, duos filius¹² generavi. Qua morta¹³, adsumptis mecum liberis, Constantinopolim abii. Ab imperatoribus vero benegnissimi¹⁴ susceptus, usquę hoc tempore vixi. Ante os¹⁵ enim annis¹⁶ cum Guntchramnus Boso Constantinopolim abissit¹⁷, et ego solicitus¹⁸ causas fratrum meorum diligenter rimarem, cognovi generacionem nostram valde attinuatam¹⁹, nec superesse de stirpe nostra, nisi Childebertum et Guntchramnum regis²⁰, fratrem scilicet et fratres²¹ mei filium. Filii enim Chilperici regis cum ipso interierant, uno tantom

---

1. *Corr.* aculeus. — 2. *Corr.* evagantes, perimebantur. — 3. *Corr.* pictor. — 4. *Corr.* es. — 5. *Corr.* proferes. — 6. *Corr.* pręstitit. — 7. *Corr.* fines auderes. — 8. *Corr.* oculos. — 9. *Corr.* satelles veritatem. — 10. *Corr.* exossum. — 11. *Corr.* giunxsit. — 12. *Corr.* filios. — 13. *Corr.* mortua. — 14. *Corr.* benignissime. — 15. *Corr.* hos. — 16. *Corr.* annos. — 17. *Corr.* abisset. — 18. *Corr.* sollicitus. — 19. *Corr.* attenuatam. — 20. *Corr.* reges. — 21. *Corr.* fratris.

parvolo[1] derelicto. Gunt||chramnus frater meus filius[2] non
abebat[3]; Childebertus nepus[4] noster menime[5] fortis erat.
Tunc Guntchramnus Boso, hec mihi diligenter exposita,
invitavit me, dicens : « Veni, quia ab omnibus regni regis
Childeberthi principibus invitaris, nec quisquam contra tę
mutere[6] auxus est. Scimus enim omnes, te filium esse Chlo-
thacharii, nec remansit in Galliis || qui regnum illum re-
gere possit, nisi tu advenias. » At ego, datis ei multis muneribus, per duodecim loca sancta ab eo suscipio[7] sacramenta;
ut securus in hoc regnum accederem. Veni enim Massilia;
ibique me episcopus summa benignitate suscepit; habebat
enim scripta seniorem[8] regni nepotis mei. Ex hoc enim
Avinoniae[9] accessi iuxta placita patricii Mummoli. Guntchramnus vero inmemor sacramenti ac promissiones[10] suae,
thesauros meos abstullit[11] et in sua dicione subegit. Nunc
autem recognuscete[12], quia ego sum rex, sicut et frater meus
Guntchramnus. Tamen, si tanto odio nostro mens vestra
grassatur, vel ad regem vestrum deducar, et si me cognus-
cit[13] fratrem, quod voluerit faciat. Certe, si nec hoc volueritis, vel liceat mihi regredi, unde prius egressus sum.
Abebo[14] enim et nulli quicquam iniuriae inferam. Tamen,
ut sciatis vera esse quę dico, Radegundem Pectavam et Ingo-
trudem Toronicam interrogate. Ipse[15] enim vobis adfirma-
bunt, certe[16] esse quę loquor. » Hęc eo dicente, multi cum
con||viciis et inproperiis hęc verba prosequębantur.

XXXVII. Dies quintus et decimus in hac obsidione efful-
serat, et Leudeghiselus novas ad distruendam[17] urbem
machinas pręparabat. Plastra[18] enim cum arietibus, cletellis[19]
et axebus[20] tecta, sub quę exercitum properaret ad distruen-
das murus[21]. Sed cum adpropinquassent, ita lapi[di]bus
obruebantur, ut omnes adpropinquantes muro curruerint[22].

---

1. *Corr.* tantum parvulo. — 2. *Corr.* filios. — 3. *Corr.* habebat. — 4. *Corr.* nepos. — 5. *Corr.* minime. — 6. *Corr.* mutire. — 7. *Corr.* suscipio. — 8. *Corr.* seniorum. — 9. *Corr.* Avinoni. — 10. *Corr.* promissionis. — 11. *Corr.* abstulit. — 12. *Corr.* recognoscite. — 13. *Corr.* cognoscit. — 14. *Corr.* abibo. — 15. *Corr.* ipsę. — 16. *Corr.* certa. — 17. *Corr.* destruendam. — 18. *Corr.* plaustra. — 19. *Corr.* clitellis. — 20. *Corr.* axibus. — 21. *Corr.* muros. — 22. *Corr.* corruerent.

Cupas cum pice et adipe accensas super eos proicientes[1], alias vero lapidibus plenas super eos deiciebant. Set[2] cum nox certamina prohiberet, hostes ad castra regressi sunt. Erat autem Gundo‖aldus et Chariulfus valde dives ac praepotens, cuius adpotecis ac prumtuariis urbi valde referta erant; de cuius substancia[3] hi maxime alebantur. Bladastis autem haec cernens que gerebantur, metuens, ne Leudeghisilus, obtenta victoria, eos morte traderent[4], inposito igne in eclesiae domo, concurrentibus ad incendium mitigandum inclusis, ille fuga delapsus[5] abscessit. Mane autem facto, exercitus iterum ad bella consurgit[6], fasces faciunt, quasi ad conplendam vallem profundam, quae a par[te] orientes[7] sita erat; et nocere hec mahina[8] nihil potuit. Sagitarius vero episcopus frequencius muros com arma circuibat et sepius [lapides] contra hostem manu propria eiecit e muro.

XXXVIII. Denique hii qui urbem inpugnabant cum vi‖derint[9], quod nihil proficere possint, nuncius occultus ad Mummolom[10] dirigunt, dicentes : « Recognusce[11] dominum tuum et a perversitate ista tandem aliquando desiste. Quę enim te amencia[12] vallat, ut ignoto homine subiungaris? Uxor enim tua iam cum filiis captivata est, filii tui utpute iam interfecti sunt. Quo ruis[13], quidvę pręstolaris, nisi ut corruas? » Hęc illi[14] mandata accipiens, dixit : « Iam, ut video, regnum nostrum finem accepit, et potentia cadit. Unum superest, si securitatem vitę me[15] habere cognuscerim, de multo vos labore poteram removere. » Discendentibus nonciis[16], Saggittarius episcopus cum Mommolo, Chariulfo atquę Waddone ad eclesiam[17] pergit; ibiquę sibi sacramenta dederunt, ut, si de vitę promissione certiores fierint[18], relicta amicicia[19] Gundoaldi, ipsum hostibus traderent. Reversi iterum nuncii promiserunt eis vitę securitatem.

---

1. *Vide supra*, p. 34, n. 16. — 2. *Corr.* sed. — 3. *Corr.* substancia. — 4. *Corr.* morti traderat. — 5. *Corr.* dilapsus. — 6. *Add.* ac ex virgis. — 7. *Corr.* parte orientis. — 8. *Corr.* machina. — 9. *Corr.* viderent. — 10. *Corr.* Mummolum. — 11. *Corr.* recognosce. — 12. *Corr.* amentia. — 13. *Corr.* Quur vis. — 14. *Corr.* ille. — 15. *Corr.* meae. — 16. *Corr.* Descendentibus nunciis. — 17. *Corr.* ecclesiam. — 18. *Corr.* fierent. — 19. *Corr.* amicitia.

Mummolus vero dixit : « Hoc tantum fiat; ego hunc in manu vastra tradam, et ego recognuscens[1] dominum meum regem, ad eius presenciam[2] properabo. » Tunc ille[3] promittunt, quod, si hęc impleret, ipsum in caritate susceperint[4], et se cum rege excussare[5] non possint, in eclesia[6] ponerent, ne vitę amissione multaretur. Hęc cum sacramenti interpossicione[7] pollicite, discesserunt. Mummolus vero cum Sagittario episcopo et Waddone ad Gundoaldum pergentes, dixerunt : « Sacramenta fidelitates[8], qualia tibi dedimus, ipse qui pręsens es nusti[9]. Nunc autem accepe[10] salubre consilium, descende ab hęc[11] urbe et repręsentare fratri tuo, sicut sepe quęsisti. Iam enim cum his hominibus conlocuti summus[12], et ipse[13] dixerunt, quia non vult rex perdere solacium tuum, eo quod de generacione[14] vestra parum remanserit. » Ad illi intelegens[15] dolum eorum, lacrimis perfussus, ait : « Invitationem vestram in his Galliis sum delatus, thesaurus meus[16], in quibus inmensum pondus argenti continetur et auri ac diversarum specięrum[17], aliquid in Avennica urbe detenetur, aliquid Guntchramnus Boso diripuit. Ego vero iuxta Dei ausilium[18], spem omnem in vobis possitam[19] vobis consilium meum crededi, per vos regnare semper obtavi. Nunc cum Deo vobis sit actio, si quid mihi mendacii dixeritis; ipsi[20] enim iudicet causam meam. » Hęc eo dicente, respondit Mummolus : « Nihil tibi fallaciter loquimur; sed ecce viros fortissimos stantes ad portam tuum opperientes adventum. Nunc autem depone balteum meum aureum, quo cingeris, ne videaris in iactantia procedere; et tuum accenge gladium meumque restituę. » Et ille : « Non simpliciter, inquid, hęc verba suscipio, ut ea quę de tuis usquę nunc in caritate usus sum a me aufęrantur. » Mummolus vero adserebat cum iuramento nihil ei molesti fieri. Egressi igitur portam, ab Ullone Beturicum

---

1. *Corr.* recognoscens. — 2. *Corr.* presentiam. — 3. *Corr.* illi. — 4. *Corr.* susciperent. — 5. *Corr.* excusare. — 6. *Corr.* ecclesia. — 7. *Corr.* interpossitione. — 8. *Corr.* fidelitatis. — 9. *Corr.* nosti. — 10. *Corr.* accipe. — 11. *Corr.* hac. — 12. *Corr.* sumus. — 13. *Corr.* ipsi. — 14. *Corr.* generatione. — 15. *Corr.* ille intellegens. — 16. *Corr.* thesauros meos. — 17. *Corr.* speciarum. — 18. *Corr.* auxilium. — 19. *Corr.* positam. — 20. *Corr.* ipse.

comite et Bosone susceptus [est]. Mummolus autem cum satellitibus in urbe regressus, portam firmissimę obseravit. Hic autem cum se in manibus inimicorum cerneret traditum, elevatis ad cęlum manibus, ait : « Iudex aeterne et ulcio vera innocencium, Deus, a quo omnes[1] iustitia procedit, cui mendacium non placet, in quo nullus dolus neque versucia malicię contenitur, || tibi commendo causam meam, depręcans, ut sis velociter ultur[2] super eos, qui me insontem in manibus tradiderunt inimicorum. » Hęc cum dixisset, consignans se cruce dominica, abire coepit cum hominibus supradictis. Cumquę a portae || elongassint, sicut est circa urbem vallis tota in pręcipicio, impulsus ab Bolonne coecidit, illo quoque clamante : « En vobis Ballomerem vestrum, qui se regis et fratrem dicit et filium. » Et inmissa lancia voluit eum transfigere, sed repulsa a circulis lurice nihil nocuit. Denique cum elevatus ad montem regredi niteretur, Boso, emisso lapide, caput eius libravit. Qui cedidit et mortuos[3] est. Venitque omnem[4] vulgus, et defixis in eo lanceis, pedes eius fune legantis, per omnia exercituum castra traxerunt; evellentesque caesariem ac barbam eius, insepultum ipso quo interfectus fuerat loco reliquerunt. Nocte vero sequenti hii, qui primi erant, omnes thesauros, quos in urbe reperire potuerunt, cum ministeriis ęclesię clam abstulerunt. Mane vero, reseratos portarum valvis, emisso exercitu, omnes vulgus inclusum in ore gladii tradiderunt, sacerdotis[5] quoque Domini cum ministris ad ipsa ęclesiarum altaria trucidantes. Postquam autem cunctus interfecerent, || ut non remaneret mengens[6] ad parietem, omnem urbem cum ęclesiis reliquisque ędificiis succenderunt, nihilque ibi preter umum vacuam relinquentes.

XXXVIIII. Igitur Leudeghisilus rediens ad castra cum Mummolo et Sagittario, Chariulfo vel Waddone, nuncius[7] occulte ad regem diregit[8], quid de his fieri vellet. At ille

---

1. *Corr.* omnis. — 2. *Corr.* ultor. — 3. *Corr.* mortuus. — 4. *Corr.* omnis. — 5. *Corr.* sacerdotes. — 6. *Corr.* mingens. — 7. *Corr.* nuncios. — 8. *Corr.* dirigit.

capitali eos iussit finire sententiam. Waddo tunc cum Chariulfo, relictis filiis obsedibus, discesserunt ab eis. Delato quoque nuntio de horum interitu, cum hoc Mummolos advertissit, accintus[1] arma ad tugurium Leudeghisili petit. Ad ille videns eum, ait : « Quid sic, inquid, quasi fugiens venis? » Cui ille : « Nihil, ut video, de fide promissa servatur; nam cerno me in mortis exitio positum. » Cui illi[2] : « Ego egrediar foras et omnia mitigabo. » Quo egrediente, confestim ex iusso eius vallata est domus, ut hic interficeretur. Sed et ille, cum diutissime contra bellantes restitisset, venit ad ostium; cumque egre[de]retur, duo cum lancæis utraquę ei latera feriunt. Sicquæ cęcidit et mortuos[3] est. Quod viso episcopus dum timore consternatus paveret, ait ad eum quidam de adstantibus : « Inspicæ propriis oculis, episcope, que geruntur || et tecto || capitę, ne agnoscaris, silvam pete, ut absconderis paullolum, atque ira labentę possis evadere. » At ille, accepto consilio, dum obtecto capite fugire niteretur, extracto quidam gladio caput eius cum cocullo decedit[4]. Deinde unusquisque ad propria rediens, magnas per viam predas et homicidia fecit. Fredegundis autem his diebus Chuppanem in Tholosano direxit, ut scilicet filiam suam exinde quocumque modo possit eruere. Ferebant enim plerique ob hoc eum transmissum, ut, si Gundoaldum reperisset vivum, multis inlectum promisionibus ad eam transduceret. Sed cum hoc facere nequivisit[5], acceptam Rigundem ad loco illo reduxit, non sine grande humilitate atque contumilia.

XXXVIIII (40). Igitur Leudeghisilus dux cum thesauris omnibus, quos superius nominavimus, ad regem venit; quos postea rex pauperibus et aeclesies[6] erogavit. Adprehensam vero uxorem[7] Mummuli inquirere rex cepit, quid thesauri, quos hii congregaverant, || devenissent. Sed illa cognuscens[8] virum suum interfectum fuisse et omnem iactantiam eorum

---

1. *Corr.* advertisset, accinctus. — 2. *Corr.* ille. — 3. *Corr.* mortuus. — 4. *Corr.* decidit. — 5. *Corr.* nequivisset. — 6. *Corr.* aeclesiis. — 7. *Corr.* adprehensa uxore. — 8. *Corr.* cognoscens.

prorsus in terram conruisse, omnia pandit, dixitque multum adhuc apud urbem Avennecam auri atque argenti esse, que ad regis notitiam non venisent. Statimque misit rex viros qui hæc deferre deberint[1], cum uno puero, quem valde creditu[m] Mummolus habens, hæc ei commendaverat. Abeuntes autem acceperunt omnia que in urbe relicta fuerant. Ferunt autem ducenta quinquaginta talenta argenti fuisse, auri vero amplius quam triginta. Sed haec, ut fuerunt, de reperto antiquo thesauro abstulit. Quod rex diviso cum Childeberto regi, nepote suo, partem suam maxime pauperibus est largitus; mulieri autem nihil amplius, quam ea quæ de parentibus habuerat derelinquens.

XL (41). Tunc et homo ille inmensi corporis ad regem de Mummoli familiaribus adductus est, ita magni corporis elatus, ut duos aut tres pedes super longissimus hominis[2] putaretur magnus, lignarius faber, qui non multo post obiit.

XLI (42). Post hęc edictum a iudicibus datum est, ut qui in hec expedicione[3] tardi fuerant damnarentur. Biturgum quoque comes misit pueros suos, ut in domo beati Martini, quę in hoc termino sita est, huiusmodi homines expoliare deberent. Sed agens domus illius resistere fortiter coepit, dicens : « Sancti Martini homines hii sunt. Nihil eis quicquam inferatis injurię, quia non habuerunt consuetudinem in talibus causis abere[4]. » Ad ille[5] dixerunt : « Nihil nobis et Martino tuo, quem semper in causis inaniter proferis[6] sed et tu et ipsi pręcia dissolvitis, pro eo quod regis imperium neglexistis. » Et hec dicens ingressus est atrium domus. Protenus[7] dolore percussus cecidit et graviter agere coepit. Conversusque ad agentem voce flebili ait : « Rogo ut facias super me crucem Domini et invocis[8] nomen beati Martini. Nunc autem cognovi, quod magna est virtus eius. Nam et[9] ingrediente me atrium domus, vidi virum senen

---

1. *Corr.* deberent. — 2. *Corr.* longissimos homines. — 3. *Corr.* hac expeditione. — 4. *Corr.* abire. — 5. *Corr.* illi. — 6. *Corr.* profers. — 7. *Corr.* protinus. — 8. *Corr.* invoces. — 9. *Corr. delevit* et.

exhibentem arborem in manu sua, que mox extensis ramis omne atrium texit. Ex ea enim unus me adtiugit ramus, || de Fol. 215. cuius ictu turbatus corrui. » Et innuens suis rogabat, ut eiceretur de atrio. Egressus autem invocare nomen beati Martini adtencius coepit. Ex hoc enim commodius agens, sanatus est.

XLII (43). Desiderius vero infra castrorum municione se resque suas tutavit. Waddo maior domus Rigundis ad Brunechildem reginam transiit, et ab ea susceptus, cum muneribus et gracia est demissus. Chariulfus basilicam sancti Martini expetiit.

XLIII (44). Fuit tunc tempores[1] mulier, que spiritum phitonis[2] habens multum prestabat domnis divinando questum eoque in gracia profecit[3], ut ab his liberta facta, suis volontatibus[4] laxaretur. Si quis enim aut furtum aut aliquid male perferret, statim hec, quo fur abiit, cui tradedit[5], vel quid ex hoc fecerit, edicebat. Congregabat cotidie aurum argentumque, procedens in ornamentis, ita ut putaretur esse divinum aliquid in populis. Sed cum Agerico Veridunense episcopo hec nonciata[6] fuissent, misit || ad conprehen Col. 369. dendum eam. Quam adprehensam et ad se adductam, iuxta id quod in Actibus legimus apostolorum[7], cognovit in ea inmundum spiritum esse phitonis. || Denique cum exorcis- Fol. 215 v°. mum super eam diceret ac frontem oleo sancto perunguerat, exclamavit demonium et quid esset prodidit sacerdoti. Sed cum per eum a puella non extruderetur, abire permissa est. Cernens vero puella, quod in loco illo habitare non possit, ad Fredegundem reginam habiit ibique et latuit.

XLIIII (45). Magna hoc anno famis poene Gallias totas obpressit. Nam plurimi uvarum semina, flores avillanorum, nonnulli radicis[8] erbe felitis arefactas redactasque in pulve-

---

1. *Corr.* temporis. — 2. *Corr.* phytonis. — 3. *Corr.* gratia proficit. — 4. *Corr.* voluntatibus. — 5. *Corr.* tradidit. — 6. *Corr.* nuntiata. — 7. Act. 16, 16. — 8. *Corr.* radices.

rem, admiscentes parumper farinę, panem conficiebant. Multi enim erbam sigitum[1] decidentes, similiter faciebant. Fuerunt etiam multi, quibus non erat aliquid farinę, qui diversas coligentes erbas et comedentes, tumefacti defitiebant. Plurimi enim tunc ex inedia tabiscentes mortui sunt. Graviter tunc negutiatores[2] populum expoliaverunt, ita ut vix vel modium annone aut semodium vini ‖ uno treante venundarent. Subdebant pauperis servitio, ut quantulumcumque de alimento porregerent.

XLV (46). His diebus Christoforus negutiatur[3] ad Aurilianensem urbem habiit. Audierat enim, quod ibidem multum vini dilatum fuisset. Habiens ergo, cumparato[4] vino et lintribus invecto, accepto caso cero pecunia multa, cum duobus pueris Saxonibus viam equitando terebat. Pueri vero diu dominum exosum[5] habentes et plerumque fuga labentes, eo quod crebrius gravissime verberarentur, cum venissent in quadam silva, precedente domino, puer unus iaculata valide lantia dominum suum transfixit. Quo ruente, alius cum framea capud eius dilaceravit. Et sic ab utroque in frustis decisus, exanimo est relictus. Hi vero accipientes pecuniam, fuga dilapsi sunt. Frater vero Cristofori, sepulto corpuscolo, homines suos post pueros dirigit. Iuniore quoque conpręhenso legant, seniore cum pecunia fu‖giente. ‖ Quibus rediuntibus[6], cum vinctum laxius reliquissent, accepta lancia, unum ex his a quibus ducebatur interemit. Sed deductus ab aliis usque Toronus, diversis suppliciis adfectus detruncatusquę, patibolo valde exanimis est adpensus.

XLVI (47). Gravia tunc inter Toronicos cives bella civilia surrexerunt. Nam Sicharius, Iohannis quondam filius, dum ad natalis dominici solemnia apud Montalomagensem vicum cum Austrighysilo reliquosque pagensis cęlebraret, presbiter loci misit puerum ad aliquorum hominum invitacionem, ut ad domum eius bibendi gracia venire deberint. Veniente

---

1. *Corr.* segitum. — 2. *Corr.* negotiatores. — 3. *Corr.* negotiator. — 4. *Corr.* conparato. — 5. *Corr.* exossum. — 6. *Corr.* redeuntibus.

vero puero, unus ex his qui invitabantur, extracto gladio, eum ferire non metuit. Qui statim cecidit et mortuos[1] est. Quod cum Sicharius audisset, qui amicitias cum presbitero retinebat, quod scilicet puer eius fuerit interfectus, arrepta arma ad ęclesiam petit[2], Austrighyselum opperiens. Ille autem hęc audiens, adpręhenso armorum aparatu[3], contra eum diregit[4]. Mixtisque omnibus, cum se pars utraque conliderit[5], || Sicharius inter clericus[6] ereptus, ad villam suam effugit, relictis in domo presbiteri cum argento et vestimentis quatuor pueris sauciatis. Quo fugiente, Austrighiselus iterum inruens, interfectis pueris, aurum argentumque cum reliquis rebus abstulit. Dehinc cui iudicio civium convenissent, et pręceptum esset, ut Austrighiselus, qui homicida erat et, interfectis pueris, res sine audienciam[7] diripuerat, censura legali condempnaretur. Inito placito, paucis infra diebus Sicharius audiens, quod res, quas Austrighiselus deripuerat, cum Aunone et filio adque eius fratre Eberulfo retinerentur, postposito placito, coniunctus Audino, mota sedicione[8], cum armatis viris inruit super eos nocte, elisumque hospicium, in quo dormiebant, patrem cum fratre et filio interemit resque eorum cum pecoribus, interfectisque servis, abduxit. Quod nos audientes, vehimenter[9] ex hoc molesti, adiuncto iudice, legacionem[10] ad eos mittemus[11], ut in nostri pręsencia venientes, || accepta racione, cum pace || discenderent[12], ne iurgium in amplius pululareт[13]. Quibus venientibus conjunctisque civibus, ego aio : « Nolite, quiri[14], in sceleribus proficere, ne malum longius extendatur. Perdedimus[15] enim ęclesię[16] filius; metuemus nunc, ne et alius[17] in hac intencione careamus. Estote, quęso, pacifici ; et qui malum gessit, stante caritate, conponat, ut sitis filii pacifici, qui digni sitis regno Dei, ipso Domino tribuente, percipere. Sic enim ipsi[18] ait : *Beati pacifici, quoniam filii Dei voca-*

---

1. *Corr.* mortuus. — 2. *Corr.* petiit. — 3. *Corr.* apparatu. — 4. *Corr.* diriget. — 5. *Corr.* collideret. — 6. *Corr.* clericos. — 7. *Corr.* audientiam. — 8. *Corr.* seditione. — 9. *Corr.* vehementer. — 10. *Corr.* legationem. — 11. *Corr.* mittimus. — 12. *Corr.* discederent. — 13. *Corr.* pollularet. — 14. *Corr.* queri. — 15. *Corr.* perdidimus. — 16. *Corr.* ecclesię filios. — 17. *Corr.* alios. — 18. *Corr.* ipse.

buntur[1]. Ecce enim, etsi illi, qui noxę subditur, minor facultas, argento ęclesię redemitur; interim anima viri n pereat. » Et hec dicens, optuli argentum ęclesię; sed p Chramnesindi, qui mortem patris fratresque et patrui req rebat, accepere[2] noluit. His discedentibus, Sicharius iter, ad regem ambularet, pręparat, et ob hoc Pectavum ad uxor cernendam proficiscitur. Cumque servum, ut exerceret ope

Fol. 218. commoneret elevatamque virgam ictibus verberaret, || il extracto baltei gladio, dominum sauciare non metuit. Qu

Col. 372. in terram ruente, currentes amici adpre||hensum serv crudeliter cęsum, truncatis manibus et pedibus, patib damnaverunt. Interim sonus in Toronicum exiit, Sichari fuisse defunctum. Cum autem hec Chramnesindus audiss commonitis parentibus et amicis, ad domum eius proper Qui expoliatis, interemptis nonnullis servorum, dom omnes tam Sicharii quam reliquorum, qui participes hu villę erant, incendio concremavit, abducens secum pecora quecumque moveri potuit. Tunc partes a iudice ad civitat deductę, causas proprias prolocuntur; inventumque est iudicibus, ut, qui nollens accepere prius conposicione domus incendiis tradedit[4], medietatem pręcii, quod fuerat iudicatum, amitteret — et hoc contra legis actum, tantum pacifici redderentur — alia vero medietatem conp siciones[5] Sicharius reddered[6]. Tunc datum ab ęcle

Fol. 218 v°. argentum, quę iudicaverunt, || accepta securita[te][7] coup suit, datis sibi partes invicem sacramentis, ut nullo umqu tempore contra alterum pars alia musitaret. Et sic altercaci terminum fecit. ||

---

1. Matth., 5, 9. — 2. *Corr.* accipere. — 3. *Corr.* conpositionem. — 4. Co tradidit. — 5. *Corr.* conpositionis. — 6. *Corr.* redderet. — 7. *Corr.* secu tate. — 8. *Corr.* altercatio.

EXPLICIT LIBER VII.

INCIPIUNT CAPITULA LIBRI OCTAVI.

C. 373-374.

I. De eo quod rex Aurilianis venit.
II. Qualiter ei episcopi pręsentati sunt, et qualiter ipse convivium pręparavit.
III. De cantoribus et argento Mummoli.
IV. Laus Childeberthi regis.
V. De visiones, quas rex vel nos de Chilpirico vidimus.
VI. De his quos pręsentavimus.
VII. De Paladio episcopo, qualiter missas dixit.
VIII. De signis ostensis.
IX. De sacramento pro filio Chilperici dato.
X. De corporibus Merovehi et Chlodovehi.
XI. De ostiariis et interito Boanti.
XII. De Teudoro episcopo et plaga super [R]atharium.
XIII. De legacionem Guntchramni ad Childeberthum [di]recta. ‖ Fol. 219.
XIV. De periculo in flumine.
XV. De conversione Vulfelaici di[a]coni.
XVI. Et quę de virtutibus sancti Martini retulit.
XVII. De signis quę apparuerunt.
XVIII. Quod Childeberthus in Italiam direxit exercium, et qui duces vel comites aut insti[tu]te sunt aut remote.
XVIIII. De interitu Daulfi abbatis.
XX. Quę in sinodo Matescensę acta sunt.
XXI. De placito Belsonanco et de sepulchro violato.
XXII. De obito episco-

porum et Wandaleni.
XXIII. De diluviis.
XXIIII. De insolis maris.
XXV. De insola, in qua sanguis apparuit.
XXVI. De Berulfo, qui dux fuit.
XXVII. Quod Desiderius ad regem habiit.
XXVIII. De Ermeneghildo et Ingundę, vel de legatis Spanorum clam ad Fredegundem missis.
XXVIIII. Quod Fredegundis misit, qui Childebertum interfecerint.
XXX. Quod exercitus in Septimaniam abiit.
XXXI. De interfeccione Prętextati episcopi.
XXXII. De interitu Domnolę, uxoris Nectarii.
XXXIII. De incendio urbis Parissiae. ||
XXXIIII. De reclausis temptatis.

XXXV. De legatis Spanorum.
XXXVI. De interitu Magnoaldi.
XXXVII. Quod Childeberthi filius natus est.
XXXVIII. Quod Hispani in Gallias[1] proruperunt.
XXXVIIII. De obito episcoporum.
XL. De Pelagio Toronico.
XLI. De his qui Prętextato interfecerunt.
XLII. Quod Bippolenus dux datus est.
XLIII. Quod Nicecius rector Provincię ordinatus.
XLIIII. Et de his quę Antestius gessit.
XLV (44). De eo qui regem Guntchramnum interfecere voluit.
XLVI (45). De interitu Desiderii ducis.
XLVII (46). De obito Leuvichilde[2] regis. ||

EXPLICIUNT CAPITOLA LIBRI VIII DEO GRATIAS

---

1. *Corr.* Galliis. — 2. *Corr.* Leuvighilde.

IN CHRISTO NOM[INE] INCIPIT LIBER VIIII (VIII).

[I.] Igitur Guntchramnus rex, anno XXIIII regni sui de Cavillonno progressus, Nevernensem urbem adgreditur. Invitatus enim Parisius veniebat, ut Chilpirici filium, quem iam Chlothacharium vocitabant, a sacro regeneraciones[1] fonte deberet ex[ci]pere[2]. Degressus vero a Neverno ad Aurilianensem urbem venit, magnum se tunc civibus suis prębens. Nam per domibus eorum invitatus ibat[3] et prandia data libabat; multum ab his muneratus munera qui ipsis proflua benignitate largitus est. Sed cum ad urbem Aurilianensem venissit[4], erat ea die solemnitas beati Martini, id est IIII. nonas mensis quinti. Processit qui in obviam eius inmensa populi turba cum signis adquę vixillis, canentes laudes. Et hinc lingua Syrorum, hinc Latenorum[5], hinc etiam ipsorum Iudęorum in diversis laudibus varię concrepabat, dicens : « Vivat rex, regnumque eius in populis annis innumeris dilatetur. » Iudęi vero qui in his laudibus videbantur esse participes, dicebant : « Omnes gentes te adorent tibique genoque[6] flectant adquę tibi sint subdite[7]. » Unde factum est, ut, celebrantes missis[8] cum rex ad convivium resederet, diceret : « Vę genti Iudęi eę malę et perfidę ac subdolo semper sensu viventi. Ob hoc enim mihi, inquid, hodie laudes adulaturias adclamabat, ut me cunctę gentes quasi dominum adorarent, ut synagoga eorum, que dudum a christianis deruta est, iuberem ope publica sublevare; quod, iubente Domino, numquam ero facturus. » O regem admirabili prudencia clarum ! Sic intellexit dolositatem hereticorum, ut ei pęnitus non valerent subripire[9], quę erant postmodum suggesturi. Iam enim mediante epulo rex locutus est sacerdotibus qui aderant, dicens : « Rogo ut in domo mea crastina die vestram promerear benediccionem[10], fiatque mihi salus in ingressu vestro, ut ex hoc salvus fiam, cum super me humilem vestrarum benediccionum verba

---

1. *Corr.* regenerationis. — 2. *Corr.* excipere. — 3. *Corr.* invitatos abitat. — 4. *Corr.* venisset. — 5. *Corr.* Latinorum. — 6. *Corr.* genuque. — 7. *Corr.* subditę. — 8. *Corr.* missas. — 9. *Corr.* subripere. — 10. *Corr.* benedictionem.

defluxerint. » Hęc eo dicente, omnes gracias agentes, epulo expleto, surreximus.

II. Mane autem facto, dum rex loca sanctorum oraciones gracia vissitaret, ad metatum nostrum advenit. Erat enim ibi basilica sancti Aviti ab||batis, cui in libro Miraculorum meminimus. Surrexi gavisus, fateor, ad ocursum[1] eius, et data oracione[2], depręcor, || ut in mansionem meam eblogias beati Martini dignaretur accepere[3]. Quod illi non respuens, benigno animo ingressus, haosto[4] poculo, admonitis nobis ad convivium, lętus abscessit. Tunc Berthramnus Burdegalensis episcopus cum Paladio Santonico valde regi infensus erat pro suscepcione Gundovaldi[5] cui supra meminimus. Set[6] et Palladius episcopus ob hoc maxime regem incurrerat, quod ei sepius fallacias intulisset. Discussi enim ante paulolum fuerant a reliquis episcopis et optimatibus regis, cur Gundoaldum[7] suscepissent, cur Faustianum Aquis episcopum ad pręcepcionem eius levissimam ordinassent. Sed hanc causam ordinacionis Palladius episcopus a Bertchramno metropoli suo auferens, super se divolvit, dicens : « Oculi metropolis mei valde doloribus artabantur, et ego expoliatus et contemptus, invitus in eo loco adductus sum. Non potui aliud facere, nisi quę illi, qui omnem principatum Galliarum se testabatur [accipere, imperabat]. » Cum hec renonciata fuissent, valde commotus est, ita ut vix optinere possit, ut eos ad convivium provocaret, || quos antea non viderat. Introeunte itaque Berthramnus[8], interrogat rex : « Quis, ait, est iste ? » Diu enim erat, quod ab eo visus non fuerat. Dixeruntque : « Hic est Berthchramnos, Burdegalinsis urbis episcopus. » Cui ille : « Gracias, inquid, agimus, quod sic custodisti fidem generacione tuę. Scire enim te opportu[e]rat, dilectissime pater, quod parens eras nobis ex matre nostra, et super gentem tuam non debueras inducere pestem extraneam. » Cumquę talia et his similia Berthchramnus audisset, conversus ad Palladium rex ait : « Nec tibi, o

---

1. *Corr.* occursum. — 2. *Corr.* oratione. — 3. *Corr.* accipere. — 4. *Corr.* hausto. — 5. *Corr.* susceptione Gundoaldi. — 6. *Corr.* Sed. — 7. *Corr.* Gondovaldum. — 8. *Corr.* Berthramno.

Palladie episcope, nimium sunt gracię referendę. Tercio enim mihi, quod de episcopo dici iniquum est, periurasti, mit‖tens indicolos dolositate plenus. A me excusabaris per epistolas, et germanum meum cum scriptis aliis invitabas. Judicavit enim Deus causam meam, cum ego provocare vos semper tamquam ęclesię patres studui, et vos circa me semper egistis dolose. » Nicasio autem et Antidio episcopis dixit : « Quid vos, o sanctissimi patres, pro regiones utilitate vel regni nostri suspitate[1] tractastis, edicete? » ‖ Illis quoque tacentibus, ablutis rex manibus accepta [a] sacerdotibus benediccione[2], ad mensam resedit lęto vulto[3] et hilare[4] facię, quasi nihil de contempto[5] suo fuisset affatus.

III. Interea iam medium prandii peractum, iubet rex, ut diaconem nostrum, qui ante diem ad missas psalmum responsurium dixerat, canere iuberem. Quo canente, iubet iterum mihi, ut omnes sacerdotes qui aderant per meam commonicionem, datis ex oficio suo singulis clerecis, coram regem iuberentur cantare. Per me enim secundum[6] regis imperium admoniti, quisque, ut potuit, in regis pręsencia psalmum responsurium decantavit. Cum autem percula proferentur, dixit rex : « Argentum omne, quod cernitis, Mummoli illius periuris fuit; sed nunc, gracia Domini tribuente, in nostra dominacione[7] translatum est. Nam quindecim ex eo catinos, ut istum maiorem cernitis, iam concidi, et non exinde amplius quam hunc et alium de cento[8] septuaginta libris reservavi. Et quid amplius quam opus cotidianum? Non ego, quod peius est, alium filium pręter Childeberthum ‖ habeo, cui satis sit de thesauris, quos ei pater reliquid, et quę iam de huius miserrime rebus, que Avennione invente sunt, transmittere curavi. Reliqua vero pauperum et ęclesiarum erunt neccessitatibus tribuenda. »

IV. « Unum vos tantummodo, sacerdotes Domini, depręcor, ut pro filio meo Childeberthe Domini misericor‖diam

---

1. *Corr.* sospitate. — 2. *Corr.* benedictione. — 3. *Corr.* vultu. — 4. *Corr.* hilari. — 5. *Corr.* contemptu. — 6. *Corr.* secundum. — 7. *Corr.* dominatione. — 8. *Corr.* centum.

exoretis. Est enim vir sapiens adque utilis, ut de multorum annorum aevo vix ita tam cautus homo reperire possit[1] ac strinuus[2]. Quia si hunc Deus his Galliis concedere dignabatur, fortassis[3] spes erat, de eodem gentem nostram, que valde exinanita est, posse consurgere. Quod fieri iuxta eius misericordiam non diffido, eo quod tale fuerit pueri nativitates presagium. Nam in die sancto pascha est, ante nativitatis est elevatus fratre meo Sighiberthe in eclesia, procedente diacono cum sancto euangeliorum[4] libro, nuncius regi advenit, unaque vox fuit pronunciantes leccionem[5] euangelicam ac nontii[6] dicentes : « Filius natus est tibi. » Unde factum est, ut omnes[7] populus in utraque adnunciacione[8] pariter proclamaret : « Gloria Deo omnipotenti. » || Sed et baptismum in die sanctum Pentecosten accepit, et rex nihilominus[9] in diem sanctum dominice nativitatis est elevatus. Unde, si oracio vestra prosequitur, poterit hic, Domino annuente, regnare. » Hec regi dicente, omnes oracionem fuderunt ad Dominum, ut utrumque regem eius misericordia conservaret. Adiecitque rex : « Virum, quia mater eius Brunechildis me minatur interemere, sed nihil mihi ex hoc formidinis est. Dominus enim, qui me eripuit de manibus inimicorum meorum, et de huius insidiis liberavit me. »

Fol. 223.

V. Multa tunc et in Theodorum episcopum adversa locutus est, protestans, quod si ad sinodum veniret, iterum exilio traderetur, dicens : « Scio enim, quod horum causa germanum meum Chilpericum interfeci fecit. Denique nec nos pro viris habere debemur, si eius necem ulciscere non valemus hoc anno. » Cui ego respondi : « Et quis Chilpericum interemit, nisi malitia sua tuaque oracio ? Multas enim tibi contra iusticiam tetendit insidias, que ei mortis exicium intulerunt. Quod ut dicam, valde hoc per visionem somni

---

1. *Corr.* posset. — 2. *Corr.* strenuus. — 3. *Corr.* fortasses. — 4. *Corr.* euvangeliorum. — 5. *Corr.* pronuntiantes lectionem. — 6. *Corr.* nuntii. — 7. *Corr.* omnis. — 8. *Corr.* adnuntiatione. — 9. *Corr.* nihilhominus.

inspexi, || cum viderem eum ante tousorato capite quasi Fol. 223 vᵒ.
episcopum ordinare; deinde super cathedram puram, sola
fuligine tectam, inpositum ferri, prelucentibus coram eo
lyghnis ac ceries. » Me hec narrante, rex ait : « Vidi et ego ||
aliа visionem, que huius interitum nonciavit[1]. Adducebatur Col. 380.
enim in conspecto[2] meo a tribus episcopis vinctus catenis,
quorum unus Tetrecus, alius Agiroecula, tercius vero Nicecius Lugduninsis erat. E(t) quibus dicebant duo : « Solvite,
quesummus, eum et castigatum abire permittite. » Quibus e
contrario cum amaritudine Tetrecus episcopus respondebat :
« Non fiet ita, sed igni concremabitur pro sceleribus suis. »
Et cum diu multumque quasi altercantes hec inter se verba
proferrent, conspicio eminus eneum super ignem positum
fervere vehementer. Tunc me flenti, adprehensum infilicem
Chilpiricum, confractis membris, proiciunt in enium. Ne
mora, inter undarum vapores ita dissolutus ae liquifacta
est, ut nullum ex eo penitus indicium remaneret. » Hec rege
dicente, admirantibus || nobis, epulo expleto, surrexemus[3]. Fol. 224.

VI. Rex igitur in crastinum in venacione[4] progressus est.
Quo rediunte[5], Garacharius comis Burdigalensis adque
Bladastis a nobis representate sunt, quia, ut superius diximus, in basilica sancti Martini confugium fecerant, pro eo
quod Gundoaldo coniuncti fuissent. Nam cum prius pro his
deprecatus, nihil obtenire potuissim[6], hec in sequente locutus sum : « Audiat, o rex, potestas tua. Ecce a domino meo
in legacione[7] ad te directus sum ! Vel qui[d] renunciabo ei
qui me misit, cum nihil mihi responsi reddere vellis? » At
illi obstupefactas ait[8] : « Et quis est dominus tuus, qui te
misit? » Cui ego suuridens[9] : « Beatus Martinus, inquio,
misit me. » [Tunc ille iussit sibi repraesentari viros]. Sed
cum in eius conspectu venissent, multas eis perfidias ac
periurias exprobravit, vocans eos sepius vulpis ingeniosas,
sed restitui eos gracie sue, reddens que illis ablata fuerant.

---

1. *Corr.* nunciavit. — 2. *Corr.* conspectu. — 3. *Corr.* surreximus. — 4. *Corr.* venatione. — 5. *Corr.* redeunte. — 6. *Corr.* potuissem. — 7. *Corr.* legatione. — 8. *Corr.* obstupefacta sic ait. — *Corr.* subridens.

VII. Adveniente quoque die dominico, rex ęclesiam ad expectandam missarum solemnia petit[1]. Fratres vero consacerdotes, qui aderant, locum Palladio episcopo ad agenda festa prębuerunt. Quo incipiente pro‖phetia, rex interrogat, quis esset. Cumquę Palladium episcopum iniciasse prononciassent, statim commotus rex ait : « Qui mihi semper infidelis et perfidus fuit, illi nunc sacrata verba prędicabit? Egrediar prursus[2] ab hęc ęclesia, ne inimicum meum audiam prędicantem. » Et hec dicens, egredi coepit ęclesiam. Tunc conturbati sacerdotes de fratres humilitate, dixerunt regi : « Vidimus enim eum convivio tuo adesse ac de eius manu te benediccionem accepere[3]; et cur eum nunc rex aspernatur? Si enim scissimus[4] tibi exosum, declinassimus[5] utique ad alium, qui [ha]ec agere debuissit[6]. Nunc, si permittis, cęlebret, quia coepit; in posterum autem, si aliquid opposueris, cannonicę sanccionis[7] censura finiatur. » Iam enim Palladius episcopus in sacrario cum grande humilitate discesserat. Tunc rex iussit eum revocare, et sic que agere coeperat expedivit. Nam cum iterato ad convivium regis Palladius atque Berthchramnus acciti fuissint, commoti in invicem, multa sibi de adulteriis ac furnicacione[8] ex‖probraverunt, nonnulla etiam de periuriis. Quibus de rebus multi ridebant, nonnulli vero, qui alacriores erant sciencię, lamentabant, cur inter sacerdotes Domini taliter zezania[9] diabulo polluaret[10]. Discedentes itaque a regis pręsencia, cauciones et fideiiussores dederunt, ut decimo kalendas mensis noni ad sinodum convenirent.

VIII. Tunc apparuerunt signa, id est radii a parte aquilonis, sicut sepius apparrere solent. Fulgor per cęlum cucurressi[11] visus est, floresque in arboribus ostensi[12] sunt. Erat enim mensis quintus

---

1. *Corr.* petiit. — 2. *Corr.* prorsus. — 3. *Corr.* benedictionem accipere. — 4. *Corr.* scissemus. — 5. *Corr.* exossum, declinassemus. — 6. *Corr.* debuisset. — 7. *Corr.* canonicę sancciones. — 8. *Corr.* fornicacione. — 9. *Corr.* zizania. — 10. *Corr.* pollularet. — 11. *Corr.* cucurrisse. — 12. *Corr.* ostense.

VIIII. Post hęc rex Parisius venit et coram omnibus loqui coepit, dicens : « Germanus meus Chilpericus moriens dicitur filium reliquisse, cuius nutritores, matre deprecante, petierunt, ut eum de sancto lavacro in dominici natalis solemnitate deberem excipere, et non venerunt. Rogaverunt deinceps, ut ad sanctam pascha baptizaretur, sed nec tunc adlatus est infans. Deprecati sunt autem tercio, ut ad fe‖sti- Col 382. vitatem sancti Iohannis exiberetur, set nec tunc venit. Moverunt itaque me per tempus stereli de loco ubi abitabam. ‖ Veni igitur, et ecce absconditur nec ostenditur mihi puer. Fol. 225 v°. Unde, quantum intellego, nihil est quod promittitur, sed, ut credo, alicuius ex leudibus nostris sit filius. Nam se de stirpe nostra fuisset, ad me utique fuerat deportatus. Ide[o]que[1] noveris, quia a me non suscipitur, nisi certa de eo cognuscam[2] indicia. » Hęc audiens Fredegundis regina, coniunctis prioribus regni sui, id est cum tribus episcopis et tricentis viris opti[mi]s[3], sacramenta dederunt, hunc a Chilperico regi[4] generatum fuisse; et sic suspeccio ab animis regis ablata est.

X. Denique cum interitum Merovechi adque Chlodovechi sępius lamentaret nesciretque, ubi eos postquam interfecerant proiecissent, venit ad regem homo, qui diceret : « Si mihi contrarium in posterum non habetur, indicabo, in quo loco Chlodovechi cadaver sit positum. » Iuravit rex, nihil ei molestum fieri sed potius muneribus ampliare. Tunc illi : « Veritatem, inquid, me loqui, o rex, ipsa racio quę acta est conprobabit. Nam quando Chlodovechus ‖ inter- Fol. 226. fectus est ac sub stillicidio[5] oraturii cuiusdam sepultus, metuens regina, ne aliquando inventus cum honore sepeliretur, iussit eum in alveum Matronę fluminis proici. Tunc intra lapsum, quod opere meo ad capiendorum piscium necessitatem pręparaveram, repperi. Sed cum ignorarem, quisnam esset, a cęsarię prolixa cognovi Chlodovechum esse,

---

1. *Corr.* Ideoque. — 2. *Corr.* cognoscam. — 3. *Corr.* optimis. — 4. *Corr.* rege. — 5. *Corr.* stillicideo.

adpręhensumque in humeris ad litus detuli ibique eum cespite superpositum tumolavi. Ecce, salvatis artibus, quod volueris effice. » Quod cum rex conperisset, confingens se ad venacionem procedere, detactoque tumolo, repperit corpuscolum integrum et inlęsum. Una tantum pars capillorum, quę subter fuerat, iam defluxerat, alia vero cum ipsis crinium flagellis intacta durabat. Cognitumque est hunc esse quem rex intento animo requerebat. Convocato || igitur episcopo civitatis, cum clero et populo ac ceriorum innumerabilium ornato ad basilicam sancti Vincenti detulit tumolando, non minus plangens nepotes mortuos, quam || cum vidit filius proprius iam sepultus. Post hęc misit Pappolum Carnotenę urbis episcopum, qui Merovechi cadaver requirens, iuxta Chlodovechi tumulum sepelivit.

XI. Ostiarius vero quidam de alio ostiario dixit : « Domine rex, hic, accepto pręmio, consinsit, ut tu interficiaris. » Adpręhensusque ostiarius, de quo dixerat, cęsus suppliciisque multis adfectus, nihil de causa, qua interrogabatur, apperuit. Loquebantur enim tunc multi hoc in insidiis et invidia factum, quod ostiarius ille, cui hoc crimen inpactum fuerat, plurimum a regi diligeritur. Ansoaldus autem, nescio qua suspicione tactus, nec validicens, a regi discessit. Rex vero Cavilonnum regressus, iussit Boantum, qui sibi semper fuerat infidelis, gladio percuti. Qui vallatus in domo sua, ab hominibus regis peremptus interiit; resque suę fisci diccionibus subiugate[1] sunt.

XII. Denique cum rex maxima intencione Theodorum episcopum iterum persequi conaretur, et Massilia iam in Childeberthi regis dominacione revocata fuisset ad discuciendas causas || Ratharius illuc quasi dux a parte regis Childeberthi diregitur. Sed postposita accione, que ei a regi iniuncta fuerant, episcopum vallat, fideiussores requirit et ad pręsenciam regis Gunthchramni direxit, ut scilicet ad

---

1. *Corr.* subiugatę.

sinodum, quod Matiscone futurum erat, quasi ab episcopis
damnandus adesset. Nec defuit ulcio divina, qua servos suos
ab ore canum rabidorum defensare consuevit. Nam egre-
diente episcopo a civitate, statim res ęclesię deripit et ali[a]
quidem sibi vindicat, alia sub sigellorum municionem con-
cludit. Cum hoc fecisset, protenus famulus eius sevissemus
invadit morbus, exhaustusque febre peremit; filius eius ab
hoc incommo[do][1] deficit, quem suburbano Masillia ipsius ||
cum gravi gemitu sepelivit. Fuitque talis domui eius plaga, Col. 384.
ut cum ab urbe illa est degressus, vix ad patriam suam
regredi putaretur. Theodoros viro episcopus a Gunthchramno regi detentus est, sed nihil ei rex nocuit. Est enim
vir egregię sanctitatis et in oracione assiduos[2], de quo mihi
Magnericus Treverensis episcopus hęc retullit : « Ante hos
annos cum pręsentiam Childeberthi regis ita sub ardua
costodia duceretur, ut, quandoque ad urbem aliquam venisset, neque episcopum neque quemquam de civibus videre
permittitur, adveniens Treverus, nonciatum[3] est episcopo, ||
hunc iam in navi possitus clam abduci. Surrexitque sacer- Fol. 227 v°.
dus tristis, ac velociter prosecutus, reperit eum ad litus;
causatusque cum costodibus, cur tanta essit impietas, ut non
liceret fratri fratre aspicere; visoque tandem, osculatur
eum, indulgens aliquid vestimenti, discessit. Veniens itaque
ad basilicam sancti Maximini, prosternitur sepulchro, illud
apostoli Iacobi retinens[4] : *Arate pro invicem, ut salvimini*.
Fusaque diu oracione cum lacrimis, ut fratre dignaretur
Dominus adiuvare, egressus est foris. Et ecce mulier, quam
spiritus errores agetabat[5], clamare sacerdoti cepit ac dicere :
« O sceleste et inveterate dierum, qui pro inimico nostro
Theodoro oracionem fundis ad Dominum. Ecce nos cotidie
queremus, qualiter ab his Galliis extrudatur, qui nos coti-
dianis incendiis conflat; et tu pro eo rogare non desinis !
Sacius enim tibi erat, res ęclesię tuę diligenter inquireri[6],
ne pauperibus aliquid deperiret, quam pro hoc tam intente

---

1. *Corr.* incommodo. — 2. *Corr.* assiduus. — 3. *Corr.* Treveros, nunciatum.
— 4. Iac., 5, 16. — 5. *Corr.* agitabat. — 6. *Corr.* inquirere.

deposcere. » Et agebat : « Vę nobis, qui eum non possumus expugnare. » Et licet dęmoniis credi non debeat, tamen qualis esset sacerdus, de quo hęc demon condolens declamabat, apparuit. Sed accepta redeamus. ||

XIII. Igitur legatus[1] ad nepotem suum Childebertum rex diregit, qui morabatur tunc ad castrum Confluentis[2], qui ob hoc nomen accepit, pro eo quod Musella Renusque || amnes pariter confluentes in eodem loco iungantur. Et quia placitum fuerat, ut Trecas Campanię urbem de utrumque regnum coniungerent, sacerdotibus qui de regno Childeberti congruum non fuit, Felix legatus[3], salutacione pręmissa, ostensis litteris, ait : « Patruos tuos[4], o rex, diligenter interrogat, quis te ab hoc promissione retraxit, ut sacerdotes regni vestri ad concilium, quod simul decriveratis, venire differrent[5]. An forsitan mali homines aliquam inter vos discordię radicem faciunt pullulare[6] ? » Tunc ego, rege tacente, respondi : « Nil mirum, si zizania seratur in populus[7], nam inter hos quo radicem obligit[8] protenus non potest repperire. Nulli enim latet, quod Childebertus rex alium patrem nisi patruum non habet, neque illi alium filium, nisi hunc habere disponit, iuxta id quod eum anno pręsenti audivimus loqui. Absit ergo, ut inter eos radix discordię germinit[9], cum se pariter et tuere dibeant et amare. » Tunc vocato secretus Felice lęgato, Childebertus rex rogavit, dicens : ||
« Depręcor dominum et patrem meum, ut Theodoro episcopo nihil iniurię inferat ; quod ficecerit, confestim inter nos scandalum germinavit, erimusque, discordia inpediente, disiuncti, qui debemus amorem tuendo esse pacifici. » Acceptoque et de aliis causis responso, legatus discessit.

XIIII. Nobis itaque in antedicto castro cum regem cummorantibus[10], dum ad convivium principis usque obscura nocte reteneremur, epulo expleto, surreximus, venientesque ad

---

1. *Corr.* legatos. — 2. *Corr.* Confluentes. — 3. *Corr.* legatos. — 4. *Corr.* patruus tuus. — 5. *Corr.* defferrent. — 6. *Corr.* pollulare. — 7. *Corr.* populos. — 8. *Corr.* obliget. — 9. *Corr.* germinet. — 10. *Corr.* commorantibus.

fluvium, offendimus navem in litus, que nobis fuerat preparata. Ascendentibusque nobis, inruit turba hominum diversorum, impletaque est navis tam hominibus quam aquis. Sed virtus Domini adfuit non sine grande miraculo, ut, cum usque labium impleta fuisset, merge non possit. Habibamus[1] enim nobiscum beati Martini reliquias cum aliorum sanctorum, quorum virtutem nostre dimus[2] fuisse salvatos. Ad vero nave ad litus unde egresse[3] fuemus redeunte, evacuata vel ab hominibus vel a lymphis, repulsis extraneis, sine inpedimento transivimus. In crastino autem vale rege dicentes, abscessimus.

XV. Profecti igitur in itenere, ad Eposium castrum accessimus, ibique a Vulfolaico diacono nancti, ad monasteri eius deducti, benignissime suscepti summus. Est enim hoc monasterium quasi milibus octo ab antedicto castro in montes[4] cacumine collocatum. In quo monte magnam basilicam edificavit, quam beati Martini vel reliquorum sanctorum reliquias inlustravit. Commorantes autem ibi, petere ab eo coepimus, ut nobis aliqua de conversionis sue bono nararet, vel qualiter ad clericatus officium advenissit[5], quia erat genere Langobardus. Sed nequibat exponere, vanam tota intencione cupiens gloriam evitare. Quem ego terrebilibus sacramentis coniurans, pollicitus primo, ut nulli que referebat expanderem, rogare coepit, ut nihil mihi de his que interrogabam occoleret. Cumque diutissime reluctasset, victus tandem tam precibus quam obsecracionibus meis, hec effactus est : « Dum essem, inquid, puer parvolus, audito beati Martini nomine, nesciens adhuc, utrum martyr an confessur esset, vel quid boni in mundo gessisset, vel que regio beatus artus tumolo meruisset accepere, iam in eius honore vigilias celebrabam, ac, si aliquid inter manus numismatis advenisset, elimosinas faciæbam. Iamque in maiore etate proficiens, litteras discere studii ; ex quibus prius scri-

---

1. *Corr.* habebamus. — 2. *Corr.* demus. — 3. *Corr.* egressi. — 4. *Corr.* montis. — 5. *Corr.* advenisset.

bere potui, quam ordinem scripturarum litterarum scirem. Deinde Aridio abbati coniunctus ab eoque ductus, beati Martini basilicam adii. Revertensque cum eo, ille parumper pulveris beati sepulchri pro benediccione sustullit. Quod in capsulam positum ad collum ‖ meum dependit. Devectique ad monasterium eius Limovicino in termino, accepta capsula, ut eam in oraturio suo locaret, in tantum pulvis adcrevit, ut non solum totam capsam repleret, virum[1] etiam foris inter iunturas, ubi aditum repperire potuit, scatiret. Ex hoc mihi miraculi lumine animus magis accendit totam spem meam in eius virtute defigeret. Deinde territurium Trevericę urbis expetii, et in quo nunc estis monte, habitaculum quod cernitis proprio labore construxi. Repperi tamen ‖ hic Dianę simulacrum, quod populus hic incredulus quasi deum adorabat. Colomnam etiam statui, in qua cum grandi cruciatu sine ullo pedum perstabam tegmine. Itaque cum hiems tempus solite advenisset, ita rigore glacili urebat, ut ungues pedum [m]eorum sępius vis rigoris excuteret, et in barbis meis aqua gelo[2] conexa candelarum more dependeret. Magnam enim hiemem regio illa persępe dicitur sustenire. » Sed cum nos solicite[3] interrogaremus, quę ei cybus aut potus esset, vel qualiter simulacra montis illius subvertisset, ait : « Potus cybusque meus erat parumper panis et oleris ac modicum aquę. Verum ubi ad me multitudo vicinarum villarum confluere coepit, prędicabam iugiter, nihil esse Dianam, nihil simulacra nihilque quę eis videbatur exercere cultura ; indignę iam esse ipsa, quę inter pocula luxuriasque profluas cantica proferebant ; sed potius Deo omnipotenti, qui celum fecit ac terram, dignum sit sacrificium laudis inpendere. Orabam etiam sepius, ut simulacrum Dominus dirutum dignaretur populum illum ab hoc errore discutere. Flexit Domini misericordia mentem rusticam, ‖ ut inclinaret aurem suam in verba oris mei, ut scilicet, relictis idolis, Dominum sequeretur. Tunc convocatis quibusdam ex eis, imulacrum hoc inmensum, quod elidere propria virtute non

---

1. *Corr.* verum. — 2. *Corr.* gelu. — 3. *Corr.* sollicite.

poteram, cum eorum adiutorio possim eruere, iam enim
reliqua sigillorum, quę faciliora fuerant, ipse confringeram.
Convenientibus autem multi ad hanc Dia||nę statuam, missis
funibus, trahere coeperunt; sed nihil labor eorum proficere
poterat. Tunc ego ad basilicam propero, prostratusquę solo,
divinam misericordiam cum lacrimis flagitabam, ut, quia id
humana industria evertere non vallebat, virtus illut divina
distrueret. Egressusquę post oracionem, ad operarius veni,
adprehensumque funem, ut primo ictu trahere coepimus, protenus simulacrum ruit in terra, confractumque cum malleis
ferreis in pulverem redige[1]. Ipsa quoque hora, cum ad
cibum capiendum venissem, ita omne corpus meum a verticę
usque ad plantam || pusculis malis repletum est, ut locus,
quem unus digitus tegerit, vacuus invenire non possit.
Ingressusque basilicam solus, denudavi me coram sancto
altario. Habebam enim ibi ampullam cum oleo ple_am, quam
de sancti Martini basilicam detuleram; ex qua propriis manibus omnes artus peruncxi, moxquę sopore locatus sum.
Expergefactus vero circa medium noctis, cum ad cursum
reddendum surgerem, ita corpus totum inlocome[2] repperi, ac
si nullum super me ulcus aparuisset. Que vulnera non aliter
nisi per invidiam inimici emissa cognovi. Et quia semper ipse
invidus Deum quęrentibus nocere conatur, advenientibus episcopis, qui me magis ad hoc cohortare debuerant, ut ceptum
opus sagaciter explicare deberem, dixerunt mihi : « Non est
que est[3] via, quam sequęres, nec tu ignobilis Symeoni
Anthiochino, qui colomnę insedit, poteris conparare. Sed
nec cruciatum hoc te sustenire patitur loci posicio. Discendi
pocius et cum fratribus, quos adgregasti tecum, inhabita. »
Ad quorum verba, quia sacerdotes non obaudire adscribitur
crimini, discendebam, fateor, et ambulabam cum eisde[m]
ac cybum pariter capiebam. Quadam vero die, provocans me
episcopus longius ad villam, || misit operarius[4] cum scutis
et malleis ac securibus, et elisęrunt colomnam, in qua stare
solitus eram. In crastinum autem veniens, in||veni omnia dis-

---

1. *Corr.* redigi. — 2. *Sic, pro* incolome. — 3. *Sic, pro* Non est acqua haec via. — 4. *Corr.* operarios.

sipata. Flevi vehementer, sed erigere nequivi quę distruxerant, ne dicerer contrarius iussionibus sacerdotum ; et ex hoc, sicut nunc habito, cum fratribus habitare contentus sum. »

XVI. Cui cum de virtutibus beati Martini, quas in eo loco operatus est, aliquam ut declararet exposcirem[1] hęc retulit : « Franci cuiusdam et nubilissimi in gente sua viri filius mutus surdusque erat; adductusque a parentibus ad hanc basilicam, iussi eum cum diacono meo et alio ministro in ipsum templum sanctum in lectulo requiescere. Et per diem quidem oracioni vacabat, nocte autem in ipsa, ut diximus, ęde dormiebat. Quandoquę misertus Deus, apparuit mihi in visione beatus Martinus dicens : « Eiecę agnum de basilica, quia iam sanus est[2]. » Mane autem facto, cogitant[i] mihi, quod esset hoc somnium, venit ad me puer, et emittens vocem, gracias agere Deo coepit, conversusque ad me, ait : « Gracias ago Deo omnipotente, qui mihi et eloquium reddedit et auditum. » Ex hoc sanus reditus[3], ad domum rediit. Alius vero, qui plerumque in furtis diversisque sceleribus commixtus, periurare consueverat, || cum aliquando a quibusdam pro furto argueritur, ait : « Ibo ad basilicam beati Martini, et sacramentis me exsuens, innocens reddam. » Quo ingrediente, elapsa secure de manu ejus, ad usteum ruit, gravi cordis dolore perculsus. Con[fes]susque[4] est miser verbis propriis que venerat excussare[5] periuriis. Alius simili modo cum de incendiis domus vicini sui argueritur, ait : « Vadam ad templum sancti Martini, et fide data, insons rediturus ero ab hoc crimine. » Manifestum erat enim, hunc domum illam incendio concremasse. Abiens autem ad sacramenta danda, conversus ad eum, dixi ei : « Quantum vicinorum tuorum dictat assercio, non eris innocens ab hoc scelere; sed tamen Deus ubique est, et virtus cius ipse est forinsecus, que habetur intrinsecus. Tamen si ita te vana

---

1. *Corr.* exposcerem. — 2. *Corr.* factus est. — 3. *Corr.* redditus. — 4. *Corr.* confessusque. — 5. *Corr.* excusare.

fiducia coepit, quod Deus vel sancti in periuribus non ulciscantur, ecce templum sanctum e contra, iura, ut libet. || Nam Col. 390. calcare limen sacrum non permitteris. » Ad ille, elevatis manibus ait : « Per omnipotentem Deum et virtutem beati
5 Martini antestitis eius, quia hoc incendium non admisi. » Data itaquę sacramenta, dum recederet, visum est ei quasi ab igne circumdare. || Et statim ruens in terra, clamare Fol. 232 v°. coepit, se a beato antestite vehementer exuri. Aiebat enim miser : « Testor Deum, quia ego vidi ignem de cęlo cadere,
10 qui me circumdans validis vaporibus conflet. » Et dum hęc diceret, spiritum exalavit. Multis hęc causa documentum fuit, ne in hoc loco audirent[1] ulterius periurare. » Plurimam quidem de his virtutibus hic diaconus retulit, que sequi longum potavi.

15 XVII. Dum autem in loco illo commoraremur, vidimus per duas noctes signa in cęlo, id est radius a parte aquilonis tam clare splendidus, ut prius sic aparuisse non fuerænt visi; et ab utraque quidem parte, id est ab euro et zephero, nobis sanguine. Tercia vero nocte quasi ora seconda[2] aparue-
20 runt hii radii. Et ecce, dum eos mirarentur attonitis[3], surrexerunt a quatuor plagis mundi alii horum similis; vidimusqui totum cęlum ab his operire. Et erat nubes in medio cęli splendida, ad quam se hi radii collegebant in modum tenturii, quod ab imo ex amplioribus inceptum fasceis angustates in
25 altum, in uno cuculli capite sepe collegitur. Erantque in medio radiorum et alię nubes || ceu coruscum valide fulgo- Fol. 233. rantes. Quod signum magnum nobis ingessit metum. Operiebamur enim super nos[4] aliquam plagam de cęlo trasmitti.

XVIII. Childebertus vero rex, inpellentibus missis impe-
30 rialibus, qui aurum, quod anno superiore datum fuerat, requirebat, exercitum in Italia diregit. Sonus enim erat sororem suam Ingundem iam Constantinopoli fuisset translata. Sed cum duces inter se altercarentur, regressi sunt

---

1. *Corr.* auderent. — 2. *Corr.* secunde. — 3. *Sic, pro* miraremur attoniti. — 4. *Corr.* supn.

sine ullius lucri conquesicione. Nam Wintrio dux a paginsibus suis depulsus, ducatum caruit; finissitque vitam, nisi fuga ausilium[1] prębuisset. Set postea, pecato[2] populo, ducatum recepit. Itaǁque Nicecius[3] per emissionem Eulalii a comitatu Arverno submotus, ducatum a rege expetiit, datis pro eo inmensis muneribus. Et sic in urbe Arverna, Rutena atque Ucetica dux ordinatus est, vir valde ętate iuvenis, sed acutus in sensu, fecitque pacem in regionem Arverna vel in reliqua ordinacionis sue loca.. Childericus vero Saxso in offensam regis Guntchramni incendens[4], pro causa, qua superius diximus alius confugisse, beati Martini basilicam expetiit, ǁ uxorem in regno regis antedicti relinquens. Cui obtestaverant[5] rex, ne virum videre presumeret, nisi prius ille regali gracię reconciliaretur; ad quem cum pro eo sepius legacionem missisimus, tandem obtenuemus, ut uxorem reciperet et citra Legerem fluvium commoraretur, non tamen ad regem Childebertum transire presumere. Sed ille, accepta libertate recipiendę uxoris, clam ad eum transiit, adeptaque ordinacione ducatus in civitatebus[6] ultra Garonnam, que[7] in potestatem supradicti regis habebantur, accessit. Guntchramnus vero rex volens regnum nepotis sui Chlotchari, fili scilicet Chilperici, regere, Theodulfum Andegavis comitem esse decrevit. Introductusque in urbe, a civibus et presertim a Domighisilo cum humilitate repulsus est. Recurrensque ad regem, iterum pręceptum accipiens, a Sifulgo duci intromissus, comitatum urbis illius rexit. Gundovaldus autem comitatum Meldensim supero Verpinum conpetiit, ingressusque urbem, causarum accionem agere coepit. Exinde dum pagum urbis in hoc officio circuirit[8], in quadam villa a Verpino interfecitur. Cuius parentes congregati super hunc inruerunt, inclusumque in pensilem domus interemunt. ǁ Sicque uterque a comitatu morte inminente discessit.

XVIIII. Cum autem sepius Dagulǁfus abba pro sceleribus

---

1. *Corr.* auxilium. — 2. *Corr.* pacato. — 3. *Corr.* Necicius. — 4. *Corr.* incedens. — 5. *Corr.* obtestaverat. — 6. *Corr.* civitatibus. — 7. *Corr.* quę. — 8. *Corr.* circuiret.

suis argueritur[1], quia furta et homicidia plerumque faciebat, sed et in adulteriis nimium dissolutum[2] erat, quodam tempore uxorem vicini sui concupiscens[3], miscebatur cum ea. Requirens occasiones diversas, qualiter virum adulterę, qui in terra huius monasterii conmanebat, deberet oppremere[4], ad extremum contestatus est ei, dicens quod, si ad uxorem suam accederet, puniretur. Illo quoque discedente ab hospiciolo suo, hic nocte cum uno clerico veniens, domum meretricis ingreditur. Postquam autem diutissime bibentes inebriati sunt, in uno strato locantur. Quibus dormientibus, adveniens vir illi, accenso stramine[5], elevata bispinne[6] utrumque peremit. Ideoque documentum sit hec causa clericis, ne contra canonum statuta extraniarum mulierum consorcium pociantur, cum hec et ipsa lex canonica et omnes scripturę sanctę proibeant, pręter his fęmenis, de quibus crimen non potest aestimari.

XX. Interim dies placiti advenit, et episcopi ex iussu[7] regis Guntchramni apud Matiscensim[8] urbem collecti sunt. Faustianus autem, qui ex iussu Gundovaldi Aquinsi urbi episcopus ordinatus fuerat, ea condicione removitur, ut eum Bertchramnus Orestesque sive Palladius, qui eum benedixerant, vicibus pascerent centinusque ei aureus annis singulis ministrarent. Niccius tamen ex laico, qui prius ab Chilperico regi[9] pręceptum elicuerat, in ipsa urbe episcopatum adeptus est. Ursicinus Cadurcinsis episcopus excommunicatur, pro eo quod Gundovaldum excipisse[10] publici est confessus; accepto huiusmodi placito, ut pęnitenciam tribus annis agens neque capillum neque barbam tonderit, vino et carnibus absteniret[11], missas celebrare, clericus urdinare[12], ęclesiasque et crisma benedicere, eblugias[13] dare pęnitis non audiret[14]; uti||litas tamen ęclesię per ejus ordi-

---

1. *Corr.* argueretur. — 2. *Corr.* dissolutus. — 3. *Corr.* concupescens. — 4. *Corr.* opprimere. — 5. *Corr.* ille accensus stramine. — 6. *Corr.* bipinne. — 7. *Corr.* iussu. — 8. *Corr.* Matiscensem. — 9. *Corr.* rege. — 10. *Corr.* excepisse publice. — 11. *Corr.* abstineret. — 12. *Corr.* ordinare. — 13. *Corr.* eblogias. — 14. *Corr.* auderet.

nationem, sicut sollita erat, omnino exquiritur. Extetit[1] enim in hac sinodo quidam ex episcopis, qui dicebat mulierem hominem non posse vocitare. Sed tamen ab episcopis racionem accepta quievit, eo quod sacer Veteris Testamenti liber edoceat, quod in principio, Deus hominem creante, ait : *Masculum et femina creavit eos, vocavitque nomen eorum Adam*[2], quod est homo terrenus; secutique[3] vocans mulierem Euva; utrumque enim hominem dixit. Sed et dominus Iesus Christus ob hoc vocitatur filius hominis, quod sit filius virginis, id est || mulieris. Ad quam, cum aquas in vina transferre pararet, ait : *Quid mihi et tibi est mulier?* et reliqua[4]. Multisque et aliis testimoniis hec causa convicta quievit. Pretextatus vero Rotomagensis episcopus oracionis, quas in exsilio positus scalpsit, coram episcopis recitavit. Que quibusdam quidem placuerunt; a quibusdam vero, quia artem secutus minime fuerat, reprehindebantur[5]. Stilus tamen per loca ęcclesiasticus et raciouabilis erat. Caedis enim magna tunc inter famulus Prisci episcopi et Leudoghisili ducis fuit. Priscus tamen episcopus ad coemandam pacem multum pęcunię obtullit. His etenim diebus Guntchramnus rex graviter ęgrotavit, ita ut potaretur[6] a quibusdam non posse prorsus evadere. Quod, credo, providencia Dei fuisset[7]. Cogitabat enim multus[8] episcoporum[9] exsilio detrudere. Theodorus itaque episcopus, ad urbem suam regressus, favente omni populo, cum laude susceptus est.

XXI. Itaque cum hoc sinodum ageretur, Childebertus rex aput[10] Belsonancum villa que[11] in medio Ardoennensis silvę sita est, cum suis coniungitur. Ibique Brunechildis regina pro Ingunde filia, que adhuc in Africa te||nebatur, || omnibus prio[ri]bus questa est, sed parum consolacionis emeruit. Tunc contra Bosonem Guntchramnus causa exoritur. Ante paucus[12] autem dies mortua propinqua uxoris eius sine filiis,

---

1. *Corr.* extitit. — 2. *Corr.* Genes., 5, 2. — 3. *Corr.* sic utique. — 4. Ioan., 2, 4. — 5. repręhendebantur. — 6. *Corr.* putaretur. — 7. *Corr.* fecisset. — 8. *Corr.* multos. — 9. *Corr.* episcopos corporum. — 10. *Corr.* apud. — 11. *Corr.* quę. — 12. *Corr.* paucos.

in basilicam urbis Metinsis[1] sepulta est cum grandibus ornamentis et multo auro. Factum est autem, ut post dies paucus[2] adesset festivitas beati Remedii, quę in initio mensis octavi cęlebratur. Discendentibus[3] autem multis e civitate cum episcopo, et pręsertim senioris urbis cum duci, venerunt pueri Bosonis Gunthchramni ad basilica, in qua mulier erat sepulta. Et ingressi, conclusis super se osteis[4], detexerunt sepulchrum, tollentes omnia urnamenta corpores[5] defuncti, quę reperire potuerant. Sencientes autem hęc monachi basilica illius venerunt ad ostium; sed ingredi non sunt permissi. Quod videntes, nonciaverunt[6] hęc episcopo suo ac duci. Interia[7] pueri, acceptis ribus[8] ascensisque equitibus, fugire coeperunt. Sed timentes, ne adprehinsi[9] in via, diversis subegerentur pęnas, regressi sunt ad basilicam. Posueruntque quidem res super altarium, sed foris egredi non sunt ausi, clamantes atque dicentes, || quia: Fol. 236. « A Gunthchramno Bosone trans[mis]si[10] sumus. » Sed cum ad placitum in villam quam diximus Childeberthus cum proceribus suis convenisset, et Guntchramnus de his interpellatus nullum responsum dedisset, clam aufugit. Ablateque sunt ei deinceps omnes res, quę in Arverno de fisci munere promeruerat. Set et diversorum res, quas male pervaserat, cum confusionem reliquid.

XXII. Laban Helosinsis[11] episcopus hoc anno obiit; cui Desiderius ex laico successit. Cum iusiurando enim rex pollicitus fuerat, se numquam ex laicis episcopum ordinaturum; sed quid pectora humana || non cogat auri sacra famis[12]! Col. 395. Berthchramnus vero regressus ex sinodo, a febre corripitur; arcessitumque Waldonem diaconem, qui et ipsi in baptissimo Berthchramnus vocitatus est, summam ei sacerdocii depotat[13] omnesque cond'cionis tam testamenti quam benemeritorum suorum ipsi cummittit. Quod discedente, hic spiritum exalavit. Regressus diaconus, cum muneribus et consensu

---

1. *Corr.* Mettensis — 2. *Corr.* paucos. — 3. *Corr.* discedentibus. — 4. *Corr.* ostiis. — 5. *Corr.* ornamenta corporis. — 6. *Corr.* nunciaverunt. — 7. *Corr.* interea. — 8. *Corr.* rebus. — 9. *Corr.* adprehensi. — 10. *Corr.* transmissi. — 11. *Corr.* Helosensis. — 12. Aen, III, 56. — 13. *Corr.* deputat.

civium ad regem properat, set nihil obtenuit. Tunc rex, data precepcione, iussit Gundegisilum, Sanctonicum comitem, cognomento Dodonem episcopum ordinare; gestumque est ita. Ut quia multi clericorum || Sanctonicorum ante synodum consentientes Bertchramno in Paladium sacerdotem suum aliqua adversa conscripserat, quę ei humilitatem ingererent, post eius obitum adprehinsi a sacerdote, graviter caesi adque expoliati sunt. Hoc tempore et Wadelenus[1], nutritur Childeberti regis, obiit, sed in loco eius nullus est subrogatus, eo quod regina mater curam vellit propriam habere de filio. Quęcumque de fisco meruit, fisci iuribus sunt relata. Obiit his diebus Bodygisilus dux plenus dierum, sed nihil de facultate eius filiis minuatum est. In loco Fausti, Auscensis episcopi, Saius presbiter subrogatur. Post obitum sancti Salvii hoc anno Desideratus Albiginsibus episcopus datus est.

XXIII. Magnę hoc anno pluviae fuerunt, amnesque in tantum prevaluerunt, ut plerumque naufragia evenirent. Ipsique litora excedentes, propinquas segetis[2] ac prata operientes, graviter eliserunt, fueruntque vernalis aestivique mesuris[3] tam inrigui, ut hiems magis potaretur esse quam aestas.

XXII [24]. Duae hoc anno insole[4] in mare divinitus incendio concrematę sunt, quę per dies septim cum hominibus pecoribusqui co[nsu]mptę subvertebantur || Nam qui in mare confugerent[5] et se in profundo pręcipitabant in ipsa qua mergebantur aqua || consumebantur gravioriqui supplicio, qui non confestim emittebant spiritum, uribantur. Redactisque omnibus in favilla, cuncta maris operuit. Ferebant etiam multa signa qua superius nos vidisse octavo mense narravimus, quasi arde[re] cęlum, ex hu[iu]s[6] incendii splendore fuisse.

---

1. *Corr.* Wandelenus. — 2. *Corr.* segetes. — 3. *Sic, pro* menses. — 4. *Corr.* insule. — 5. *Corr.* confugerent. — 6. *Corr.* huius.

XXIII [25]. In alia vero insolę, quę est proxima civitate Veneticę, erat stagnum validum piscibusqui refertum, quod in usu in te[1] altitudine conversum est in cruore; ita per dies multus.[2] congregata canum atqui avium inęstimabilis multitudo, sanguinem hoc lambens, saciata redebat in vesperum.

XXIIII [26]. Toronicis vero atque Pectavis Ennodius dux datus est. Berulius autem qui his civitatibus ante pręfuerat, pro thesauris Sighiberti regis, quos clam abstulerant, cum Arnegysilo socio suspectus habetur. Qui cum hoc ducatum in supradictis urbibus experit[3], a Rauchingo duce facto ingenio, cum satellite allegatur. Nec mora, missi ad domus eorum pueri expilant omnia, multa ibi de proprio, nulla de antedictis thesaures sunt || reperta; que omnia [ad] Childeberthum regem delata sunt. Cumque in hoc res ageretur, ut gladius cervicem deciderent, interventu episcopi obtenta vita laxati sunt, nihil tamen de his quę eis ablata fuerant recipientes.

XXVII. Desiderius vero dux cum aliquibus episcopis et Aridio abbate vel Antestio ad regem Gunthchramno properavit. Sed cum eum rex ęgre vellit accipere, victus precibus sacerdotum, in gracia sua recepit. Tunc ibi Eulalius adfuit, quasi pro coniuge, quę eum expreverat et ad Desiderium transierat, causaturus; sed in ridiculo et humilitate redactus, siluit. Desiderius vero remuneratus a rege, cum gracia est reversus.

XXVIII. Igitur, ut sępius diximus, Ingundis a viro cum imperatores exercitu derelicta, dum ad ip||sum principem cum filio parvolo duceretur, in Africa defuncta est et sepulta. Leuvichildus vero Herminichildum filium suum, quem ante dicta mulier habuit, morti tradedit. Quibus de causis commotus Gunthchramnus rex, exercitum in Spanis distinat, scilicet ut prius Septimaniam, quę adhuc infra

---

1. *Sic, pro* in unius ulnae altit. — 2. *Corr.* multos. — 3. *Corr.* expetiret.

Galliarum terminum habitur, eius dominacioni subderint, et sic in antea profeciscerentur. Dum autem hic exercitus moveretur, indeculum [1] cum nescio quibus hominibus rusticis est repertum. Quem et Gunthchramno regi legendum miserunt, hoc modo, quasi Leuvichildus ad Fredegundem scriberit, ut quodcumque ingenio exercitum illuc ire prohiberit [2], dicens : « Inimicus nostrus, id est Childebertum et matrem eius, velociter interemite ‖ et cum rege Gunthramno pacem inite, quod premiis multis coemite. Et si vobis minus est fortassis pecunia, nos clam mittemus, tantum ut que petimus impleamus. Cum autem de inimicis nostris ulti fuerimus, tunc Amelio episcopo ac Leube matrone bona tribuite, per quos missis nostris ad vos accedendi aditus reseratur. » Leuba enim est socrus Blaudastus ducis.

XXVIIII [40]. Et licet hec ad Gunthramno regem perlata et nepoti suo Childeberto in notitiam data fuissent, tamen Fredegundis duos cultrus ferreus fieri precepit, quos etiam caraxari profundius et venino infici iussit, ut scilicet, si mortalis adsultus vitalis non dissolverit febras, vel ipsa venini infeccio vitam possit velocius extorquere. Quos cultrus duobus clericis cum hec mandata tradedit, dicens : « Accepite hos gladius et quantocius pergite ad Childebertum regem, adsimilantes vos esse mendicus [3]. Cumque pedibus eius fueritis strati, quasi stipem postulantes, latera eius utraque perfodite, ut tandem Brunechildis, que ab illo adroganciam summit, eo cadente conruat, mihique subdatur. Quod si tanta est costodia circa puerum, ut accedere nequeatis, vel ipsam interemite inimicam. ‖ Mercis quoque operis vestri hec erit, ut, si mortui in hoc opere fueritis, parentibus vestris bonam tribuam, ipsis, que muneribus ditans, primus in regnum meum constituam. Interim vos timorem omnem omittite, nec sit trepidacio mortis in pectore. Noveritis enim, quod cunctus hominis hec causa contenit. ‖ Armate viriletate animus et conside-

---

1. *Corr.* indiculum. — 2. *Corr.* prohiberet. — 3. *Corr.* mendicos.

rate sepius fortis virus in bello conruere, unde nunc parentes eorum nobilis effecci, op(ed)ibus inmensis cunctis supereminent cunctisque precellent. » Cumque hec mulier loqueretur, clerice tremere cœperunt, difficile potantes hec iussa posse conplere. Ad illa dubius cernens, medificatus pocione direxit, quo ire precepit; statimque robor animorum adcrevit, promisseruntque se omnia que preceperat impleturos. Nihil minus vasculum ab hec pocione repletum ipsus levare iubet, dicens : « In die illa, cum hec que precipio facetis, mane, priusquam opus incipiatur, hinc potum summite. Erit vobis magna constantia ad hec peragenda » His ita instructis, demisit eos. Quibus pergentibus atque at urbem Sessionas accendentibus[1], a Rauchingo[2] duci capti discussique omnia reserant, et sic in carcere legati[3] sunt. Post dies vero paucus[4] Fredegundis, certa iam, quod fuissent impleta que fuerant imperata, misit puerum inquerere, quid aut rumur populi ferret, aut si aliquem inveniret indicantem, qui dicerit Childebertum iam interemptum fuisse. Egressus igitur puer ab ea, Sessiones urbem venit. Audiens denique hos in carcerem retenire, at ostium adpropinquat; set, cum loqui satellitibus cepisset, et ipsi camptus costodie mancipatur. Tunc omnes simul ad Childebertum regem directi sunt, discussisque veritatem aperiunt, indecantes se || a Fredegunde misus[5] ad cum Fol. 230. interemendum, dicentes : « Iussa regine suscepimus, ut nus egenus simularemus. Cumque pedibus tuis provoluti aliquid stipendii quererimus, ab his te gladiis transfodere voluemus. Quod si adsultu sig||niore gladius defixisset, Col. 399. ipsam venenum, quod ferrum erat infectum, animam velociter penetraret. » Hec his dicentibus, diversis supliciis adfecti, truncatis manibus auribusque et narribus, varii[s] sunt mortibus interempti.

XXX. Igitur Guntchramnus rex cummoveri exercitum in Spanis praecepit, dicens : « Prius Septimaniam proven-

---

1. *Corr.* accedentibus. — 2. *Corr.* Rauhingo. — 3. *Corr.* ligati. — 4. *Corr.* paucos. — 5. *Corr.* missus.

ciam dicioni nostrae subdite, quae Galliis est propinqua; quia indignum est, ut horrendorum Ghotorum terminus usque in Galliis sit extensus. » Tunc commoto omni exercitu regni sui, illud dirigit. Gentes vero, quae ultra Ararem Rodanumque et Sequanum cummanebant, cum Burgundionibus iuncte, Ararica Rhodinitacaque [1] litora tam de fructibus quam de pecoribus valde depopulati sunt. Multa homicidia, incendia praedasque in regione propria facientes, sed et eclesias denudantes, clericus ipsus [2] cum sacerdotibus ac reliquo populo ad ipsas sacratas Deo aras interementes, usque ad urbem Nemausus processerunt. Similiter et Byturigi, Sanctonici cum Petrocoricis, Ecolesenensibus vel reliquarum urbium populum, qui tunc ad antedicti regis imperio pertenebant, usque ad Carcasonam urbem devicti, similia mala gesserunt. || Sed cum ad urbem accessissent, reseratis sponte ab abitatoribus portis, nullo resistente, ingressi, nescio quo cum Carcasonensibus scandalo cummoto, urbem egressi sunt. Tunc Terrenciolus comis quondam urbis Lenuvicine [3], lapide de muro proiecto percussus, occubuit. Cuius caput truncatum ad vindictam adversariorum urbi delatum est. Ex hoc omnes populus timore preterritus, ad propria regredi destinans, universa reliquid, que vel per viam coeperat vel que secum adduxerat. Sed et Gothi per occultas insidias multas de his spoliatis interemerunt; exim in Tolosanorum manus incedentes, quibus, dum pergerent, multa intullerant mala, spoliati ac cesi vix propria contingere potuerunt. Hic vero, qui Ne||mausum adgressi fuerant, devastantes universa regionis, succensis domibus, incensis segitibus, decisis olivitis viniisque [4] succisis, nihil inclusis nocere potentes, ad alias urbes [5] progressi sunt. Erant enim valde munite et de cybis ac reliquis necessariis adplene referte, et horum urbana depopulantes urbisque minus inrumpere valuerunt. Tunc et Niccius dux cum Arvernis in hec expedicione commotus, cum reliquis urbis adsedit. Sed cum menus valerit, ad cedrum

---

1. *Corr.* Rhodiniticaque. — 2. *Corr.* clericos ipsos. — 3. *Sic, pro* Lemuvicine. — 4. *Corr.* olivetis veneisque. — 5. *Cod.* urb.

quoddam [pervenit] ; dataque fidis, sponte inclusi reserantes portas, eos credole tamquam pacificus susciperunt. Ille vero ingressi, postposito sacramento, praesidia cuncta diripiunt, animas in captivitate subdentes. Tunc, accepto consilio, unusquisque || ad propria est regressus. Tantaque per viam scelera, homicidia, predas, direpcionis per regionem propriam gesserunt, ut ea usquequaque memorare perlongum sit. Verumtamen quia segetis Provincię igni ab hisdem succensas diximus, fame atquae inaedia pereuntes per viam relinquebantur exanimis, nonnulli in fluminibus dimersi, plerique in sedicionibus arempti sunt. Ferebant enim amplius quam quinque milia in his stragibus fuisse peremptus [1]. Sed non eos qui remanserant coercebat aliorum interitus. Tunc Arverne regionis eclesię, quę vię publicę propinqua fuerunt, a ministeriis denudate sunt, nec fuit terminus male faciendi, nisi cum ad propria singuli pervenerunt. Quibus reversis, magna Guntchramno regem amaritudo cordis obsedit. Duces vero supradicti exercitus ad basilicam sancti Symphoriani martyris expetierunt. Veniente itaque rege ad eius solempnitatem, reprac entati sunt sub condicione audiencium in postmodum fuiurę. Post dies vero quatuor coniunctis episcopis necnon et maioribus natu laicorum, duces discutere coepit, dicens : « Qualiter nos hoc tempore victuriam obtenire possumus, quia ea quae patres nostri secuti sunt non costodimus? || Ille vero ęclesias edificantes, in Deum spem omnem ponentes, martyres honorantes, sacerdotes venerantes, victurias obtenuerunt gentesquę adversas, divino obitulante adiutorio, in ense et parma sępius subdederunt. Nos vero non solum Deum non metuemus, verum etiam sacra eius vastamus, || ministrus interfecimus, ipsa quoque sanctorum pignera in ridiculo discerpimus ac vastamus. Non enim potest obtenire victoria, ubi talia perpetrantur; ideo manus nostrę sunt invalide, ensis tepiscit, nec clepius nos, ut erat solitus, defendit ac protegit. Ergo si hoc meae culpę adscribitur, iam ca

---

1. *Corr.* peremptos.

Deus capite meo restituat. Certe si vos regalia iussa contempnetis et ea quae precipio implere differtis, iam debit securis capiti vestro submergi. Erit enim documentum omni exercitu, cum unus de prioribus fuerit interfectus. Verumtamen iam experire debemus, quid agi oporteat. Si quis iusticiam sequi destinat, iam sequatur; si quis contempnit, iam ulcio publica cervice eius inmineat. Satius est enim, ut parvi contumaces pereant, quam ira Dei super omnem regionem dependat innoxiam. » Hec rege dicente, responderunt duces : « Bonitates tuę magnanimetas, rex optime, enarrare facile non[1] potest; qui timor tibi in Deum sit, qui amor in ęclesiis, que reverentia in sacerdotibus, que pietas in pauperibus, quaeve dispensacio in egenis. Set quia omnia, quae gloria vestra profert, recta veraque esse censentur, quid faciemus, quod populus omnes in vicio est delapsus, omnique homine agere quae sunt iniqua delectat? Nullus regem metuit, nullus ducem, nullus comitem reveritur; et si fortesis alicui ista displicent, || et ea pro longevitate vitę vestre emendare conatur, statim sedicio in populo, statim tumultus exoritur. Et in tantum unusquisque contra || seniorem saeva intencione crassatur, ut vix credat evadere, si tardius silire nequiverit. » Ad haec rex ait : « Si quis sequitur iusticiam, vivat; si quis legem mandatumque nostrum respuit, iam pereat, ne nus[2] diucius hoc blasphemeum prosequamur. » Hęc eo dicente, advenit nuncius, dicens : « Richaredus, filius Leuvechildi, de Spanis egressus, Caput Arcetis castrum obtenuit et ex pago Tholosano maximam partem depopulatus est hominesque captivos abduxit. Ugernum Arelatense castrum inrupit resque cunctas cum hominibus abstullit et sic se infra murus[3] Nemausensis urbis inclusit. » Hęc audiens rex, Leodoghyselum in loco Calomniosi cognomento Egelanis ducem dirigens, omnem ci provinciam Arelatensem commisit, costodisque per terminus super quatuor virorum milia collocavit. Sed et Nececius Arvernorum dux similiter cum costidibus perrexit et finis regionis ambiit.

---

1. *Co* no, *corr.* non. — 2. *Corr.* nos. — 3. *Corr.* muros.

XXXI. Dum hęc agerentur, et Fredegundis apud Rothomagensem urbem cummoraretur, verba amaritudinis cum Pretextato pontifice habuit, dicens venturum esse tempus, quando exsilia, in qua detentus fuerat, reverterit. Et illi :
5 « Ego semper et in exilio et extra exilium episcopus fui, sum et ero, nam tu non semper regalem potenciam perfrueres. || Nos ab exisilio[1] proimur, tribuente Deo, in Fol. 241 v°. regnum; tu vero ab hoc regno demergeres in abysum. Rectius enim erat tibi, ut, relecta stulticia atque malicia,
10 iam te ad meliora converteres et ab hac iactancia, quia semper ferves, abstraheres, ut et tu vitam adipisceres ęternam[2]. et parvolum, quem genuisti, perducere ad legitimam [possis] etatem. » Hęc effatus, cum verba illius mulier graviter acceperit, se a conspectu eius felle fervens abstraxit.
15 Advenientem [autem] dominicae resurreccionis diae, cum sa||cerdus ad implenda ęclesiastica officia ad ęclesiam matu- Col. 403. rius properasset, antefanas iuxta consuetudinem incipere per ordinem coepit. Cumque inter [p]sallendum formolę decumberet, crudelis homicida adfuit, qui episcopum super
20 formolam quiescentem, extracto baltei cultro, sub ascella percutit. Ille vero vocem emitens, ut clerici qui aderant adjuvarent, null[i]us ope detantes[3] stantibus est adiutus. Ad ille plenas sanguine manus super altarium extendens, oracionem fundens et Deo gracias agens, in cubiculo suo inter
25 manus fidelium deportatus et in suo lectulo coniocatus est. Statimque Fredegundis cum Beppoleno duce et Ansoaldo adfuit, dicens : « Non oportuerat hęc nobis ac reliquae plebi tuę, o sancte erdus, ut ista tuo cultui evenerent. Sed utinam indecaretur, qui talia ausus est perpetrare, ut
30 digna pro hoc scelere subplicia susteniret. » Sciens autem || ea sacerdus[4] hęc dolose proferre, ait : « Et quis hęc fecit, Fol 242. nisi his qui regis interemit, qui sepius sanguinem innocentem effudit, qui diversa in hoc regno mala commisit? » Respondit mulier : « Sunt apud nus[5] peritissimi medici,
35 qui hunc vulnere medire[6] possint. Permitte, ut accedant a[d]

---

1. *Corr.* exsilio. — 2. *Corr.* eternam. — 3. *Corr.* ditantes. — 4. *Corr.* sacerdos. — 5. *Corr.* apud nos. — 6. *Corr.* medere.

te. » Et illi : « Iam, inquid, me Deus praecepit de hoc mundum vocare. Nam tu, qui his sceleribus princeps inventa es, eris maledicta in seculo, et erit Deus ultur[1] sanguinis mei de capite tuo. » Cum que illa discederit, pontifex, ordinata domo sua, spiritum exalavit. Ad quem sepiliendum Romacharius Constancie urbis episcopus advenit. Magnus tunc omnes Rothomaginsis civis, et praesertim seniores loci illius Francus meror obsedit. Ex quibus unus senior ad Fredegundem veniens, ait : « Multa enim mala in hoc seculo perpetrasti, sed adhuc peius non feceras, quam ut sacerdotem Dei iuberes interfecere. Sit Deus ultur sanguinis innocentes velociter. || Nam et omnes nus eremus[2] inquesitores mali huius, ut tibi diucius non liceat tam crudelia exercere. » Cum autem hec dicens discederet a conspectu regine, misit illa qui eum ad convivium provocaret. Quo rennuente, rogat, ut, si convivium eius uti non vellit[3], saltim vel poculum aureat, ne ieiunus a regale domo discedat. Quo expectante[4], accepto poculo, bibit absencium cum vino et melle mixtum, ut mos barbarorum habet; sed hoc [potum] venenum inbutum erat. || Statim autem ut bibat, sensit pectore suo dolorem validum inminere, et quasi se incideretur intrinsecus, exclamavit suis, dicens : « Fugite, o miseri, fugite malum hoc, ne micum[5] pariter pariamini. » Illis quoque non bibentibus abire, hic protinus excecatus, ascensoque aequo, in tercio ab hoc loco stadio cecidit et mortuus est. Post hoc Leoaldus episcopus epistolas per omnes sacerdotes direxit, et accepto consilio, eclesias Rothomaginsis clausit, ut in his populus solemnia divina non expectaret, donec indignacione cummuni reperiretur huius auctur sceleres. Sed et aliquos adprehindit, quibus supplicio subditos[6] veritatem extorsit, qualiter per consilium Fredegundis hec acta fuerat. Sed et, ea defensante, ulciscere non potuit. Ferebant etiam, ad ipsum percussores venisse, pro eo quod hec inquirere sacaciter distinaret; sed costodia vallatus suorum, nihil ei nocere potue-

---

1. *Corr.* ultor. — 2. *Corr.* nos erimus. — 3. *Corr.* vellet. — 4. *Cod.* expectan, *corr.* expectante. — 5. *Corr.* inimicum. — 6. *Cod.* subdit *cum abb.*

runt. Itaque cum hec at Guntchramnum regem perlata fuissent, et crimen super mulierem iaceretur, misit tres episcopus ad filium, qui esse dicetur Chilperici, quem superius Chlothacharium scripsimus vocitatum, id est Arti-
5 meum Synonicum, Veranum Cavellonensem et Agricium Trecassinum, ut scilicet cum his, qui parvolum nutriebant, perquirerent huius sceleres personam et in conspectu eius exiberent. Quod cum sacerdotes locuti fuissent, responderunt seniores : || « Nobis prorsus hec facta displicent, || et
10 magis ac magis ea cupimus ulcisceri. Nam non potest fiere[1], ut, si quis inter nos culpabilis invenitur, in conspectu regis vestri deducatur, cum nos possumus nostrorum facinora regale sanccione conpremere. » Tunc sacerdotes dixerunt : « Noveritis enim, quia, si persona que hec perpetravit in
15 medio possita non fuerit, rex noster cum exercitu hic veniens, omnem hanc regionem gladio incendioque vastavit, quia manifestum est, hanc interficisse gladio episcopum, qui maleficus Francum iussit interemi. » Et his dictis, discesserunt, nullum racionabilem responsum accipientes,
20 obtestantes omnino, ut numquam in eclesia illa Melancius, qui prius in loco Pretextato subrogatus fuerat, sacerdotes fungeretur officium.

XXXII. Multa enim mala hoc tempore gesta sunt. Nam Domnola, relicta quondam Burguleni, que fuit filia Victuri
25 Redonensis episcopi, quam Nectarius matrimonio copulaverat, intencione de vineis cum Boboleno, referendario Fredegundis, habebat. Audiens autem ea in his veneis advenisse, misit noncius[2] obtestantes, ne ingredi penitus in hac possessione presumerit. Quod illa dispiciens et res
30 patris sui fuisse proclamans, ingressa est. Tunc ille, commota sedicione, super eam || cum armatis viris inruit. Qu(i)a interfecta, vineas vindicavit resque deripuit[3] et tam virus quam mulieres qui cum ea erant interfecit gladio, nec remansit ex his, nisi qui fuga lapi[4] potuit.

---

1. *Corr.* fieri. — 2. *Corr.* nuncios. — 3. *Corr.* diripuit. — 4. *Corr.* labi.

XXXIII. Extetit igitur in his diebus aput[1] urbem Parisiacam mu|||lier, que dicerit[2] incolis : « Fugite, o! ab urbe et scitote eam incendio concremandam. » Que cum a multis inrideretur, quod hec aut sorcium praesagio dicerit aut qualiqua somniasset aut certe demonii meridiani hec instinctu proferret, respondit : « Nequaquam est ita, ut dicitis, nam in veritate loquor, quia vidi per somnium ad basilica sancti Vincenti veniente virum inluminatum, tenente manum caereum et domus necutiantum[3] ex ordine succendentem. » Denique post terciam noctem, quod hec mulier est effacta, inchoante crepusculo, quidam e civibus, accensu[4] lumine, in prumptuario est ingressus, adsumptoque oleo hac ceteris que necessaria erant, abscessit, lumine secus cupella olei derelicto. Erat enim domus hęc prima secus portam, que ad mediam diem pandit egressum. Ex quo lumine adprehensa domus incendio concrematur, de qua et alia adpraehendi ceperunt. || Tunc cruente igne super vinctus carceres, aparuit eis beatus Germanus, et cumminuens trabem atque catenis, quibus vincti tenebantur, reserato carceres osteo, vinctus habire permisit incolomis. Ille vero egressi, se ad basilicam sancti Vincenti, in qua sepulchrum habetur beati antestitis, contulerunt. Igitur cum per totam civitatem huc adque illuc flante vento flamma feritur, totisque viribus regnaret incendium, adpropinquare ad aliam portam coepit, in qua beati Martini oraturium habebatur, qui ob hoc aliquando factum fuerat, eo quod ibi lepram maculosi homines osculo depulisset. Vir autem, qui eum intextis vircultis in sublime construxerat, confisus in || Domino nec debeat in[5] Martini virtute diffisus, se resque suas infra eius parietis ambiit, dicens : « Credo enim, et fides mea est, quo drepellat ab hoc loco incendium, qui sepius incendiis imperavit et in hoc loco leprosi hominis cutem, osculum medente, purgavit. » Adpropinquante enim illuc incendium, ferebantur valedi globi flammarum, qui percucientes parietem oraturii, protenus tepiscebant. Clamabat

---

1. *Corr.* apud. — 2. *Corr.* dicerte. — 3. *Corr.* necuciantium. — 4. *Corr.* accenso. — 5. *Sic, pro* de beati.

autem populus, viro ac mulierum : « Fugite, miseri, ut evadere possetis. Ecce iam igneum pondus super vos diruit, ecce favelle incendii cum carbonibus tamquam validus imber ad vos usque distenditur. Egrediemini ab oraturio, ne
5 cum eodem incendio concremimini. » Ad illi oracionem fundentes, numquam ab his vocibus movebantur. Sed nec mulier se umquam a fenestra, per quam interdum flamma ingrediebantur, amovet, que erat spę firmissima de virtute beati antestitis premunita. Tantaque fuit virtus beati ponti-
10 ficis, ut non solum hoc oraturium cum alumni proprii domo salvaret, verum etiam nec aliis domibus, qui in circuiti erant, nocere flammas dominantibus permissiset. Ibique cecidit incendium, quod ab una parte pontes ceperat desevire. Ab alia vero parte tam valide cuncta conflagravit,
15 ut amnis finem inponerit. Verumtamen ęclesia cum domibus suis non sunt aduste. Agebat enim, hac urbem quasi consecratam fuisse antiquitus, ut non ibi incendium prevaleret, non serpens, non glerus aparuisset. Nuber autem, cum cuniculum pontis emundaretur, et coenum, de qua repletum
20 fuerat, auferetur, serpentem cleremque aereum repe(re)rerunt. Quibus ablatis, et cleres ibi deinceps extra numero et serpentes aparue runt, et postea incendia perferre coepit.

XXXIIII. Et quia princeps tenebrarum mille habit artes nocendi, quid de reclausis a Deo devotis nuper gestum
25 fuerit, pandam. Vennocus Britto presbiterii honore preditus, cui in alio libro meminimus, tante se abstinencie dedicavit, ut indumentum de pellibus tantum uteritur, cybum de erbis agrestibus incoctis sumerit, vinum vero tantum vas ad hos poneret, quod magis potaretur libare osculo quam
30 aurire. Sed cum eidem devotorum largitas frequenter exiberet vasa ho plena licore, dedicit, quod peius est, extra modum aurire et in tantum dissolvi pocione, ut plerumque ebrius cerneretur. Unde factum est, ut, invalescente temulencia, tempore procedente, a dęmonio correptus, per iner-
35 ciam vexaretur, in tantum ut, accepto cultro, vel quodcumque genus tele sive lapidem aut fustem potuisset arepere, post

homines insano furore discurrerit. Unde necessitas exigit, ut catenis vinctus costodiretur in cella. In hoc quoque damnacione per duorum annorum spacia debachans, spiritum exalavit. Alius quoque Anatholius Burdegalensis puer, ad ſer̄, annorum duodecem, cum esset famulus cuiusdam neguciatores, petiit sibi ad reclausionem || licencia tribui. Sed, resistente diu domino, potans eum in hoc tepiscere adque implere non posse in hac ętate quod nitebatur adpete[re], tandem victus precibus famoli, facultatem tribuit, ut id quod fagitabant impleret. Erat autem ibi cripta ab antiquis transvolutum eleganteque opere exposita, in cuius angulo erat cellula parva de quadratis lapidibus clasa, in qua vix unus stans homo recipe possit. In hac cellola puer ingreditur, in hac per octo aut eo amplius annus commoratus, tenui cybo potuque contentus, vigiliis oracionibusque vagabat. Post hec pavorem validum perpessus, clamare cepit intrinsecus se torqueri. Unde factum est, ut, adiuvante ei, ut credo, diabolici partis milicia, amotis quadris quibus conclusis tenebatur, eliderit parietem in terram, conlidens palmas et clamans se a sanctis Dei peruri. Cumque diutissime in hac insania teneretur et sancti Martini si prius confiteretur nomina, ac dicerit, se pocius ab eo quam a sanctis aliis cruciare, Thoronus adducetur. Sed malus episcopus, credo, ob virtutem adque magnitudinem sancti conpressus, nequaquam hominem mutelavit. Nam in loco ipso per anni circulum || degens, cum nihil malę pateretur, regressus est, sed rursus que caruerat incurrit.

XXXV. Legati de Spaniis regem Guntchramnum venerunt cum multis muneribus, pacem petentes, sed nihil certi accipiunt in responsis. Nam anno || preterito, cum exercitus Septemaniam debellasset, navis, que de Galleis in Galliciam abierant, ex iusso Leuvieldi regis vastate sunt, res ablate, hominis cęsi atque interfecti, nunnulli[1] captivi abducti sunt. Ex quibus pauci quodadmodo scafis erepti, patrię quę acta fuerant nonciaverunt.

---

1. *Corr.* nonnulli.

XXXVI. Igitur apud Childebertum regem Magnoaldus causis occultis ex iusso regis interfecitur hoc modo. Stante infra Metensis urbis palacium regem et ludum expectante, qualiter animal caterva canum circumdatum fatigabatur, Magnoaldus arcersitur. Quo veniente et nesciente que orta erant, cum reliquis dissoluti riso, prospicere pecutem cepit. Ad his cui iussum fuerat, cum viderit eum expectaculum intentum, librata secure caput eius inlisit. Qui cecidit et mortuus est, ac per fenestram domus proiectus, a suis sepultus est; resque eius protinus direptę, ęrario publico, in quantum repertum est, sunt inlate. Autumabant tamen quidam, eo quod post mortem fratres diversis plagis coniugem affectam interfecissit et uxorem fratres adscessit toro, extetisse causam, qua interemerit.

XXXVII. Post hec Childeberto rege filius natus est, qui a Magneroco Treverorum episcopo de sacro fonte susceptus, Theo[de]bertus est vocitatus. De quo tantum gaudium Guntchramnus rex habuit, ut statim legatus dirigens, multę munera transmitterit, dicens : « Per hunc enim Deus eregere Francorum regnum propria magestates sųę pietati dignabitur, si hunc pater aut ipsi viverit patri. »

XXXVIII. Anno denique XI regni Childeberti regis legati iterum de Spanis venerunt, pacem petentes, sed nihil certi obtenentes, regressi sunt. Richaredus autem, filius Leuvichilde, usque Narbonnam venit et infra terminum Galliarum predas egit et clam regressus est.

XXXVIIII. Eo anno multi episcoporum opierunt[1]. Bategiselus[2] vero Cenomanorum episcopus, vir valde sevus in populo, auferens sive deripuens iniuste res diversorum. Ad cuius animum acervum adque inmitem coniux accesserat sevior, quę illum in cummittendis[3] sceleribus nequissimus consilii stimolis[4] perurguebat. Nec pręteribat dies aut

---

1. *Corr.* obierunt. — 2. *Corr.* Badegisilus. — 3. *Corr.* committendis. — 4. *Corr.* stimulis.

Fol. 247. momentum ullum, in quo non aut in spoliis civium || aut in diversis altercacionibus grassaretur. Cotidię autem cum iudicibus causas discutere, milicias seculares exercere, sęvire in alius, alius cędibus agere non cessabat, manibus etiam propriis verberare, proterire multus ac dicere : « Non ideo, quia clericus factus sum, et ultur iniuriarum mearum non ero ? » Sed quid dicam de ceteres[1], cum nec ipsis quoque germanis parcerit[2], sed ipsus[3] magis expoliaverit? Cum quo nunquam iusticiam de rebus paternis maternisvę adsequi potuerunt. Quinto autem anno episcopatus sui expleto, cum iam sextum ingrediens aepulum civibus cum inmensa lęticia praeparasset, a febre correptus, annum quem coeperat protinus, morte inminente, finivit. In cuius loco Berthramnus Parisiacus archidiaconus subrogatus est. Qui multis altercacionibus cum relicta illius defuncti habuisse probatur, eo quod res, que tempore Badegisili episcopi ęclesię datę fuerant, tamquam proprias retenebat, dicens : « Milicia hec fuit viri mei. » Et licet invita, tamen cuncta restituit. Erat enim ineffabili milicia[4]. Nam sepius viris omnia pudenda cum ipsis ventris pellibus incidit, feminis secriciora[5] corpores loca lamminis candentibus perussit et multa alia iniqui

Fol. 247 v°. gessit, que tacere melius potavi. Obiit || et Sabaudus
Col. 411. Arelatensis episcopus; in cuius loco || Licerius regis Gunchramni[6] refrendarius est adscitus. Gravis tunc Provinciam ipsam lues debellata est. Obiit et Euvantius Viennensis episcopus; in cuius sede Virus presbiter de senatoribus, rege elegente[7], substituetur. Multique eo anno sacerdotum ex hoc mundo migrati sunt, quod preterire volui, eo quod unusquisque in urbe sua sui reliquerit monomenta[8].

XL. Fuit autem et in orbe Thoronica Pelegius quidam, in omni malicia exercitatus, nullum iudicem metuens, pro eo quod iumentorum fiscalium costodis sub eius potestate consisterent. Ob hoc furta, superventa, pervassionis, cędis

---

1. *Corr.* ceteris. — 2. *Corr.* parceret. — 3. *Corr.* ipsos. — 4. *Sic,* pro malicia. — 5. *Corr.* secreciora. — 6. *Corr.* Guntchramni. — 7. *Corr.* eligente. — 8. *Corr.* monimenta.

deversaque scelera tam in fluminibus quam in terris agere non cessabat. Nam plerumque arcersitum et minactibus lenibusque verbis, ut ab hac malicia desisterit, proibere volui; sed magis odia, quam aliquod fructum iusticię ab eo recepe[1] iuxta illud Salamoneacę sapiencię proverbium[2] : *Argue stultum, adiciet odire te.* Nam tantum in me odium miser habebat, cęsisque homibus[3] sanctę ęclesię, exanimis reliqueret[4], causasque, qualiter ęclesię vel basilicę sancti Martini damna intenderit, inquirens. Unde factum est, ut quadam vice venientibus hominibus nostris atque ethymnum in vasis deferentibus cęderit, ipsaque vasa dereperit[5]. Quod factum cum conperissem, eum a commonione[6] suspendi, non quasi ultur iniurie mee, sed ut facillius eum ab hac insania ‖ redderem emendatum. Ad illi, electis duodecem[7] viris, ut hoc selus periuraret, advenit. Sed cum ego nullum vellim sacramentum suscipere, conpulsus ab eo vel a civibus nostris, amotis reliquis, ipsius tantum iuramentum suscipi, iussique eum recipi in commonionem[8]. Erat autem eo tempore mensis primus. Adveniente autem mense quinto, quo prata secare solent, pratum sanctimunialium, qui terminum prati sui adherebat, pervadit. In quo statim ut falcem misit, febre correptus, die tercio spiritum exalavit. Deposuerat enim sibi sepulchrum in basilicam sancti Martini vici Condaten‖sis, quod detectum, sui effractu in frustra reppererunt. Sic postea in porticum ipsius basilicę est sepultus. Vasa quoque ethyni, qua periuraverat, post obitum illius ab eius prumptuario sunt delata. Manifesta est autem virtus beatę Marię, in cuius basilicam miser sacramentum protulit mendax.

XLI. Cum autem per totam [terram] sonus illi percurrerit, Pretextatum episcopum a(f) Fredegunde fuisse interfectum, illa quoque, quo facilius detergeretur a crimine, adprehinsum puerum cędi iussit, vehementer dicens : « Tu hoc blasphe-

---

1. *Corr.* recipe. — 2. *Prov.* 9, 8. — 3. *Corr.* hominibus. — 4. *Corr.* relinqueret. — 5. *Corr.* direperit. — 6. *Corr.* communione. — 7. *Corr.* duodecim. — 8. *Corr.* communionem.

mium super me intulisti, ut Pretextatum urbis Rothomaginsis[1] episcopum gladio adpeteris. » Tradedit[2] eum nepote ipsius sacerdotis, et cum eo in supplicio posuisset, omnem rem evidenter aperuit dixitque : « A regina enim Fredegunde centum soledus accepi, ut hoc facerem, a Melantio vero episcopo quinquaginta et ab archediacono[3] civitates alius quinquaginta; || insuper et promissum abuit, ut inienuus fierim, sicot et uxor mea. » In ac voce illius evaginatum homo illi gladium predictum reum in frustra concedit[4]. Fredegundis vero Melancium, quem prius episcopum posuerat, eclesię instituet.

[XLII.] Per quam cum Beppolenus dux valde fatigaretur, nec juxta personam suam ei honor debetus inpenderetur, caernen[s se] dispici, ad Guntthramno regem habiit. A quo accepta potestate ducatus super civitates illas, que ad Chlotharium, Chilperici regis filium, pertenebant, cum magna potencia pergit, sed a Rhedonicis non est receptus. Andegavos vero veniens, multa mala ibi gessit, ita ut anonas, fenum, vinum, vel quidquid reperire potuisset in domibus civium ad quas accesserat, nec expectatis clavibus, disruptis osteis, devastaret; multusque de habitatoribus loci cedibus adfecit protivitque; Domigisilo quoque mecum[5] intulit, set pacificatus est cum eo. Accedens autem ad urbem, dum epularetur cum diversis in tristico, subito effractum pulpitum domus, vix semivivos evasit, multis || debilitates; in eisdem tamen malis perdurans, que prius gesserat. Multa tunc et Fredegundis in regno filii sui de rebus eius evertit. Ipse quoque ad Rhethonicus rediens et eis regi Guntchramno || subdere cupiens, filium suum in hoc loco rel[i]quid. Qui non multum intercedente tempus, inruentibus Rhedonicis, interemptus est cum multis honoratis viris. Hoc anno multa signa aparuerunt; nam mense septimo arbores ulsi[6] sunt floruisse, sed et multę, que prius poma

---

1. *Corr.* Rothomagensis. — 2. Tradidit. — 3. *Corr.* archidiacono. — 4. *Corr.* concidit. — 5. *Sic, pro* metum. — 6. *Sic, pro* visi.

habuerunt, nova dederunt, que usque natalis dominici tempore in ipsis arboribus habitę sunt. Fulgur[1] per cęlum in modum serpentes cucurresse visus est.

[XLIII.] Anno quoque duodecimo Childeberti regis, Niccius Arvernis rectur Massiliensis provincię vel reliquarum urbium, que in illis partibus ad regnum regis ipsius pertinebant, est ordinatus. Antestius vero in Andecavo a rege Guntchramno dirigetur, multis ibidem damnis adfligens eos, qui in morte Domnolę, uxores Nectarii, mixti fuerunt. Resque Boboleni, eo quod fuerit huius caput sceleris, in fisco redactis, Namnetas accessit ac lacessire Nonnitium episcopum coepit, dicens : « Quia filius tuus in hoc facinus est admixtus, ut dignas pro cummissas suis poenas luat, meritum exiit. Sed puer consciencię acusante territus, ad Chlotharium, filium Chilperici, aufugiat. Antestius vero, acceptis fideiussoribus ab episcopo, ut in presencia regis adesset, Santonas venit. Sonus autem his diebus exierat, quod Fredegundis occultus in Spanis nuncius dirigerit, eiusdemque a Paladio urbis Santonicę episcopo clam susceptus et inantea transmisus fuisse. Erant autem eo tempore dies quadraginsimę sanctę, et episcopus in insola maris oracionis causa secesserat. Se(d)cundum consuetudinem autem, dum ad dominicę cęnę festę ad ęclesiam suam, populo expectante, rediret, ab Antestio in via vallatur. Qui, nec discussa rei veritatem, dicebat : « Non ingredires urbem, set exilio condemnaberis, quia suscepisti nuncius inimicę domini nostri regis. » Ad ille : « Nescio, ait, quid loqueris. Tamen quia dies sancti imminent, accedamus ad urbem, decursisque solemnitatum sanctarum festis, postea quecumque volueris obpone, racionem a me accipies; quia quod reputas nihil est. » Ad illi : « Nequaquam, inquid, set non adtingis limina ęclesię tuę, quia infidelis aparuisti domino nostro regi[2]. » Quid plura? Teneretur in via episcopus, domus ęclesię discribitur. Cuius cum homini

---

1. *Corr.* fulgor. — 2. *Corr.* rege.

obtenere non quiunt, ut saltim vel celebrata solemnitate paschali discuciatur. Hisque supplicantibus et illo rennuente, tandem patefecit nullusque latebat in pectore. « Si, inquid, domum, quam infra terreturii[1] Biturigi termino habere dinuscitur, [mea] dicione, facta vindicione, subdederit, que flagi-(li)tatis facio; alioquin non effugiat[2] manus meas, nisi tradatur exilio. » Metuit negare episcopus; scripsit subscripsit

Fol. 250. que ac tradedit agrum; et sic, datis fideiussoribus de presencia sua ante regem, in civitate ingredi permissus est. Transactis igitur diebus sanctis, ad regem pergit. Adfuit et Antestius, set nihil de his que opponebat episcopo potuit adprobare. Episcopus autem ad urbem redire iubetur et usque ad sinodum futurum dilatatur, si forte aliqua de his que oponebantur evedentius possent agnusci. Adfuit et Noncius[3] episcopus, qui, datis multis muneribus, abscessit.

Col. 415. [XLIIII.] Fredegundis vero qua||si ex nomine filii sui legatus ad Guntchramnum regem dirigit. Qui, reserata peticione, accepto responso, valedicentes abscedunt; sed, nescio quibus causis, paulolum aput metatum suum remorati sunt. Mane autem facto, procedente regi ad matutinis ac preeunte cereo visus est homo quasi ebreus[4] in angulo oraturio dormitare accentus gladio, cuius asta pariete sustentabatur. Hoc viso rex exclamavit, dicens, non esse sempliciter, hominem sub hoc horrore noctis tali in loco quiescere. Oppressus autem et lores revinctus, interrogabatur, quid sibi hec vellint, que ageret. Nec mora suplicio subdit[us, dicit se a legat]is qu advenerant, emissum fuisse, ut rex deberet interfici. Denique adprehinsi legati Fredegundis, nihil [de his] que interrogati sunt confitentur, dicentes : « Nos nihil ad aliud missus, nisi

Fol. 250 v°. legacionem, quam sugessimus, deferemus. » || Tunc hominem illum deversis plagis adfectum et carcere mancipatum legatus per diversa loca exilio condempnare precepit. Manifestissimi enim patuit, sub hoc loco a Fredegunde fuisse directus, ut regem interficere deberent, quod misericordi Domini non permisit. Inter quos Baddo senior habebatur

---

1. *Corr.* territurii. — 2. *Corr.* effugiet. — 3. *Sic, pro* Nonnichius. — 4. *Corr.* ebrius.

[XLV.] Cum autem legati de Hispaniis crebro ad regem Guntchramno venerent et nullius pacis graciam obtenire potuissent, sed magis inimicicia pululeret, rex Guntchramnus Abegensem[1] urbem nepoti suo Childeberto reddedit. Quod cernens Desiderius dux, qui maxime in eiusdem urbis terreturio meliora facultate suae con||diderat, timens, ne ultio expeteretur ab eo propter antiquam inimiciciam, quod aliquando in eadem civitatem exercitum glorie suę[2] memorię Sigiberthi reges graviter adfecisset, cum Tetradia uxorem suam, quam Elalio[3] nunc Arverno comite abstullerat, in termino Tholosano cum rebus omnibus transiens, exercitum cummovit et contra Gothus[4] abire disponit, divisis prius, ut ferunt, rebus inter filius et coniugem. Adsumptoque secum Austroaldo comite, Carcasonam petit. Preparaverant enim se, hoc audito, urbis illius civis, quasi resistere volentes; audierant autem de his prius. Denique, inito bello, fugire Gothi coeperunt, et Desiderius cum Austrovaldo a tergo cedere hostem. Illis quoquę fugientibus, hic cum paucis ad urbem accessit. Lassati enim fuerant || equitis sociorum. Tunc ad portam urbis accedens, valatur a civibus, qui infra murus erant, interfectus est cum his omnibus, qui eum fuerant prosecuti, ita ut vix pauci exinde quodadmodo evaderent, qui rem, ut gesta fuerat, nonciarent. Austrovaldus vero audiens Desiderium mortuum, de qua[5] regressus, ad regem perrexit; qui mox in eius locum dux statuitur.

Col. 416.

Fol. 251.

[XLVI.] Post hec Leuvighildus rex Hispanorum egrotare coepit, sed, ut quidam adserunt, penitenciam pro errore heretico agens et obtestans, ne huic heresi quisquam repperiretur consentaneus, in legem catholicam transiit, ac per septem dies in fletu perdurans pro his que contra Deum molitus est, spiritum exalavit. Regna[vit]que Richaredus, filius eius, pro eo. ||

Fol. 251 vº vacat.

---

1. *Corr.* Albegensem. — 2. *Sic, pro* gloriose. — 3. *Corr.* Eulalio. — 4. *Corr.* Gothos. — 5. *Sic, pro* via.

INCIPIUNT CAPITULA LIBER VIIII.

I. De Richaredo et legatis eius.
II. De obito[1] beatae Radegunde.
III. De eo, qui cum[2] cultro ad Gunthchramni[3] rege venit.
IIII. Quod Childeberto alius natus est filius.
V. De prodigiis.
VI. De seductoribus et ariolis.
VI [VII]. De remucione[4] Ennodi et de Wasconibus.
VII [VIII]. De presencia Gunthchramni Bosonis.
VIII [VIIII]. De interitu Ursonis Raucingi.
VIIII [X]. De interitu Gunthchramni Bosonis.
XI. Quid re regis[5] viderunt.
XII. De interitu Ursonis ac[6] Bertefledc.
XIII. De Baddone, qui in legacione[7] habiens, retentus et post duo dimissus est; et de morbo deniticori[8].
XIIII. De pace Egidi episcopi et Lupi ducis.
XV. De legacione ipsius ad reges nostros.
XVI. De conversione Richarede.
XVII. De exiguetate[9] anni uius.
XVIII. De Brittanis et opitu Namati episcopi.
XVIIII. De interitu Sichari civis Toronici. ||
XX. De eo quod Guntchramno rege in legacione[10] pro costodienda[11] pace direxit.
XXI. De elimosinis et bonitates ipsius regis.

---

1. *Corr.* obitu. — 2. *Add.* cum. — 3. *Corr.* Guntchramno. — 4. *Corr.* remocione. — 5. *Corr.* reges. — 6. *Corr.* et. — 7. *Corr.* legatione. — 8. *Sic, pro* desenterico. — 9. *Corr.* exiguitate. — 10. *Corr.* legatione. — 11. *Corr.* custodienda.

XXII. De luae Massiliensis urbis.
XXIII. De obitu Agerici episcopi et socessore[1] eius.
XXIIII. De episcopatu Fromii.
XXV. Quod exercitus Childeberthi [in]Italia habiit.
XXVI. De obitum Ingobelgae reginae.
XXVII. De obitu Amalonis.
XXVIII. De escibus[2], qua[3] Brunichildis regina transmisit.
XXVIIII. Quod Langobardi pacem ad Childebertum regem petierunt.
XXX. De scriptoribus urbis Pectavae atque Toronice.
XXXI. Quod Guntchamnus rex exercitum in Septimania direxit.
XXXII. De inimicicia[4] inter Childebertum et Guntchamnum.
XXXIII. Quod Ingitrudis relegiosa ad Childebertum habiit, contra filiam suggesturam.
XXXIIII. De inimiciciis[5] Fredegundis com filia sua.
XXXV. De interitu Waldonis. ‖
XXXVI. Quod Childebertus rex Theodoberthum[6] filium suum[7] Resona[8] direcxit.
XXXVII. De [D]roctegisilo episcopo.
XXXVIII. De id quod aliqui contra Brunichildem regina migrare[9] voluerunt.
XXXVIIII. De scandalo in monistirio[10] Pectavense ortae per Chrodochelde et Basenane.
XL. De fonetrite[11] primis scandali.
XLI. De [ne]ce[12] in basilica sancti Hilari.

Fol. 253.

---

1. *Corr.* successore. — 2. *Sic, pro* speciebus. — 3. *Corr.* quas. — 4. *Corr.* inimicit'a. — 5. *Corr.* inimicitiis. — 6. *Corr.* Theodobertum. — 7. suum *erasum*. — 8. *Sic, pro* Sessonas. — 9. *Sic, pro* reginam agere. — 10. *Corr.* monastirio. — 11. *Sic, pro* fomite. — 12. *Corr.* nece.

XLII. Exemplare[1] epis‑   presbiter ad oc
     tule, quam sanc‑   scandalum miti‑
     ta Ratgundis   gando venit.
     episcopis di‑   XLIIII. De temperi[2] anni
     rexit.   presentis.
XLIII. Quod Teodoaldus

---

1. *Corr.* exemplar. — 2. *Corr.* temporibus.

EXPLICIT.

IN CHRISTI NOMINE INCIPIT LIBER VIIII. IN ANNO XII. CHILDEBERTI REGES.

I. Igitur posmortem[1] Leuvigilde Hispaniorum regis Richa- redus, filius eius, fedus iniit cum Gesintha, relicta patris sui, eamque ut matrem suscepit. Hec enim erat mater Brunechildis regine, matris Childeberti || iunioris[2]. Richaredus vero [de alia uxore erat filius] Leuivigildi. Denique, cum noverca habitu consilio, legatus[3] ad Gunthramno rege adque ad Childebertum dirigit, dicens : « Pacem habete nobiscum, et ineamus[4] foedus, ut adiutus presidio vestro, cum necessitas poposcerit, simele[5] nus condicione, intercedentae caritate, muniamus. » Venientes vero legati, qui ad Guntchramnum regem directi erant, aput[6] Matascense opidum[7] iusserunt resedere, ibique transmissus[8] [viris], rex causas cognovit, sed recepere[9] noluit verba eorum. Unde tales[10] postmodum inter eos inimicia pollulavit, || ut a civitates Septemanie nullom[11] de regno eius transire permitterent. Hi[12] vero qui ad Childebertum regem venerunt cum caritatem recepti sunt, datisque muneribus, accepta pace, cum muneribus sunt regressi.

II. Eo anno beatissima Radegundis ab oc[13] mundo migravit. Que magnum planctum in monasterio, quem constituerat, dereliquid. Fuitque[14] et ego presens ad eam sepiliendam. Obiit autem mense sexto, tertia decima die minsis, sepulta post triduum. Quem autem ibi ipsa die virtutes || apparuerunt, vel qualiter fuerit funerata, in libro Miraculorum plenius scribere statui.

---

1. *Corr.* post mortem. — 2. *Corr.* junioris. — 3. *Corr.* legatos. — 4. *Corr.* iniamus. — 5. *Corr.* simile. — 6. *Corr.* apud. — 7. *Corr.* oppidum. — 8. *Corr.* transmissis. — 9. *Corr.* recipere. — 10. *Corr.* talis. — 11. *Corr.* nullum. — 12. *Corr.* hii. — 13. *Corr.* hoc. — 14. *Corr.* Fuique.

III. Interia [1] advenit festivitas sancti Marcelli, que aput [2] urbem Cavelonnensem [3] mense septimo celebratur, et Guntchramnus rex adfuit. Verum ubi, peracta solemnia, ad sacrosanctum altarium cummunicandi gracia accessisset, venet [4] quidem quasi aliquid sugesturus. Qui dum prope||rat contra regem, cultrum ei de manu delabitur; adprehensumque repente, alium cultrum evaginatum in manu eius repperierunt. Nec more, ductus a basilica sancti, vinctus et turmentes [5] addictus, confitetur se emissus ad interficiendum regem, dicens : « Sic enim tractavit, qui me misit. » Quia cognovit rex multorum in se odia adgregata, et suspectus, ne percuciatur, omnino se a suis valari precepit; nec reperitur aditus, qualiter ad eum cum gladiis possimus [6] accedere nisi in eclesiam [7], in qua securus et nihil metuens stare denuscitur, verberitur [8]. Sed et his de quibus locutus fuit adprehinsis, multis || interemptis, hunc verberatum plagis demisit vivum, quia nefas potavit [9], si his qui ab ecclesię ductus fuerat truncaretur.

IIII. Eo anno Childeberti [10] rege alius fi[li]us [11] natus est, quem Veranus Cavelonensis episcopus suscipiens a lavacro, Teodorici nomen inposuit. Erat enim eo tempore ipsi [12] pontifex magnis virtutibus preditus, ita ut plerumque infirmis signum crucis inponens, statim sanitate, tribuenti Domino, restauraret.

V. Prodigia quoque multa dehinc apparuerunt. Nam vasa per domus [13] diversorum signis, nescio quibus, caraxata sunt, quę res nullo umquam modo aut erati potuit aut deleri. Inceptum est autem hoc (pro hoc) prodigium ab urbis Carnotine territurio; et veniens per Aurilianensem, usque Burdegalensem terminum peraccessit, non pretermittens ullam urbem, quę fuit in medio. In vineis vero, mense octavo,

---

1. *Corr.* interea. — 2. *Corr.* apud. — 3. *Corr.* Cavellonnensem. — 4. *Corr.* venit. — 5. *Corr.* tormentis. — 6. *Corr.* possemus. — 7. *Corr.* ecclesiam. — 8. *Corr.* dinoscitur, verberetur. — 9. *Corr.* putavit. — 10. *Corr.* Childeberto. — 11. *Corr.* filius. — 12. *Corr.* ipse. — 13. *Corr.* domos.

transacta vindimia, palmites novos cum uvis deformatis aspeximus. In aliis arboribus frondis novi[1] et nova visa sunt poma. Radii a parte aquilonis apparuerunt. Adserebant nonnulli vidisse se serpentes ex nube delapsos. Alii adfirma||bant, villam cum casis et hominibus subitania[2] Fol. 255. internicione evanuisse. Et multa alia signa apparuerunt, quę aut regis obitum adnunciare solent aut regiones excidium[3]. || Vindimia ex anno tenuis, aque validiae[4], pluviae inmense, Col. 422. flumina quoque granditer adausa fuerunt.

VI. Fuit eo anno in urbe Toronica Desiderius nomine, qui se magnum quendam esse dicebat, adserens se multa facere signa posse. Nam et nuncius[5] inter se adque Petrum et Paulumque apostolos discurrere iactitabat. Ad quem, quia presens non eram, rusticitas populi mugituram fluxerat, deferentes secum cecos et debiles, quos non in sanctitate /s sanare, sed rore[6] nigromantia ingeni[7] querebat inludere. Nam hos, qui erant paralitici aut alia[8] inpedite[9] debilitate, iubebat valide extendi, (a)ut quos virtutis[10] divini largicionis diregere non poterat, quasi per industriam restauraret. Denique adprehindebant[11] pu[e]ri eius manus hominis, alii vero diversis in partibus, ita ut verni[12] putarentur abrumpi, cum non sanarentur, demittebant exanimis. Unde factum est, ut in hoc subplicio multi spiritum exalarent. || [Tantoque miser Fol. 255 v° elatus erat,] ut iuniorem sibi beatum Martinum esse diceret, se vero apostolis coequaret. Nec mirum, si hic similem se dicat apostolis, cum ille auctor nequicie, a eo[13] ista procedunt, Christum se esse in fine seculi fatetur. Nam de oc animadversum est, ut superius diximus, error nigromantiae artes fuisse inbutum; qui autem[14] adserunt qui eum viderunt, cum quisque de eo procul et abdite quiquam locutus fuisset mali, coram populo atstante inproperabat[15], dicens, quia : « Oc[16] et illod[17] de me efatum[18] es, que

---

1. *Corr.* novis. — 2. *Corr.* subitanea. — 3. *Corr.* excedium. — 4. *Corr.* validae. — 5. *Corr.* nuncios. — 6. *Corr.* errore. — 7. *Corr.* ingenii. — 8. *Corr.* aliqua. — 9. *Corr.* inpediti. — 10. *Corr.* virtutes. — 11. *Corr.* adprehendebant. — 12. *Sic, pro* nervi. — 13. *Corr.* quo. — 14. *Corr.* quia, ut. — 15. *Corr.* properabat. — 16. *Corr.* hoc. — 17. *Corr.* illud. — 18. *Corr.* efatus.

sanctitate[1] mee erant indigna. » Et quid aliud nisi nonciantibus[2] demoniis cognoscebat? Habebat autem cucullam ac tonicam[3] de pilis cap[r]arum, et in presente quidem abtinens erat a **cibis et potum**, clam autem, cum in diversurio venisset, ita inferebat in ore, ut minister **non** ocurreret tantum poscenti porregere. Set[4] detecta dolositas eius et a nostris deprehensa, eiectus [est] extra urbis terminum.

Col. 423. Nec cognovimus deinceps, eo abisset; dicebat ‖ tamen ‖ se
Fol. 256. esse Burdigalensem. Nam et ante os[5] septem annos fuit et alius walde seductur[6], qui multos decepit dolosetate[7] sua. Hic enim colobio indutus erat, amictus desuper sindonem, crucem ferens, de qua dependebant ampulle, quas dicebant oleum sanctum abere. Agebat enim se de Spaniis adventare et reliquias beatissimorum ma[r]tirum Vincenti levite Felicisque martyres[8] exhibere. Sed cum iam vespere ad basilicam sancti Martini Thoronis advenisset, et nos convivio resederemus, mandatum misit, dicens : « Occurri ad reliquiis sanctis. » Cui nos, quia hora iam preterierat, diximus[9] : « Requiescant beatae reliquie super altarium, donec mane procedemus[10] ad occursum earum. » Set[11] ihe[12] primum diluculo consurgens, nec expectates nobis, advenit cum cruce sua et in cellola[13] nostra adfuit. Stupefactus ego et admirans levitatem, interrogo, quid sibi ec[14] vellent. Respondit qua[15] superbus et inflata voce : « Meliorem, inquid, occursum nobis exibere debueras. Sed ehe[16] ego in auri-

Fol. 256 v°. bus Chilperici reges ingeram ; ille ‖ autem ulciscetur dispeccionem[17] meam ». Et ingressus in oraturio, me postposito, ipse capitelum[18] unum adque alterum ac tercium dicit ; ipsce oracionem[19] profret et ipse consumat ; elevataque iterum cruce, ibat. Erat enim ei et sermo rusticus et ipsius linguae elatitudine turpis adque obscoena ; set[20] nec de eo sermo racionabiles procedebat. Qui usque Pariseus[21] acces-

---

1. *Corr.* sanctitati. — 2. *Corr.* nunciantibus. — 3. *Corr.* tunicam. — 4. *Corr.* sed. — 5. *Corr.* hos. — 6. *Corr.* seductor. — 7. *Corr.* dolositate. — 8. *Corr.* martyris. — 9. *Corr.* diximus. — 10. *Corr.* procedimus. — 11. *Corr.* Sed. — 12. *Corr.* hic. — 13. *Corr.* cellula. — 14. *Corr.* hec. — 15. *Corr.* quasi. — 16. *Corr.* hec. — 17. *Corr* despeccionem. — 18. *Corr.* capitellum. — 19. *Corr.* orationem. — 20. *Corr.* sed. — 21. *Corr.* Parisius.

sit. His enim diebus rogaciones¹ publice celebrabantur, que² ante sanctum dominice Ascensiones³ diem agi solent. Factum est autem, (a)ut, procedente Ragnemodo pontifice cum populo suo et loca sancta circumeunte, ut et hic cum cruce sua adveniens, inusitato populis exibens indumento, adiunctis publicanis ac rusticis mulieribus, et iste corum suum faciret⁴, et quasi cum sua multitudine loca sancta circuire temptat. Haec cernus⁵ episcopus, misit archidiaconum, dicens : « Si reliquias sanctorum exibes, pone eas paulo||lum in basilica et nobiscum celebra dies sanctus⁶; decursa autem solemnitatem⁷, profecisceris viam tuam. ». Col. 424. Ad ille parvi pendens, que ab rachidiaconum⁸ dicebantur, coepit episcopum cumvitiis ac malediccionibus prosequi. || Sacerdus vero intellegens cum seductorem, iussit eum Fol. 257. includi in cellolam. Perscrutatisque cunctis que abebat⁹, invenit cum e(v)o sacculum magnum plenum de radicibus diversarum herbarum; ibique edentes talpe et ossa murium et ungues aque¹⁰ adipes ursinos. Vidensque hec maleficia esse, cuncta iussit in flumine proici; ablataque ei cruce, iussit eum a termino Parisiace urbis excludi. Sed hic iterum, facta sibi altaera cruce, cepit que prius gesserat exercere ; captusque ab arcediacono et catenis vinctus, iussus est costodire¹¹. His diebus Parisius adveneram et ad basilicam beati Iuliani marthiris¹² metatum abebam¹³. Nocte igitur insequente erumpens miser iste de costodia¹⁴, cum ipsis quibus erat nexus catenis ad antedictam basilicam sancti Iuliani inproperat adque in pavimento, in loco quo ego stare eram solitus, ruit ac subore¹⁵ vinoque obpressus obdormivit. Nos vero ignari facto, media surgentes nocte ad redendas¹⁶ Domino gracias¹⁷, invenimus eum || dormentem. Fol. 257 v°. De quo tantus splendor¹⁸ egrediebatur, ut omnium cloacarum adque secessorum fetores fetur¹⁹ ille devinceret. Sed nec nos

---

1. *Corr.* rogationes. — 2. *Corr.* que. — 3. *Corr.* Ascensionis. — 4. *Corr.* faceret. — 5. *Corr.* cernens. — 6. *Corr.* sanctos. — 7. *Corr.* solemnitate. — 8. *Corr.* archidiaconum. — 9. *Corr.* habebat. — 10. *Corr.* adque. — 11. *Corr.* custodire. — 12. *Corr.* martyris. — 13. *Corr.* habebam. — 14. *Corr.* custodia. — 15. *Corr.* sopore. — 16. *Corr.* reddendas. — 17. *Corr.* gracias. — 18. *Sic*, pro fetor. — 19. *Corr.* fetor.

pre oc [1] fetore in basilicam ingredi no [2] potueramus. Accedens vero unus clericorum, clausis naribus, eum excitare nititur, nec potuit; ita enim erat miser madefactus vino. Tunc quatuor accedentes clerici, levantes eum inter manus, in uno angulo basilice proiecerunt; et exibentes aquas, abluto pavimento, resperso eciam [3] herbolas odorantis, sic egressi sumus explere cursum. Numquam tamen nobis [p]sallentibus potuit excitare, donec, dato terris die, altius solis lampas accenderet. Deinc [4] excusato reddidi sacerdotem. Convenientibus autem episcopis apod [5] urbem Parisiacam, dum haec in convivio narra||vimus, ipsum pro castigaciones gracia adesse precepimus. Quo adstante, elevatis Amelius Beorretane urbis episcopus oculis, cognoscit [6] eum suom [7] esse famulum sibique per fugam dilapsus; et sic excusatum receptum reduxit in patriam. Multi enim sunt, qui ha [8] seducciones exercentes, populum rusticum in errore || ponere non desistunt, de quibos [9], ut opinor, et Dominus in Euangelio ait [10] consurgere in novissimis temporibus pseodochristus [11] et pseodoprophetas [12], qui antes [13] signa et prodigia, eciam [14] elictus [15] in errore inducant. De is ita sufficiant; nos pocius ad praepositum rediamus [16].

VII. Ennodius cum ducato urbium Toronice atque Pectave minestraret [17], aduc [18] et Vice Iuliensis adque Benarne urbium principatum haccepit. Sed euntibus comitibus Toronice atque Pectave urbis ad regem Childeberthum, obtenuerunt eum a se movere. Ille vero ubi se remotum de is [19] sensit, ad civitates superius memoratas properat; sed dum in illis commoraretur, mandatum accepit ut se ab eisdem removerit; et sic accepto ocio [20], ad domum suam reversus, privati operis curam gerit. Wasconis [21] vero de muntibus [22] prorumpentes, in plana discendunt [23], vineas

---

1. *Corr.* hoc. — 2. *Corr.* non. — 3. *Corr.* etiam. — 4. *Corr.* dein. — 5. *Corr.* apud. — 6. *Corr.* cognoscet. — 7. *Corr.* suum. — 8. *Corr.* has. — 9. *Corr.* quibus. — 10. *Matth.* 24, 24. — 11. *Corr.* pseudochristos. — 12. *Corr.* pseudoprophetas. — 13. *Corr.* dantes. — 14. *Corr.* etiam. — 15. *Corr.* electos. — 16. *Corr.* redeamus. — 17. *Corr.* ministraret. — 18. *Corr.* adhuc. — 19. *Corr.* his. — 20. *Corr.* otio. — 21. *Corr.* Vascones. — 22. *Corr.* montibus. — 23. *Corr.* descendunt.

agrosque depopulantes, domus¹ tradentes incendio, nonnullus² abducentes captivus³ cum pecoribus. Contra eos⁴ sepius Austrovaldus dux processit, set⁵ parwam ulcionem⁶ exegit ab eis. Gothi vero propter superiores anni devasta-
5 cionem⁷, ‖ quam in Septimaniam regis Guntharmni exer- Fol. 258 v°.
citus fecit, in Arelatense provinciam proruperunt, egeruntque pretas⁸ adque captivos abduxerunt usque decimo ab urbe miliario. Unum etiam castro Ugernum nomine curribus atque abitatoribus⁹ dissolantes, nullo resistenti, regressi
10 sunt.

VIII. Gunthcharmnus vero Boso cum exosus¹⁰ regine haberetur, coepit per episcopus¹¹ ac proceris¹² dis‖currere Col. 426. et veniam sero precare, quam ante dispecxerat¹³. Nam cum rex Childebertus esset iunior, Brunechildem reginam sepe
15 conviciis atque inproperiis lacessibat; sed iniuriis, quę ei ab adversariis inferebantur, fautor exteterat. Set¹⁴ et rex ad ulciscendam iniuriam genetricis iussit eum persequi adque interfici. Illi¹⁵ vero cum se cerneret positum in disscriminę¹⁶, Veredunensem eclesiam¹⁷ petiit, per Agericum
20 prosum episcopum, qui erat reges¹⁸ pater ex lavacro, veniam inpetrare confidens. Tunc pontifex ad regem properat deprecaturque pro eo; cui rex cum negare nequiret quę petebat ‖ ait : « Veniad coram nobis, et datis fideiussoribus Fol. 259. in presentia patrui mei, quicquid illius iuditium decreverit,
25 exequamur. » Tunc adductus ad locum ubi rex morabatur, nudatus armis ad per manicas tentus, ab episcopo representatum rege. Ad cuius provolutus pedes, ait : « Peccavi tibi a¹⁹ genetrice tuę non oboediendo preceptionibus vestris, sed agendo contra voluntatem vestram adque utilitatem
30 publicam; nunc autem rogo, ut indulcatus²⁰ malis meis, que in vobis gessi. » Rex autem iussit eum elevari ad terra,

---

1. *Corr.* domos. — 2. *Corr.* nonnullos. — 3. *Corr.* captivos. — 4. *Corr.* quos. — 5. *Corr.* sed. — 6. *Corr.* ultionem. — 7. *Corr.* devastationem. — 8. *Corr.* predas. — 9. *Corr.* habitatoribus. — 10. *Corr.* exossus. — 11. *Corr.* episcopos. — 12. *Corr.* proceres. — 13. *Corr.* dispexerat. — 14. *Corr.* Sed. — 15. *Corr.* Ille. — 16. *Corr.* discriminę. — 17. *Corr.* ecclesiam. — 18. *Corr.* regis. — 19. *Corr.* ac. — 20. *Corr.* indulcatis.

et posuit in manu episcopi, dicens : « Sit penes te, sanctæ sacerdus[1], donec in presentia Gunthramni regis adveniat. » Et iussit eum discidere[2].

VIIII. Post haec Rauchingus cuniunctus[3] cum prioribus regni Chlotharii, fili[4] Chilperici, cumfregens[5] se quasi tracturus de pace, ut inter terminum utriusque regni nulla intencio[6] au[7] dereptio geretur[8], consilium habuerunt, ut, scilicet interfecto Childeberto rege, Rauchingus cum Theodoberto, seniore eius filio, Campaniæ regnum teniret[9], Ursio vero ac Bertefredus, iuniorem filium nuper genitum, qui Theodericus cognominatur, in se susceptum, excluso Gunthramno rege, relicum retenerat; multa eciam con[10] Brunehilde regina frementes, ut eam in contumiliam[11] redigerent, sicut prius fecerant in viduetate[12] sua. Rauchingus ergo summa elatus potenciam[13], et, ut ita dicam, ad ipsius regales exceptris se iactans gloriam, iter preparat ad Childebertem regem accidendi, ut consilium quod ingeret posset explere. Sed pietas Domini hæc verba in aures Gunthramni regis prius inposuit, qui, missis nuntiis clam ad Childebertem[14] regem, omnes ei molitionis has[15] in noticiam posuit, dicens : « Accelera velociter, ut videmur a nobis ; sunt enim causæ, que agi debeant. » Ad ille diligenter inquirens, que ei nuntiati[16] fuerant, vereque[17] esse cognuscens[18], arcersire Rauchingum iussit. Qui cum adfuisset, priusquam eum rex sue iussi adstare conspetui, datis literis[19] et pueris distinatis[20] cum evectione publica, qui res eius per loca singula deberent capere, iussit eum in cubiculum intromiti[21] ; locutusque cum eo alia ex aliis, egredi iterum de cubiculo iubet. Cumque egrederetur, a duobus ostiarius[22] pedibus adprehensus, ruit in gradibus oste[23], ita ut pars corpori

---

1. *Corr.* sacerdos. — 2. *Corr.* discedere. — 3. *Corr.* coniunctus. — 4. *Corr.* filii. — 5. *Corr.* cumfingens. — 6. *Corr.* intentio. — 7. *Corr.* aut. — 8. *Corr.* gereretur. — 9. *Corr.* teneret. — 10. *Corr.* contra. — 11. *Corr.* contumeliam. — 12. *Corr.* viduitate. — 13. *Corr.* potentiam. — 14. *Corr.* Childebertum. — 15. *Corr.* militiones. — 16. *Corr.* nuntiata. — 17. *Corr.* veraque. — 18. *Corr.* cognoscens. — 19. *Corr.* litteris. — 20. *Corr.* destinatis. — 21. *Corr.* intromitti. — 22. *Corr.* ostiariis. — 23. *Corr.* ostii.

eius esit[1] intrensecus[2], pars vero extrinsecus extenderetur. Tunc hi[3], qui iussi ad hec explenda parati erant, cum gladiis super eum ruunt, atque ita minutatim caput eius conliserunt, ut simile totum crebro potaraetur[4]; statimque
mortuos[5] est. Tunc denudatus et per fenestram eiectus, sepulture mandatus est. Erat autem levis in moribus, ultra umanum[6] genus cupiditate a[c] facultatibus ingens alienis, et ex ipsis diviciis walde[7] superbus, in tantum ut iam in ipso interitus sui tempore Clottarii regis se filium fateretur.
Multum tamen cum eo auri repertum est. Quo hic interfectu, protinus unus puerorum eius cursu veloci evolans, nunciavit[8] coniugi eius que acta erant. Haec vero per plateam Sessionacem civitates[9] comta[10] gra[n]dibus ornamentis ac gemmarum preciositatibus, vel auri fulgere obtecta,
ascen‖so aequo, precidentibus[11] pueris aliisque sequentibus ferebatur, adque ad basilicam sancti Crispini Crispiamque[12] properabat, quasi expectatura ‖ missas. Erat enim eo die passio marthyrum beatorum. Sed videns nuncium[13], per aliam plateam gressum retorque[n]s[14], proiectis in terra
ornamentis, in basilicam sancti Medardi antistites[15] confugit, ibique se tutare confessores presidio putans. Pueri vero, qui missi a rege fuerant ad requirendas res eius, tanta in thensauris eius rapperierunt[16], quanta nec in ipso aerarii publice regis poterant invenire; que[17] totum reges conspectibus
praesentarunt. Nam eo die, quo hic interfectus est, erant cum rege multi Thoronorum atque Pectavorum, de quibus tale fuit consilium, ut, si malum hoc perficere potuissent, hos subditus[18] subplicio, dicerent, qua : « Ex vobis fuit qui regem nostrum interemit; » eosque deversis[19] suppliciis
trucidatus, ultoris[20] se mortis regie esse iactarent. Sed Deus omnipotens consilia eorum, quia iniqua erant, dissipavit, inplevitque illud, quod scriptum est, quia[21] : *Foveam, quam*

---

1. *Corr.* esset. — 2. *Corr.* intrinsecus. — 3. *Corr.* hii. — 4. *Corr.* putaraetur. — 5. *Corr.* mortuus. — 6. *Corr.* humanum. — 7. *Corr.* valde. — 8. *Corr.* nuntiav·t. — 9. *Corr.* civitatis. — 10. *Corr.* cumta. — 11. *Corr.* precedentibus. — 12. *Corr.* Crispinianique. — 13. *Corr.* nuntium. — 14. *Corr.* retorquens. — 15. *Corr.* antistitis. — 16. *Corr.* repperierunt. — 17. *Corr.* que. — 18. *Corr.* subditos. — 19. *Corr.* diversis. — 20. *Corr.* ultores. — 21. Prov. 26, 27.

fratrem parabis, incedis[1] *in ea.* In loco tamen Rauchingi Magnovaldus diregitur[2] dux. Iam enim Ursio || atque Bertefredus, certi, quod Rauchigus[3] que conlocuti fuerunt[4] possit explere, collectu[5] exercitu, veniebant. Sed audientes, quod scilicet[6] tali fuissit[7] afectus interitus, adaucta adhuc[5] secum multitudinem hominum, que at eos pertinere videbatur, intra castrum Vabrinsem, que ville Ursiones propinquus erat, cum rebus omnibus se muniunt, conscii consilii sui, tractantes, ut, si rex Childebertus aliquid contra eos agere voluissit[8], virtute se ab eius exercitu defensarent. Caput enem ehorum[9] et causa malorum Ursio erat. Sed Brunehildis[10] regina mandatum misit Bertefredo, dicens : « Disiungere ab omine inimico, et habebis vitam. Alioquin cum eo interibis. » Filia enim eius ex lavacro regina susceperat[11], et ob hoc || misericordiam de eo habere voluit. Qui ait : « Nisi morte devellar ab eo, numquam a me relinquetur. »

X. Dum hec autem agerentur, iterum misit Guntchamnus rex ad nepotem suum Childebertum, dicens : « More omne abscidunt; || veni, ut te videam. Est enim certe necessitatis causa tam pro vite vestre commoda, quam pro utelitatibus[12] buplicis[13], ut videamus a nobis. » Haec illi[14] audiens, adsumta matrem cum sorore et coniuge, ad ocursum patrui distinat. Adfuit autem et Magnericus episcopus Treverice urbis. Venit eciam[15] Guntchramnus Boso, quem Agericus Veredunenses[16] episcopus sua in fide susciperat. Sed pontifex ille, qui pro eo fidem fecerat, non adfuit, quia convenerat, ut absque ullius defensione rege presentaretur, scilicet[17] ut se ipse decerneret eum morte debere, non excusaretur a sacerdote; sin autem ille vitam concideret[18], liberaverit. Sed, coniunctis regibus, pro diversis facultatibus culpabiles

---

1. *Corr.* incidis. — 2. *Corr.* dirigitur. — 3. *Corr.* Rauchingus. — 4. *Corr.* fuerant. — 5. *Corr.* collecta. — 6. *Corr.* scilicet. — 7. *Corr.* fuisset. — 8. *Corr.* voluisset. — 9. *Corr.* enim eorum. — 10. *Corr.* Brunechildis. — 11. *Corr.* susceperat. — 12. *Corr.* utilitatibus. — 13. *Corr.* publicis. — 14. *Corr.* ille. — 15. *Corr.* etiam. — 16. *Corr.* Veredunensis. — 17. *Corr.* scilicet. — 18. *Corr.* concederet.

indicatur; iussum est, ut inter[ficere]tur. Quod cum ille
conperisset, ad mansionem Magnerici convolavit, et clausis
osteis[1], secregatis[2] ab eo clericis vel famulis, ait : « Scito
te, beatissime sacerdus[3], magnum cum regibus honorem
habere. Et nunc ad te confugio, ut evadam. Hecce[4] percussores ad ostium, unde manifeste scias, quod, si ad te
non eruor, interfectu[5] te ‖ egrediar foras et moriar. Mani- Fol. 262.
festissime henim noveris, quia mors aut una nos occupat
aut par vite defensat. O sanctus sacerdus, scio enim te
patrem communem cum rege esse filio eius, et novi quoniam
quecumque petieris ab eo obtenebis; nec negarae omnino
poterit sanctitate[6] tuae quecumque poposceris. Ideoque
aut inpertire veniam, aut moriamor[7] simul. » Hec[8] autem
evaginato egebat[9] gladio. Turbatus auditu[10] episcopus ait :
« Et quid faciam, si hic atenior[11]? Demitte me, ut eam et
deprecer misericordiam regis; et fortassis miserebitur tui. »
Et ille : « Nequaquam, sed transmitte abatis[12] et creditus[13]
tuos, ut hec que loquor exponant. » Verumtamen non hec
rege, ut eran[t], nontiata[14] sunt; sed dixerunt, quod hec ab
episcopo defensaretur. Unde factum est, ut comotis[15] rex ‖
diceret : « Si episcopus inde egredire[16] noluerit, pariter Col. 430.
cum illo auctore perfidie periit. » Hec audiens episcopus,
direxit nuncius[17] ad regem. Qui cum ista narrasent[18], ait
rex Guntchramnus : « Inicite ignem in domum, et si exi[19]
nequiverit episcopus, pariter ‖ concrementur. » Hec audien- Fol. 262 v°.
tes clerici, effractum vi ostiom[20], sacerdotem eicunt[21] foras.
Tunc mirimus[22] cum viderit[23] se flammis validis ab utraque
parte vallare, accinctus gladio accedit ad ostium. Virum
ubi primun[24] limen domus egrediens gressum foris fixit,
statim unos[25] e populo, eiecta laucia[26], frontem eius inlisit.
Ad ille, hoc ictu turba[tus], quassi[27] amens, gladium eiecere

---

1. *Corr.* ostiis. — 2. *Corr.* segregatis. — 3. *Corr.* sacerdos. — 4. *Corr.* Ecce.
— 5. *Corr.* interfecto. — 6. *Corr.* sanctitati. — 7. *Corr.* moriamur. — 8. *Corr.*
Hęc. — 9. *Corr.* agebat. — 10. *Corr.* audito. — 11. *Corr.* a te tencor. — 12.
Corr. abbates. — 13. *Corr.* creditos. — 14. *Corr.* erant, nuntiata. — 15. *Corr.*
commotus. — 16. *Corr.* egredere. — 17. *Corr.* nuntios. — 18. *Corr.* nar-
rassent. — 19. *Corr.* exire. — 20. *Corr.* ostium. — 21. *Corr.* eiciunt. — 22.
Corr. miserrimus. — 23. *Corr.* videret. — 24. *Corr.* primum. — 25. *Corr.*
unus. — 26. *Corr.* lancea. — 27. *Corr.* quasi.

temtans, ab adtantibus¹ ita lanciarum² multitudine sauciatur, ut, deficxis in lateribus eius spiculis et sustentantibus astilibus, ad terram ruere non possit. Interfecti sunt et pauci qui cum eo erant expositique in campo simul. Pro quibus vix obtentum fuit cum principibus, ut terre conderentur. Fuit autem hic in actu levis, avariciae inhiens, rerum alienarum ultra modum cupidus, omnibus iurans et nulli promisa³ adimplens. Uxor autem eius cum filiis exilio data est, resque illius fisco conlate sunt. Multitudo autem auri argentique ac diversarum specirum⁴ in eius regestis reperta est. ‖ Sed et que subter absconderat, stimulante consciencia iniquitates⁵ sue, nun⁶ latuerunt. Ariolus ac sortis saepius utibatur⁷, ex quibus futura cognuscere⁸ cupiens, remansit inlusus.

XI. Rex vero Guntchramnus cum nepute⁹ suo ac reginis pacem firmavit, datis sibi invicem muneribus ac stabilitatis causis pupplicis, epolati¹⁰ sunt pariter. Laudabat enim Dominum Guntchramnus rex, dicens : « Refero tibi maximas gracias¹¹, omnipotens Deus, qui mihi prestetisti, ut videre mercar filios de filio meo Childeberto. Unde non me puto usquequaque a tua miestate¹² relicto, que mihi hec prestetisti¹³, ut videam filios filii mei. » Tunc Dinamium et Lupum ducem redditus¹⁴ rex Childebertus recepit, Cadurcum Brunechilde refudit. Et sic cum pace et gaudio iterum atque iterum Deo gracias agentes, conscriptis paccioni‖bus¹⁵, se remunerantibus et osculantes, regressus est unusquisque a[d] civitatem suam. ‖

XII. Childebertus vero rex, collecto exercitu, ad locum dirigi iubet, in eo Ursio ac Bertefredus inclusi morebantur¹⁶. Erat enim villa in pago Vabrense, cui inminebat mons arduus. In huius cacumine basilicam in onore¹⁷ sancti

---

1. *Corr.* adstantibus. — 2. *Corr.* lancearum. — 3. *Corr.* promissa. — 4. *Corr.* specierum. — 5. *Corr.* iniquitatis. — 6. *Corr.* non. — 7. *Corr.* utebatur. — 8. *Corr.* cognoscere. — 9. *Corr.* nepote. — 10. *Corr.* epulati. — 11. *Corr.* gratias. — 12. *Corr.* maiestate. — 13. *Corr.* prestitisti. — 14. *Corr.* redditos. — 15. *Corr.* pactionibus. — 16. *Corr.* morabantur. — 17. *Corr.* honore.

ac beatissimi Martini c( )structxit. Ferebat enim ib[1] castrum antiquitus fuisse; sed nunc non cura, sed natura tantu[2] munitus erat. In hac ergo basilica cum rebus atque uxoribus vel familia se antedicti concluserat. Commoto ergo exercito[3], sicot[4] diximus, Childebertus rex illuc dirigi iubet. Verumtamen comuti[5] omines[6], antequam ad eos haccederent[7], ubicumque aut villas aut res eorum repperire potuerunt[8], omnia incendio ac prede[9] tradiderunt, Accedentes autem ad unc[10] locum, ad muntem[11] prorepiunt[12] et basilicam cum armis vallant. Habebant autem quasi ducem tunc Ghodegisilum[13], Lupi ducis generum. [Cumque eos extrahere de basilica non valerent], ignem adpligare nituntur. Quod cernens Ursio, accinctus gladio, foris egressus est, tantaque cede hos qui adsedebant mactavit, ut, quanti in eius contemplacione advenissent, nullus vivens remanere possit. Ibet[14] Trufuldus palacii regis comis cecidit, et multi de hoc exercitu prostrati sunt. Cumque iam annillus ‖ de cęde Ursio cerneretur, percussus a quodam in femore, debilitatus ad terram ruit et sic, inruentibus aliis, vitam finivit. Quod cernens Godeghiselus, clamare cepit ac dicere : « Fiad nunc pax! Ece maximus inimicus domnorum nostrorum ruit; hic vero Bertefredus vitam habeat. » Haec eo dicente, cum omnes[15] populus ad dereptionem rerum, que in basilica adunathe fuerant, inhiaret, Bertefredus, ascenso equite, ad Veredunensem urbem dirigit. Ibique in oraturio[16], qui in domo aeclesiastica erat, secutari[17] putans, presertim cum et ipsi[18] pontifex Agericus in ac[19] domo resederet. ‖ Sed cum Childeberto rege[20] nunciatum fuisset effugisse scilicet[21] Bertefredum, perculsus cordis, ait : « Si hic mortem evaserit, non evadit Godeghiselus manus meas. » Nesciebat tamen rex eum in domo aeclesie ingressum fuisse, sed quasi in regione alia confugisse. Tunc timens Gode-

---

1. *Corr.* ibi. — 2. *Corr.* tantum. — 3. *Corr.* exercitu. — 4. *Corr.* sicut. — 5. *Corr.* commoti. — 6. *Corr.* homines. — 7. *Corr.* accederent. — 8. *Corr.* potuerant. — 9. *Corr.* preda. — 10. *Corr.* hunc. — 11. *Corr.* montem. — 12. *Corr.* prorupiunt. — 13. *Corr.* Ghodegiselum. — 14. *Corr.* Ibi et. — 15. *Corr.* omnis. — 16. *Corr.* oratorio. — 17. *Corr.* se tutari. — 18. *Corr.* ipse. — 19. *Corr.* hac. — 20. *Corr.* regi. — 21. *Corr.* scilicet.

ghisilus[1], commoto iterum exercitum, domum eclesie[2] cum armatis vallat. Sed cum eum pontifex reddere nequiret[3], sed defensare conaretur, ascendentes supra tectum, eum ab ipsis tegulis ac materiis, quibus || oraturium opertum erat, inlidentes, interficerunt[4]; ibique cum tribus famulis mortuos[5] est. Multum ex oc[6] episcopus dolens, quod eum non [solum defen]sare[7] non potuit, verum eciam locum, in co orare consueverat, in quo sanctorum pignora adgragata[8] fuerant, sanguine humano pollui vidit. Misit autem Childebertus rex cum muneribus, [ut][9] a merore revocaretur; sed noluit consolare. Multi autem his diebus pertimiscentes[10] regem, in aliis regionibus abscesserunt. Nonnulli eciam a primatu ducatus remoti sunt, in corum ordine allii successerunt.

XIII. Gunchramnus[11] vero rex Baddonem, quem pro crimine maiestates superius victum dixemus[12], in presencia sua venire iussit, et transmissum usque Parisius, ait : « Si eum cum idoneis hominibus Fredegundis ab ac[13] accione, qua inpetitur, inmunem fecerit, abscedat liber et quo voluerit eat. » Set[14] veniens Parisius, nullus de parte memorate mulieris adfuit, qui eum idoneum reddere possit[15]. Tunc vinctus et catenis oneratus, sub ardua costo||dia[16] ad Cavelonnensim[17] urbem reductus est. Set[18] postea, intercurrentibus nuntiis, et presertim Leudovaldo Baiogasino pontifici, demissus ad propria rediit. Graviter tunc morbus desentericus apot[19] Metensim[20] seviebat urbem. His diebus, dum ad occursum regis properimus[21], Wiliulfus[22] civem Pectavum plenum febre, hoc morbo laborantem, in via offendimus, id est Remensim urbem. De qua profectus valde exinanitus, cum ad || urbem Parisiacam cum filio uxoris sue venisset, aput[23] villam Rigoialinsim, facto testamento, defunctus

---

1. *Corr.* Godeghiselus. — 2. *Corr.* ecclesie. — 3. *Corr.* nequiveret. — 4. *Corr.* interfecerunt. — 5. *Corr.* mortuus. — 6. *Corr.* hoc. — 7. *Add. alia manu.* — 8. *Corr.* adgregata. — 9. *Add. alia manu.* — 10. *Corr.* pertimescentes. — 11. *Corr.* Guntchramnus. — 12. *Corr.* diximus. — 13. *Corr.* hac. — 14. *Corr.* Sed. — 15. *Corr.* posset. — 16. *Corr.* custodia. — 17. *Corr.* Cavelonnensem. — 18. *Corr.* Sed. — 19. *Corr.* apud. — 20. *Corr.* Mettensem. — 21. *Corr.* properaremus. — 22. *Corr.* Wiliulfum. — 23. *Corr.* apud.

est. Puer vero, quia et ipsi[1] ab hoc langore[2] tenebatur, obiit; et sic pariter in urbis Pectave delati termino, tumolati sunt. Uxor quoque ipsius Wiliulfi tercio copulatur viro, filio scilicet Beppolini ducis; qui et ipsi duas iam, ut celebre refertur, uxores vivas reliquerat. Erat enim levis adque luxoriosus, et dum nimio ardore furnicacionis[3] artaretur ac, relicta coniuge, || cum famulabis[4] accubarit[5], exorens[6] Fol. 265 v°. legitimum conubium, aliud expectebat[7]. Sic et [se]cunde fecit et huic, cui tercius copolatus[8] est, ignorans, quod currupcio [incorruptio]nem non possedebit[9].

XIIII. Post hec cum Egidius Remensis urbis episcopus de illo crimine maiestates[10], quo superius memorati perempti sunt, suspectus haberetur, cum magnis muneribus ad Childebertum accedens, veniam deprecaturam; prius tamen sacramenta suscipiens in basilicam sancti Remedii, ne aliquid mali in itinere pateretur. Susceptusque a rege, cum pace discessit. Pacem ecia[m] cum Lupo duce obtenuit, quem instinctu eius de Campaniae ducatu supra memoravimus fuisse depulsum. Unde rex Guntchramnus valde in amaritudine excitatus est, eo quod ei promiserit Lupus numquam se cum eodem pacem facturum, quia fuisset regis cognitus inimicus.

XV. Igitur eo tempore in Ispania Richaredus rex conpunctus miseracione divina, convocatis episcopis relegionis[11] sue, ait : « Cur inter vos et sacerdotes illus[12], qui se catholicus[13] dicunt, iugiter scandalum propagatur, et, cum illi || per fidem suam signa multa ostendant, vos nihil tale Fol. 266. agere potestis? Qua de re conveniente, queso, || simul, et Col. 434. discussis utriusque partis[14] credulitatibus, que vera sunt cognuscamus; et tunc aut accepta illi a nobis racionem, ea credant que dicitis, aut certe vos ab illis veritatem agnu-

---

1. *Corr.* ipse. — 2. *Corr.* languore. — 3. *Corr.* fornicacionis. — 4. *Corr.* famulabus. — 5. *Corr.* accubaret. — 6. *Corr.* exorrens. — 7. *Corr.* expetebat (c *exponct*). — 8. *Corr.* copulatus. — 9. I. Corinth., 15,50. — 10. *Corr.* maiestatis. — 11. *Corr.* religionis. — 12. *Corr.* illos. — 13. *Corr.* catholicos. — 14. *Corr* partes.

scentes[1], que predicaverint[2] vos credatis. » Quod cum factum fuisset, congregatis utriusque partibus episcopis, proposuerunt heretici illa, que saepius ab ipsis dicta iam scripsimus. Similiter responderunt episcopi nostrae releginis[3] eadem quibus hereticorum partem plerumque victam libris superioribus demustravimus. Et presertim, cum rex diceret, quod nulum signum sanitatis super infirmus[4] ab ereticorum[5] ostenderetur episcopis, ac[6] in memoriam replecaret[7], qualiter tempore genitores[8] sui episcopus, qui se iactabat per fidem nun[9] rectam cecis restituere lumen, tacto ceco et cecitate perpetue damnato, discessisse confuso — quod nos in libro Miraculorum plenius declaravimus, — vocavit ad seursum sacerdotes[10] Dei. Quibus perscrutatis, cognovit unum Deum sub distinccionem coli personarum trium, id est || Patris et Filii et Spiritus sancti, nec minorem Filium Patri Spirituique sancto, neque Spiritum sanctum minorem Patri vel Fi[li]o, sed in una aequalitate atque omnipotentia hanc Trinitate verum Deum fateri. Tunc intelligens veritatem Richaredus, postposita altercacione, se catolice[11] lege subdidit et, acceptum signaculum beate crucis cum crismatis unccione, credidit Ihesum Christum, filium Dei, æqualem Patri cum Spiritu sancto, regnantem in secula seculorum. Amen. Deinde nuntius[12] mittit at[13] provinciam Narbonimsim[14] qui narran[tes][15] ea quæ ille iesserat, simile credulitate populus illi conecteritur[16]. Erat ibi tunc temporis Arrianae secte episcopus Athalocus[17], qui ita || per propositiones vanas ac interpretaciones falsas Scripturarum aecclesias Dei conturbabat, ut potaretur, quod ipsi[18] esset Arius[19], quem proiecisse in secessum extra, historiograffus narravit Eusebius. Set[20] cum hec populus secte sue credere nun[21] sineret, et ad consenciendum ei paucorum faverit adulatio[22], commotus felle, ingressus in

---

1. *Corr.* agnoscentes. — 2. *Corr.* predicaverant. — 3. *Corr.* religionis. — 4. *Corr.* infirmos. — 5. *Corr.* hereticorum. — 6. *Corr.* hac. — 7. *Corr.* replicaret. — 8. *Corr.* genitoris. — 9. *Corr.* non. — 10. *Corr.* sacerdotis. — 11. *Corr.* catholice. — 12. *Corr.* nuntios. — 13. *Corr.* ad. — 14. *Corr.* Narbonemsem. — 15. *Corr.* — 16. *Corr.* conecteretur. — 17. *Corr.* Athalocos. — 18. *Corr.* ipse. — 19. *Corr.* Arrius. — 20. *Corr.* Sed. — 21. *Corr.* non. — 22. *Corr.* adolatio.

cellolam suam, inclinato super lectulum capite, nequam
spiritum exalavit. || Sicque hereticorum populus in ipsa Fol. 267.
consistens provincia inseparabilem Trinitatem confessus,
ab errore discessit.

XVI. Post hec Richardus legacionem ad Guntcramnum[1]
atque Childebertum regem direxit pacis graciavit[2] scilicit[3],
sicut in fide se adserebat unum, ita et caritate praestaret
unitum. Set a[4] Guntcramno[5] [rege][6] repulsi sunt, dicente :
« Quale mihi fidem promittere possunt, aut quemadmodum
a me credi debent, qui neptem meam Ingundem in capti-
vitatem tradiderunt, et per eorum insidias et vir eius interfectus est, et ipsa in peregrinacione defuncta? Non recipio
ergo legacionem Richari, donec me Deus ulcisci iobet[7] de
ihs[8] inimicus[9]. » Hec legati [audientes], ad Childebertum
proficiscuntur; a quo et in pace suscepti sunt, dicentes :
« Vul[10] se domnus noster, frater tuus, Richaridus[11] de oc[12]
crimine exuere, quod ei inponitur, quasi in mortem sorores[13]
vestre constium fuisse; quod aut sacramentum vultis, aut
qualibet conditionem, idoneos[14] reddi potest. Deinde, datis
gratis gracia vestra || decem milibus solidorum, caritatem Fol. 267 v°.
vestram habere desiderat, ut et ille vestro utatur solacio, et
vos eius, ubi necesse fuerit, beneficia potiamini. » Haec illis
dicentibus, promisserunt Childebertus rex et mater eius
pacem et caritatem cum ipso et integre custoditoros[15]. Acce-
ptisque ac datis muneribus, || addiderunt legati : « Iussit Col. 436.
etiam dominus noster ponere verbum in auribus vestris de
filia sive sorore vestra Chlodosinda, ut ei tradatur in matrimonio, quo facilius pax, que inter vos promittetur[16], confir-
mitur[17]. » Quid dixerunt : « Promissio nostra ex oc[18] habile
dabitur, sed sine patrui nostro Guntchramni regis consilio
facere non audemus. Promissum enim abemus[19] de maioribus causis nihil sine eius consilio agere. » Accepto itaque
responso, reddierunt[20].

---

1. *Corr.* Guntheramnum. — 2. *Sic, pro* gratia ut. — 3. *Corr.* scilicet. — 4. *Corr.* Sed ad. — 5. *Corr.* Guntchramno. — 6. *Add.* — 7. *Corr.* iubet. — 8. *Corr.* his. — 9. *Corr.* inimicis. — 10. *Corr.* Vult. — 11. *Corr.* Richaredus. — 12. *Corr.* hoc. — 13. *Corr.* sororis. — 14. *Corr.* idoneus. — 15. *Corr.* custodituros. — 16. *Corr.* promittitur. — 17. *Corr.* confirmetur. — 18. *Corr.* hoc. — 19. *Corr.* habemus. — 20. *Corr.* redierunt.

XVII. Eo anno verno tempore pluvie valide fuerunt, et cum iam vel arbores vel viae[1] frondoissent[2], nix decidua cuncta operuit. Subsequente quoque gelo[3] tam palmitis[4] vinearum quam reliqui ostensi fructus incensi sunt. Tantusque rigor fuisse visus est, ut etiam || erundines[5] alites, quę de externis regionibus venerant, vi algores[6] extinguerentur. Illut[7] etiam admirabile fuit, quod, ubi numquam gelo[8] nocuit, tunc omnia abstulit, et ibi, ubi consuerat[9] ledere, non accessit.

XVIII. Brittani quoque inruentes in terminum Namnitico[10], praedas egerunt, pervadentes villas et captivus[11] abducentes. Quod cum Guntchramno rege perlatum fuisset, iussi[12] comoveri exercitu, dirigens illuc nontium, qui eis loqueretur, ut componerent cuncta que male gesserant, aut certe noverint, se gladio casurus[13] ab exercitu eius. At ille[14] timentes promittunt se omnia que male gesserant emendare. His auditis, rex dirigit illuc legationem, id est Namatium Aurilianinsim episcopum et Berteramnum Cinomanensem episcopum com[15] comitibus et aliis viribus magnifices[16]. Adfuerunt etiam et de regno Chlotharii, Chilperici regis filii, viri magnifici; qui euntes in termino Namnitico[17], locuti sunt cum Warocho et Vidimacle omnia que rex praeciperat. Ad || illi dixerunt : « Scimus || et nos, civitates istas Chlotharii regis filiis redebere, et nos ipsis debere esse subiectus[18]; tamen que contra racionem gessimus cuncta cumponere nun[19] moramur. » Et datis fedeiussoribus[20] adque subscriptis cautionibus, promisserunt se singula milia solidorum Guntchrano regi et Chlotario[21] in conposicionem daturus[22], promittentes numquam terminum civitatum illarum ultra adgresserus[23]. His ita conpositus[24], regressi sunt reliqui et nunciaverunt regi que gesserant. Namatius

---

1. *Corr.* vineae — 2. *Corr.* fronduissent. — 3. *Corr.* gelu. — 4. *Corr.* palmites. — 5. *Corr.* erundinis. — 6. *Corr.* algoris. — 7. *Corr.* illud. — 8. *Corr.* gelu. — 9. *Corr.* consueverat. — 10. *Corr.* Namnetico. — 11. *Corr.* captivos. — 12. *Corr.* iussit. — 13. *Corr.* casuros. — 14. *Corr.* illi. — 15. *Corr.* cum. — 16. *Corr.* viris magnificis. — 17. *Corr.* Namnetico. — 18. *Corr.* subiectos. — 19. *Corr.* non. — 20. *Corr.* fideiussoribus. — 21. *Corr.* Chlothario. — 22. *Corr.* daturos. — 23. *Corr.* adgressuros. — 24. *Corr.* conpositis.

vero episcopus, dum, receptis villis infra te[r]minum Namnetice urbis, quod olim parentes eius perdiderant, ibidem moraretur, pusule male ei tres oriuntur in capite. Ex hoc valde confectos[1] tedio, dum ad civitatem suam reverti cupiret, infra Andegavenses[2] terminum spiritum exalavit. Corpusculum eius ad urbem suam dilatum[3], in basilicam sancti Aniani confessores[4] sepultum est. In cuius cathedram Austrinus, Pastores quondam filius, subrogatur. ‖ Warocus Fol. 269. vero oblitus sacamenti[5] et cautionis sue, omnia postposuit, que promisit, vineas Namneticorum abstullit, et vindimiam coligens[6], vinum in Vinitico[7] transtullit. Ex hoc iterum rex Gunthramnus valde furens, exercitum commovere iussit, sed quievit.

XVIIII. Bellum vero illud, quod inter cives Toronicus[8] superius diximus terminatum in rediviva rursum insania surgit. Nam Sicharius, cum post interfectionem parentum Cramsindi[9] magnam cum eo amiciciam patravissed, et in tantum se caritate mutua diligerent, ut plerumque simul cibum caperent ac in uno pariter stratu recumberent, quandam die cenam sub nocturno tempore preparat Chramsindus, invitans Sicharium ad epulum suum. Cum[10] veniente, resident pariter ad convivium. Cumque Sicharius crapulatus a vino multa iactaret in Cramsindo[11], ad extremum ‖ dixisse Col. 438. fertur : « Magnas mihi debes referre grat[es], o dulcissime frater, eo quod interficerem parentes tuos, de quibus accepta composicione, aurum argentumque superabundat[12] ‖ in do- Fol. 269 v°. mum tuam, et nunc nudus essis[13] et egens, nisi hec te causa paululum roborassit[14]. » Hec ille audiens, amare suscepit animo dicta Sichari, dixitque in corde suo : « Nisi ulciscar interitum parentum meorum, amitteri[15] nomen viri debeo et mulier infirma vocare. » Et statim extinctis luminaribus, caput Sichari seca dividit. Qui parvolam[16] in ipso

---

1. *Corr.* confectus. — 2. *Corr.* Andegavensis. — 3. *Corr.* delatum. — 4. *Corr.* confessoris. — 5. *Corr.* sacramenti. — 6. *Corr.* colligens. — 7. *Corr.* Venetico. — 8. *Corr.* Toronicos. — 9. *Corr.* Chramsindi. — 10. *Corr.* Quo. — 11. *Corr.* Chramsindo. — 12. *Corr.* superhabundat. — 13. *Corr.* esses. — 14. *Corr.* roborasset. — 15. *Corr.* amittere. — 16. *Corr.* parvulam.

vitae terminum[1] vocem emittens, cecidit et mortuus est. Pueri vero, qui cum eo venerant, dilabuntur. Cramsindus[2] exanimum corpus nudatum vestimentis adpendit in sepis stipite, ascensisque aequitibus eius, ad regem petiit; ingressusque aeclesia[3], ad pedes prosternetur regis, dicens : « Vitam peto, o gloriose rex, eo quod occiderim omines[4], qui, parentes meus[5] chlam interfectis, res omnes diripuerunt. » Cumque, expositis per ordinem causis, regina Brunechildis graviter accipisset, eo quod in eius verbo Richarius positus taliter fuerat inter||fectus, frendere in eum coepit. Et ille, com[6] vidissed eam adversam sibi, Vosagensim teriturii Biturgi pagum expetiit, in co[7] et eius parentes degebant, eo quod in regno Guntheramno[8] regis haberetur. Tranquilla quoque, conius[9] Sicharii, relictis filiis et rebus viri sui in Toronico sive in Pectavo, ad parentes suos Mauriopes vicum expetiit; ibique matremonio[10] copulata est. Obiit autem Sicharius quasi annorum XX. Fuit autem in vita sua levis, ebriosus, homicida, qui nonnullis per ebrietatem iniuriam intullit. [Chramsindus vero iterum ad regem abiit;] iudicatum est ei, ut convincerat super se eum interfecisse. Quod ita fecit. Sed quod, ut diximus, regi[na] Brunecihldis in verbo suo posuerat Sicharium, ideoque res huius confischari prece||pit; sed in posterum a Flaviano domestico reddite sunt. Sed et ad Aginum properans, epistolam eius elicuit, ut a nulo[11] contingeretur. Ipse[12] enim res eius a regina concessum fuerat.

XX. Anno igitur[13] quoque tercium[14] decimo regis || Clideberthi, cum ad ocursum eius usque Metensem urbem properassimus[15], iussi summus[16] ad Guntchramnum regem ad[17] legacionem accedere. Quem aput[18] urbem Chavelonensem repperimus, dicentes : « Salutem uberrimam mittit tibi gloriosissimus nepus tuus Childebertus, o inclite rex, inmin-

---

1. *Corr.* termino. — 2. *Corr.* Chramsindus. — 3. *Corr.* aecclesia. — 4. *Corr.* homines. — 5. *Corr.* meos. — 6. *Corr.* cum. — 7. *Corr.* quo. — 8. *Corr.* Guntheramni. — 9. *Corr.* coniux. — 10. *Corr.* matrimonio. — 11. *Corr.* nullo. — 12. *Corr.* Ipsi. — 13. *erasum.* — 14. *Corr.* tercio. — 15. *Corr.* properassemus. — 16. *Corr.* sumus. — 17. *erasum.* — 18. *Corr.* apud.

sas¹ referens gracias pietate tue, quod ad te iugiter com‑
monetur, ut ea agat, que et Deo placeat² et tibi sit accepta
et populo congrua. De is vero que locuti simul fuistis omnia
implere promittit, nec quiquam³ se de paccionibus, que
inter vos conscripte sunt, inrumpere pollicetur. » Et rex ad
hec : « Non similiter ego gracias ago, quod taliter inrumpi‑
tur, quod mihi promissum est. Pars mea de urbe Silvanec‑
tensi nun reddetur⁴; homines, quos pro utilitate mea, quia
mihi infinsi⁵ erant, migrare volui, non permiserunt. Et quo‑
mo[do]⁶ dicetis, quod nihil de paccionibus scriptis trans‑
cendere vult dulcissimus nepus meus? » Et nos ad hec :
« Nihil vult con‖tra pacciones agere illas, sed omnia inplere
promittit, ita ut de presenti, si ad divisionem Silvanecten‑
sim vis mittere, nec tardetur; statim recipies tuum. De
ominibus vero, quos dicetis⁷, nomina scripta tradantur, et
omnia que promissa sunt implebuntur. » Haec nobis loquen‑
tibus, paccionem ipsam religi⁸ rex coram adstantibus iubet.

*EXEMPLAR PACCIONES. Cum in Christo nomen precellen-‖
tissimi domni⁹ Guntchramnus et Childebertus regis vel glorio‑
sissima domna Brunechildis regina Andelao caritates studio
convenissent, ut omnia, que undecumque inter ipsis scanda‑
lum poterat generare, pleniore consilio definirent, id inter
eos, mediantibus sacerdotibus atque proceribus, Deo medio,
caritates¹⁰ studio sedit, placuit atque convenit, ut, quamdiu
eos Deus omnipotens in presenti seculo superesse voluerit,
fidem et caritatem puram et simplicem sibi debeant conser‑
vare. Similiter, quia domnus ‖ Guntchramnus iuxta paccio‑
nem, quam com¹¹ bonae memorie domno Syghiberto inierat,
integram porcionem, que de rigno¹² Chariberthi ille fuerat
consecutus, sibi diceret integrum redebere, et pars domni
Childeberti ea que pater suos¹³ possiderat ad se vellit ex
omnibus revocare, id inter ipsus¹⁴ constat fexa¹⁵ delibera-*

---

1. *Corr.* immensas. — 2. *Corr.* placeant. — 3. *Corr.* quicquam. — 4. *Corr.* redditur. — 5. *Corr.* infensi. — 6. *Corr.* quomodo. — 7. *Corr.* dicitis. — 8. *Corr.* relegi. — 9. *Ms* dom̄. — 10. *Corr.* caritatis. — 11. *Corr.* cum. — 12. *Corr.* regno. — 13. *Corr.* suus. — 14. *Corr.* ipsos. — 15. *Corr.* fixa.

cione fenitum, ut illam terciam porcionem [1] de Parisius civitatem cum terminibus et populo suo, quae ad domnum Sygibertum de regno Cariberthi conscripta paccione pervenerat, cum castellis Duno vel Vindocino, et quicquid de pago Stampinse vel Carnotino in pervio illo antefatus rex cum terminibus et populo suo perciperat, in iure et dominacione domni [2] Guntchranum, cum id cum superstetì [3] domno [2] Sygybertho de regno Chariberthi antea tenuit, debeant perpetualiter permanere. Pari condicione civitatis Meldus et duas porciones de Silvanectis, Thoroniis, Pectavis, Abrincatis, Vico Iulio, Consorannis, Labur||do et Albige domnus Childebertus rex cum terminibus a praesenti die sue vindicit [4] potestate. Ea igitur condicione servata, ut, quem Deus de ipsis regibus supre||stitem esse preciperet, regnum illius, que habsque [5] filiis de presentis seculi luce migraverit, ad se integritate iuro perpetuo debead revocare et posteris suis, Domino auxiliante, relinquere. Illut specialiter placuit per omnia inviolabiliter conservare, ut, quicquid domnus Guntchramnus rex filie sue Clodechildae contullit aut aduc [6], Deo auxiliante, contullerit [7], in omnibus rebus adque corporibus, tam civitates, quem [8] agri vel rediti, in iure et dominatione ipsius debeant permanere. Et si quid de agros fiscalibus vel speciebus atque p[r]aesidio pro arbitrii sui voluntate facere aut cuiquam conferre voluerit, in perpetuo, auxiliante Domino, conservetur, neque a quocumque ullam umquam tempore convellatur, et sub defensione ac tuitione domni Childeberti, cum ea omnia, que ipsam transitus genitoris sui inveniret possedentem, sub omni honore et dignitate || secura debeat possedere. Pari condicione repromittit domnus Guntchramnus rex, ut, si[c]ut habet humana fragilitas, quod divina pietas non permittat, nec ille videret [9] desiderat, si contingeret, domnum [2] Childebertum eo suprestite de ac [10] luce migrare, filius [11] suos Theodoberthum et Theodoricum reges, vel si adhuc ipsi Deos [12] dare voluerit, ut pius pater sub sua tuitione et defensione recipiat, ita ut

---

1. *Corr.* portionem. — 2. *Ms.* dom̄. — 3. *Corr.* superstite. — 4. *Corr.* vindicet. — 5. *Corr.* absque. — 6. *Corr.* adhuc. — 7. *Corr.* contulerit. — 8. *Corr.* quam. — 9. *Corr.* videre. — 10. *Corr.* hac. — 11. *Corr.* filios. — 12. *Corr.* Deus.

regnum patris eorum sub omni solitate[1] *possedeant; et genetricem domni Childeberthi, domnam Brunichildem reginam, vel filiam eius Chlodosindam, germanam domni Childeberthi regis, quamdiu intra regionem Francorum fuerat, vel eius reginam Faileubam tamquam sororem bonam, et filias in sua tuicione et defensione spiritali dilectione recipiat, et sub omni honore et dignitate cum homnibus rebus earum, cum civitatibus, agris, reditibus vel cuntis tiltulis*[2] *et omne corpore facultatis, tam* || *quod presenti videntur tempore possedere, quam quod adhuc Christo praesole iuste potuerint augmentare, sub omni securitate et quiete possedeant, ut, si quit de agris fiscalibus vel speciebus* || *atque presidio pro arbitrii sui volumtate facere aut cuiquam conferre voluerent*[3]*, fixa stabilitate in perpetuo conservetur, nec a quibuscumque voluntas illarum ullo tempore convellatur. De civitatibus vero, hoc est Burdegala, Lemovecas*[4]*, Cadurcus, Benarno et Begorra, quae Gailesoinda, germana domne Brunichilde, tam in dote quam in morganegyba*[5]*, hoc est matutinale donum, in Francia veniens certum est adquisisse, quas etiam per iudicium domni Guntchramni regis vel Francorum, superistetebus*[6] *Chilpericum et Sigyberthum regem, domna Brunichildis nuscitur adquisisse, ita convenit, ut Caturcus civitatem cum terminibus et cuncto populo suo domna Brunichildes*[7] *de presenti in sua potestate percipiet, reliquas vero civitates ex hac condicione superius nominatus domnus Guntchramnus, dum advivit, possedead*[8]*, ita ut quandoquidem post eius transitum in dominacione domne Brunichilde heredumque suorum com omni soliditate Deo propicio revertantur, nec superstite domno Gunchramno*[9] *neque ad domnam Brunechildem* || *neque a filio Childeberthi regi filiisque suis quolibet ingenio vel tempore repetantur. Simile modo*[10] *convenit, ut Silvanectis domnus Childebertus in integritate teneat, et quantum terciam domni Guntchramni exinde debita competit, de terciam domni Childeberthi, que*

Col. 442.

Fol. 273.

Fol. 273 v°.

---

1. *Corr.* soliditate. — 2. *Corr.* titulis. — 3. *Corr.* voluerint. — 4. *Corr.* Lemovicas. — 5. *Corr.* morganigyba. — 6. *Corr.* superistitibus. — 7. *Corr.* Brunichildis. — 8. *Corr.* possedeat. — 9. *Corr.* Guntchramno. — 10. *Corr.* modi.

est in Rotbontinse[1], dumni Gunthchramni partibus conpensetur. Similiter convenit, ut secundum paccionis[2] inter domnum Gunthchramnum et boni memorię domnum Sigyberthum[3] initas leudes illi, qui domnum Gunthchramnum post transitum domni ‖ Chlotharii sacramenta primitus prebuerunt, et, si postea convincuntur se in parte alia tradidisse, de locis ubi cummanere videntur convenit ut debeant removeri. Similiter et qui post transitum domni Chlotharii convincuntur domnum[4] Sygyberthum sacramenta primitus prebuisse et se in alia parte transtulerunt, modo simile removantur. Similiter quicquid antefati regis eclesiabus[5] aut fidelibus suis contulerunt aut adhuc conferre cum iusticiam Deo propiciante voluerint, stabiliter conservetur. ‖ Et quitquit[6] unicuique fidelium in utriusque regno per legem et iusticiam redebetur, nullum preiudicium paciatur, sed liceat res debetas possedere; et si aliquit cuicumque per interregna sine culpa tultum est, audiencia habita, restauretur. Et de id, quod per munificencias precidencium regum unusquisque usque transitum gloriosi memoriæ domni Clothari regis possedit, cum securitate possedead. Et quod exinde fidelibus personis ablatum est, de presenti recipiat. Et quia inter prefatus[7] regis pura et simplex est in Dei nomen concordia inligata[8], convenit, ut in utroque regno utrisque fidelibus, tam pro causis puplicis[9] quam privatis quicumque voluerit ambulare, pervium nullis temporibus denegetur. Similiter convenit, ut nullus alterius leudis nec sollicitet nec venientes excipiat. Quod si forsitan pro aliqua admissione partem alteram crediderit expetenda, iusta qualitatem culpa excusati reddantur. Hoc etiam huic addi placuit pactione, ut, si qua pras[10] presenti statuta sub quacumque calliditate tempore quocumque transcenderet, omnia benefaciat ‖ tam repromissa quam in presenti conlata amittat, et illi[11] proficiat, qui inviolabiliter omnia suprascripta servaverit ‖ et sit de sacramentorum obligacione in omnibus absoluta. His itaque omnibus definitis,

---

1. *Corr.* Rosontinse. — 2. *Corr.* pacciones. — 3. *Corr.* Sigiberthum. — 4. *Ms.* dom̄. — 5. *Corr.* ecclesiabus. — 6. *Corr.* quitquid. — 7. *Corr.* prefatos. — 8. *Corr.* conligata. — 9. *Corr.* publicis. — 10. *Sic, pro* pars. — 11. *Corr.* ille.

iurant partes per Dei omnipotentes[1] *nomen et inseperabilem Trinitatem vel divina omnia ac tremendum diem iudicii, se omnia que superius scripta sunt abque*[2] *ullo dolo, malo vel fraudis ingenio inviolabiliter servaturus*[3]. *Facta pacione sub die IIII. kalendas decembris, anno XXVI. regnum domni Guntchramni*[4] *regi, domni Childeberti*[5] *vero XII. anni.*

(XXI.) Lectis igitur pacionibus[6], ait rex : Iudicio Dei ferear[7], si de his quicquam transcendoro[8], que hic contenentur[9]. Et conversus ad Filicem, qui tunc nobiscum legatus advenerat, ait : « Dic, o Filex[10], iam enim plenissime conexuistis amicicias inter sororem meam Brunichildem et inimicam Dei atque ominum Fredegundem? » Quo neganci[11], ego dixi : « Non dubitet rex, quia illæ amiciciæ intereasdem costodiuntur[12], que ante hos annus[13] plurimus[14] sunt legati. || Nam certe scias, quia odium, quod inter illas olim statum[15] est, adhuc pollulat, non arescit. Utinam tu, o rex gloriosissime, minus cum eam caritatem haberes! Nam, ut sepe cognovimus, dignius eius legacionem quam nostram excepis[16]. » Et ille : « Scias, inquid, sacerdus[17] Dei, quia sic eius legacione suscipio, ut caritatem nepotis mei Childeberthi regis non omittam. Nam ibi amicicias legare[18] non possum, de qua saepius processerunt, qui mihi vitam presentem auferrent. » Hæc eo dicente, Filex[10] ait : « Pervenisse ad gloriam vestram credo, quod Richardus legacionem ad nepotem vestrum direxit, qui nepotem vestram Chlodosuindam, filiam fratri vestri, ei in matrimonio postolaret. Sed ille absque vestro consilio nichil exinde promittere voluit. » Rex ait : « Non est optimum enim, ut illuc neptes || mea ambulet, quod soror sua est interfecta. Sed nec illud racionabiliter conplacet, ut non ulciscatur mors neptis meae Ingunde. » Filex[10] respondit : « Multum se exinde excusare volunt aut sacramentis, aut quibuslibet aliis condi-

---

1. — *Corr.* omnipotentis. — 2. *Corr.* absque. — 3. *Corr.* servaturos. — 4. *Corr.* Gunthchramni. — 5. *Corr.* Childeberthi. — 6. *Corr.* paccionibus. — 7. *Corr.* feriar. — 8. *Corr.* transcendero. — 9. *Corr.* continentur. — 10. *Corr.* Felix. — 11. *Corr.* neganti. — 12. *Corr.* custodiuntur. — 13. *Corr.* annos. — 14. *Corr.* plurimos. — 15. *Corr.* statutum. — 16. *Corr.* excipes. — 17. *Corr.* sacerdos. — 18. *Corr.* ligare.

Fol. 275 v°. cionibus iusseretis[1]; tantum vos consensum praebete, ‖ ut ei Chlodosoinda, sicut postulat, disponsetur. » Rex ait : « Si enim nepus meus implet, que in pactionibus conscribi voluit, et ego de is[2] facio voluntatem eius. » Promittentibus nobis eum omnia impleturum, adiecit Filex[3] : « Deprecatur etiam pietatem vestram, ut ei solacium contra Langobardus[4] tribuatis, qualiter expulsi de Italia, pars illa, quam genitor suus vindicavit vivens, ad eum revertatur, reliqua vero pars per vestrum suumque solacium imperatoris dicionibus restituatur. » Respondit rex : « Non, inquid, possum in Italiam exercitum meum dirigere, ut ultro eos morti tradam. Gravissimea[5] enim lues Italia nunc devastat. » Et ego : « Indecastis[6] enim nepoti vestro, ut omni regni sui episcopi in unum convenerent[7], quia multa sunt, que debeant indegare[8]. Sed iusta consuctudinem canonum placebat gloriosissimo nepoti vestro, ut unusquisque metropolis cum provincialibus suis coniungeretur, et tunc, que inracionabiliter in regione propria fiebant, sanccione sacerdotali emendarentur. Que enim causa extat, ut in unum ‖

Fol. 276. tanta multitudo conveniat ? Æclesiæ fides periculo ullo non quatitur ; heresis nova nun[9] surgit. Quæ erit ista necessitas, ut tanti debeant in unum coniungi domni sacerdotes ? » Et ille[10] : « Sunt multa, » inquid, « quæ debeant discerni, quæ iniuste gesta sunt, tam de incestis, quam de ipsis quæ inter nos agantur causis. Sed precipuę illa Dei causa extat omnibus[11] maior ut inquerere[12] debeatis, cur Pretextatus episcopus gladio in æclesiæ fuerit interemtus. Sed et de his, qui pro luxoriam curantur, debetis se[13] discussio, ut aut victi sanctione sacerdotali debeant emendari, aut certe, si innocentes inveniuntur, publice error criminis auferatur. » Tunc iussit, ut in Kalendis mensis IIII. hæc sinodus prolon-

Col. 446. garetur. Et his dictis, ad hæclesiam[14] ‖ processimus ; erat henim[15] dies illa dominice resereccionis[16] solempnitas. Dic-

---

1. *Corr.* iusseritis. — 2. *Corr.* his. — 3. *Corr.* Felix. — 4. Langobardos. — 5. *Corr.* gravissime. — 6. *Corr.* Indicastis. — 7. *Corr.* convenirent. — 8. *Corr.* indicare. — 9. *Corr.* nunc. — 10. *Corr.* illę. — 11. *Corr.* in omnibus. — 12. *Corr.* inquirere. — 13. *Sic*, pro debet esse. — 14. *Corr.* æcclesiam. — 15. *Corr.* enim. — 16. *Corr.* resurrectionis.

tis igitur missis, ad convivio nos adscivit, quod fuit nun[1] minus oneratum in fcrlocis[2] quam leticiæ opullentum. Semper enim rex de Deo, de ae[di]ficationem aeclæsiarum, de defensionem pauperum sermonem habens, ‖ ridebat inter- Fol. 276 v°.
dum, spiritali iogo[3] delectans, addens etiam, unde et nos aliquid leticiæ frueremur. Dicebat enim et hæc verba : « Utinam mihi nepus meus promissa costodiad[4]. Omnia enim que abeo eius sunt. Tamen si eum scandalizat illud, quod legatus Chlothari nepotis mei suscipio, numquid demens sum, ut non possim temperare inter eos, ne scandalum propagetur? Novi enim, eum magis incidere quam in longius promulgare[5]. Dabo enim Chlothario, si cum nepote[m] meum esse cognovero, aut duas aut tres in parte aliqua civitatis, ut nec hic videatur exheredari de regno meo, nec huic inquietudinem preparent, que iste reliquero. » Ilis et aliis locutus, dulci nus affectu fovens ac muneribus onerans, discedere iobet[6], mandans, ut ea semper Childeberto regi insinuentur, qui vitae eius quomoda[7] fiant.

XXI. Ipsi[8] autem rex, ut sepe diximus, in elimosinis magnus, in vigiliis atque ieiuniis prumptus erat. Nam tunc ferebatur, Masiliam a luæ inguinarie valde vastare, et hunc morbo usque ad Lugduninsim[9] vicum Octavum nomine fuisse cæ‖leriter propalatum. Sed rex acsi bonus sacerdus provi- Fol. 277. dens remedia, qua cicatrices peccatoris vulgi mederentur, iussit omnem populum ad eclesiam convenire et rogacionis[10] summa cum devocione celebrare; et nihil aliut in usum vescendi nisi panem ordicacium cum aqua munda adsummi[11], vigiliisque adesse intanter[12] omnes iobet[13]. Quod eo tempore ita iestum est. Per triduum enim ipsius elimosinis largius solito percurrentibus, ita de cuncto populo formidabat, ut iam tunc non rex tantum, sed eciam[14] sacerdus[15] Domini putaretur, totam spem suam in Domini miseracione trans-

---

1. *Corr.* non. — 2. *Corr.* fercolis. — 3. *Corr.* ioco. — 4. *Corr.* custodiat. — 5. *Corr.* promulgari. — 6. *Corr.* iubet. — 7. *Corr.* cummoda. — 8. *Corr.* Ipse. — 9. *Corr.* Lugdunensem. — 10. *Corr.* rogaciones. — 11. *Corr.* adsumi. — 12. *Corr.* instanter. — 13. *Corr.* iubet. — 14. *Corr.* etiam. — 15. *Corr.* sacerdos.

fundens et in ipso iactans cogitaciones, que eis superve‖niebant, a quo eis [1] affectui tradi tota fidei integritate putabat. Nam cælebre tunc a fidelibus ferebatur, quod mulier quidam, cuius filius quartano tibo [2] gravabatur et in strato anxius [3] decubabat, accessit inter turbas populi usque ad tergum regis, abruptisque clam regalis indumenti [4] fimbriis, in aqua posuit filioque bibendum ‖ dedit; statimque, restincta febre, sanatus est. Quod non abetur [5] a me dubium, cum ego ipse sepius larvas inergia famulante nomen eius invocante audierim ac criminum propriorum gesta, virtute ipsius decernente, fateri.

XXII. Nam superius diximus, Massiliensis urbis contagio pessimo ægrota, quanta sustenuerit altius replecare [6] placuit. His enim diebus, Theodorus episcopus ad regem habierat, quasi aliquid contra Nicetium patricium suggesturus. Sed cum a rege Chlideberto minime de hac causa fuisset auditus, ad propria reddire disposuit. Interea navis ab Spania una cum negucio [7] solito ad portum eius adpulsa est, qui huius morbi fumitem [8] secum nequiter deferebat. De qua cum multi civium deversa [9] mercarentur, unam confestim domus, in quo octo anime erant, hoc contagio interfectis habitatoribus, relicta est vacua. Nec statem [10] hoc incendium lues per domus [11] spargitur totas; sed, interrupto certi temporis spacio, hec ‖ velut in sagittem flamma accensa, urbem totam morbi incendio conflagravit. Episcopus tamen urbis accessit ad locum et se infra basilice sancti Victoris septe continuit [12] cum paucis, qui tunc cum ipso remanserant, ibique per totam urbis stragem orationibus ac vigiliis vacans, Domini misericordia[m] exorabat, ut tamdem [13] cessante interitu populo, liceret in pace quies‖cere. Cessit [14] vero hec plaga valde minsibus [15] duobus; cumque iam securus populus redisset ad urbem, iterum succidentem morbo, qui

---

1. *Corr.* eas. — 2. *Corr.* cibo. — 3. *Corr.* anxius. — 4. *Corr.* indumentis. — 5. *Corr.* habetur. — 6. *Corr.* replicare. — 7. *Corr.* negocio. — 8. *Corr.* fomitem. — 9. *Corr.* diversa. — 10. *Corr.* statim. — 11. *Corr.* domos. — 12. *Corr.* continuit. — 13. *Corr.* tandem. — 14. *Corr.* Cesset. — 15. *Corr.* mensibus.

redieraent[1] sunt defuncti. Sed et multis vicibus deinceps ab oc[2] interitu gravata est.

XXIII. Agericus vero Veredunensis episcopus, cum ex illo diuturne amaritudinis felle graviter egrutaret[3], pro eo quod Gunthramnus Boso, pro eo[4] fideiussor exteterat[5], interfectus essit[6], vel etiam addita amaritudine, quod Bertefredus infra oraturium domus eclesiastice fuerat interfectus; et presertim cum ipsus[7] Gunthramni filius[8] secum retenens[9] cotidie flerit[10], dicens : « In meo vos orio[11] orfani relicti estis. » His || accensus, ut diximus, causis, felle amaritudine adgravatus et maxime inedia cunsumtus[12], diem obiit, adpositusque est in sepulcro. B..ciovaldus[13] quoque abba eius pro episcopatum concurrit, sed nihil obtenuit[14]. Charimerem enim refrendarium cum consenso[15] civium regalis decrevit auctoritas fieri sacerdotem, Buctiovaldo abbate postposito. Ferebant enim, hunc esse superbum, et ob hoc a nonnullis Buccus [validus][16] vocitabatur. Obiit autem et Licerius Arelatensis episcopus ; in cuius eclesia[17] Virgilius[18] abba Agustidunensis, opitulante Siagrio epscope[19], substitutus est.

XXIV. Obiit autem et Diotherius Vinciensis episcopus ; in cuius locum Pronimius subrogatus est. Hic autem Pronimius Biturge urbis incola fuit; sed nescio causa qua in Septimaniam habiit ; ac post mortem Adthanaeldi regis a Leovane, successore eius, magnifice est receptus aque[20] in urbe Agatensi episcopus ordinatus est. Sed post mortem Leuvanis cum Leviel||dus in illa heredice[21] pravitatis perfidia crassaret[22], || et Ingundis, filia Sigiberti regis, cui supra meminimus, in Spaniam ad matrimunum[23] duceretur, audivit Leuvieldus, quasi hic episcopus ei consilium dedisset. ut

---

1. *Corr.* redierant. — 2. *Corr.* hoc. — 3. *Corr.* egrotaret. — 4. *Corr.* quo. — 5. *Corr.* extiterat. — 6. *Corr.* esset. — 7. *Corr.* ipsos. — 8. *Corr.* filios. — 9. *Corr.* retinens. — 10. *Corr.* fleret. — 11. *Corr.* odio. — 12. *Corr.* consumtus. — 13. *Corr.* Ba, *post* Bucciolvaldus. — 14. *Corr.* obtinuit. — 15. *Corr.* consensu. — 16. *add. alt. manu.* — 17. *Corr.* ecclesia. — 18. *Corr.* Virigilius. — 19. *Corr.* episcopo. — 20. *Corr.* adque. — 21. *Corr.* heretice. — 22. *Corr.* crassaretur. — 23. *Corr.* matrimonum.

numquam se venenum heretice credulitatis deberit admiscere[1], et ob hoc semper molestus inuriarum laqueos intendebat, cousque[2] eum ab episcopato deiecerit. Cumque non inveniret, quibus eum mutipulis[3] possed innectere, ad extremum emisit, qui eum gladio deberet adpetere. Quod ille per internuntius[4] cognuscens, relicta urbe Agatensis in Galleis[5] advenit, ibique a multis episcopis receptus ac muneratus, a Childebertum[6] regem pertransiit. Sicque patefactum loco, apud supradictam urbem potestatem pontificalem nono deiectiones[7] sue anno, rege largiente, suscepit. Brittani eo anno graviter terraturium[8] Namneticum Redonicumque[9] prede subiecerunt, vindimiantes[10] vineas, culturas devastantis[11] ac populum vilarum[12] abducentes captivum, nihilque de promissis superioribus costodientes[13]; ac non solum non costodientes[13] promissa, verum etiam detrahentes regibus nostris.

XXV. Igitur Hildebertus rex cum petentibus Langobardis sororem suam regi eorum esse coniugem, acceptis muneribus, promississet, adventibus[14] Gothorum ‖ legatis ipsam, eo quod gentem illam ad fidem catholicam conversam fuisse cognoscerit[15], repromisit, ac legacionem ad imperatorem direxit, ut, quod prius nun[16] fecerat, nunc contra Langobardorum gentem debellens[17], cum eius consilio eos ab Italia removerit[18]. Nihilominus exercitum suum ad regionem ipsam capiendam direxit. Commotis ducibus cum exercitum illic abeuntibus, ‖ confligat pariter. Sed nostris valde cæsis, multi prostrati, nonnulli capti, plurimi eciam per fugam lapsi, vix patrie reddierunt. Tantaque ibi fuit stragis[19] de Francorum exercitu, ut olim simile non recolatur.

XXVI. Anno quoque quarto decimo Childeberthi regis

---

1. *Corr.* admisceri. — 2. *Corr.* quousque. — 3. *Corr.* mustipulis. — 4. *Corr.* internuntios. — 5. *Corr.* Galliis. — 6. *Corr.* ad Hildebertum. — 7. *Corr.* deiectionis. — 8. *Corr.* territurium. — 9. *Corr.* Rodonicumque. — 10. *Corr.* vindemiantes. — 11. *Corr.* devastantes. — 12. *Corr.* villarum. — 13. *Corr.* custodientes. — 14. *Corr.* advenientibus. — 15. *Corr.* cognosceret. — 16. *Corr.* non. — 17. *Corr.* debellans. — 18 *Corr.* removeret. — 19. *Corr.* strages.

Ingoberga regina, Chariberthi quondam relecta[1], migravit a seculo, mulier valde cauta ac vitæ relægiosae prædita, vigiliis et orationibus atque elimosinis non ignava. Quę, credo, per providentiam[2] Dei commonita ad me usque nuntios dirigens, ut in his, que de voluntate sua, id est pro animæ remedium, cogitabat, adiutur[3] exsisterem. || Sic Fol. 280. tamen, ut at[4] ipsam accedens, quę, consilio habito, fieri decernebat, scriptura conecterit[5]. Accessi, fateor; vidi hominem timentem Deum ; qui cum me benigne excipisset, notarium vocat, et abito, ut dixi, mecum consilio, quaedam æclæsiæ Toronice vel basilicę sancti Martini, quędam Cænomannicæ æclesiæ diligavit[6]. Ac post paucus[7] mensis[9] subitania[9] egritudi[10] fatigata, migravit a seculo, multus[11] per catholicas liberus[12] derelinques[13], septuagisimo[14], ut arbitur[15], vite anno, relinquens filiam unicam, quam in Chancia regis cuiusdam [filius] matrimunio cupulavit[16].

XXVII. Amalo quoque dux, dum coniugem in alia villa pro exercenda vilitate dirigit, in amorem puellolæ[17] cuiusdam inienue ruit. Et facta nocte, crhapulatus[18] a vino, misit puerus[19], ut detraentes puellolam[20] eam toro[21] eius adscirent. Illa quoque repugnante et violenter in eius mansione deducta, dum ea alapas cedunt, sanguinis unde ex narium meatibus decurrente perfundetur. Unde factum est, ut ipse quoque stratus ducis antedicti hoc rivo cruentaretur. || Quam et ipse pugnis, colapis aliisque ictibus verberatam Col. 451. ulnam suscepit, || et statim oppressus somno dormire cepit. Fol. 280 v°. Ad illa, extensa manu trans capud viri, gladium repperit ; quo evaginato, caput duces[22] ac vellud Iudith Olifernis ictu virili libravit. Illoque voces[23] emittente, concurrunt famuli. Quam cum interficere vellent, exclamavit, dicens : « Ne faciatis, queso. Ego enim peccavi, qui vim castitatem inferre

---

1. *Corr.* relicta. — 2. Pro *post corr.* — 3. *Corr.* adiutor. — 4. *Corr.* ad. — 5. *Corr.* conecteret. — 6. *Corr.* diligivit, *et post* deligivit. — 7. *Corr.* paucos. — 8. *Corr.* menses. — 9. *Corr.* subitanea. — 10. *Corr.* egritudo. — 11. *Corr.* multos. — 12. *Corr.* liberos. — 13. *Corr.* derelinquens. — 14. *Corr.* septuagesimo. — 15. *Corr.* arbitror. — 16. *Corr.* matrimonio copulavit. — 17. *Corr.* puellulæ. — 18. *Corr.* crhapolatus. — 19. *Corr.* pueros. — 20. *Corr.* puellulam. — 21. *Corr.* toro. — 22. *Corr.* ducis. — 23. *Corr.* vocis.

conatus sum. Nam hæc, qui pudicitiam studiit conservare, omnino non periat[1]. » Hec[2] dicens, spiritum exalavit. Cumque super eum familia coniuncta lamentaret[3], adiutorio Dei eruta puella ad domum egreditur et per noctem Cavelonensim[4] urbem adiit, que est sita ab eo loco quassi milia tregenta[5] quinque; ibique basilica sancti Marcelli ingressi, regis prostrata pedibus, cuncta quę pertullerat pandit. Tunc rex misericordissimus non solam ei vitam donavit, verum eciam preceptionem tribui iussit, ut in verbo suo posita, a nulo[6] umquam parentum defuncti illius in aliquo molestiam pateretur. Verumtamen hoc, Deo prestante, cognovimus,

Fol. 281. quod puellę castitas non est a dhereptoǀǀre sævo nullatenus violata.

XXVIII. Brunechildis quoque regina iussit fabricare ex auro ac gemmis miræ magnitudinis clipium[7], ipsumque cum duabus pateris lineis, quas vulgo baccenos vocant, eisdemque similiter ex gemmis fabricatis et auro, in Spaniam regi mittit; in qua re Ebreghyselum[8], qui sępe ad ipsam regionem legationis gratia accesserat, direcxit. Quo abeunte, nuntiatum est regi Guntchramno, dicente quodam, quia Brunechildis regina ad filius[9] Gundovaldi munera dirigit. Quod rex audiens, iussit costodias[10] arduas per vias regni sui fieri, ita ut nullus penitus præteriret possit, qui non discuteretur. Inquirebant etiam in ominum[11] vel vestimentis

Col. 452. vel caltiamenǀǀtis aut in aliquis rebus, si oculte[12] littere portarentur. Ebregisilus[13] vero Parisius accedens cum speciebus, ab Ebrechario duce conprehensus, ad Guntchramnum deducetur[14], dixitque ei rex : « Non sufficici, o infissime[15]

Fol. 281 v°. hominum, quod inpudico consilio ǀǀ Ballomerem illum, quem Gundovaldum vocitatis, ad coniugium arcessistes[16], quem manus mea subegit, qui voluit ditione sue regni nostri superare potentiam; et nunc filiis eius munera mittetis[17],

---

1. *Corr.* pereat. — 2. *Corr.* Hęc. — 3. *Corr.* lamentarent. — 4. *Corr.* Cavelonensem. — 5. *Corr.* triginta. — 6. *Corr.* nullo. — 7. *Corr.* clipeum. — 8. *Corr.* Ebreghysilum. — 9. *Corr.* filios. — 10. *Corr.* custodias. — 11. *Corr.* hominum. — 12. *Corr.* occulte. — 13. *Corr.* Ebregiselus. — 14. *Corr.* deducitur. — 15. *Corr.* infelicissime. — 16. *Corr.* arcessistis. — 17. *Corr.* mittitis.

ut ipsus¹ iterum in Galeis provocetis ad iugulandum? Ideoque nun accidis², quo volueris, sed morte morieris, quia contraria est legatio tua genti nostrae³. » Illo quoque recusante, non se his verbis esse communem, sed potius ad Richaredem, qui Chlodosuendam⁴, sororem Childeberthi regis, spunsare⁵ debuerat, hec munera mitti. Crededit rex loquenti et demisit eum; abiitque in itinere quo directus fuit cum ipsis muneribus.

XXV[IIII]. Igitur Childebertus rex, invitante Sigimun⁶ Momotiacensis opidi sacerdotis, die paschę ad supradictam chęlebrari statuam⁷ urbem. Graviter tunc Theudobertus, filios⁸ eius senior, gule adflictus tumore laboravit, sed convaluit. Interea Childeberthus rex exercitum cummovit⁹ in Etaliam¹⁰ ad debellandam Langobardorum gentem cum isdem || pergere. Set Langobardi, his auditis, legatos cum muneribus mittunt, dicentes : « Sit amicitia inter nos, et non periamus¹¹ ac dissolvamus certum dicione tuæ tributum; ac ubicunque necessarium contra inimicus¹² fuerit ferre auxilium non pegibit¹³. » Hæc Childebertus rex, ad Guntchramnum regem legatus¹⁴ dirigit¹⁵, que æa que ab his offerebantur in eius auribus intimaret. Sed ille non obvius de ac convenentia, consilium ad confirmandam pacem tribuit. Childebertus vero rex iussit exercitum in loco resedere, misitque legatos ad Lango||bardus¹⁶, ut si hec que audiebant confirmabant, exercitus reverteretur ad propria. Sed minime est inpletum.

XXX. Childebertus vero rex discriptoris¹⁷ in Pectavo, invitante Maroveo episcopo, iussit abire, id est Florientianum maiorem domus regine et Romulfum palatii sui comitem, ut scilicet populus censum, quem tempore patres¹⁸

---

1. *Corr.* ipsos. — 2. *Corr.* non accedis. — 3. *Ms.* nor̄. — 4. *Corr.* Chlodosuindam. — 5. *Corr.* sponsare. — 6. *Corr.* Sigimundo. — 7. *Sic*, pro statuit. — 8. *Corr.* filius. — 9. *Corr.* commovit in. — 10. *Corr.* Italiam. — 11. *Corr.* pereamus. — 12. *Corr.* inimicos. — 13. *Corr.* pigebit. — 14. *Corr.* legatos. — 15. *Corr.* diriget.— 16. *Corr.* Langobardos.— 17. *Corr.* discriptores.— 18. *Corr.* patris.

redderet, facta ratione innovata reddere deberet. Multi ex his defuncti fuerant, et ob hoc viduis orfanisque ac debilibus tribuit[1] pondus insiderat. Quod hi[2] discutientes per ordinem, relacxantes pauperes ac infirmos[3], || illos quos iusticiæ condicio tributarius[4] dabat censo publico subdiderunt. Et sic Thoronis sunt dilati. Sed cum populus tributariam functionem infligere vellent, dicentes, quia librum pre manibus haberent, qualiter sub anteriorum regum tempore dissolvissent, respondimus nos, dicentes : « Discriptam urbem Thoronicam Chlothari regis tempore manifestum est, librique illi ad regis præsenciam abierunt; sed, componctho per timorem sancti Martini antestites regi, incensi sunt. Post mortem vero Chlottari[5] regis Chariberto regi populus hic sacramentum dedit; similiter etiam et ille cum iuramento promisit, ut legis consuetudinesque novas nun[6] infligeret, set in illo, quo quondam sub patris dominationem statu vixerat, in ipso hic eos deinceps retineret; neque ullam novam ordinationem se inflicturum super eos, quod pertinerit[7] ad espolium, spopondit. Gaiso vero comes eiusdem temporis, accepto capitulari, quem anteriores subscriptores fecisse cumme||moravimus, tributa cepit exegere[8]. Sed ab Eophronio episcopo pribitus[9], cum exacta pravitate ad regis direxit presenciam, ostendens capitularium, in quo tributa continebantur. Sed rex ingemiscens ac metuens virtutem sancti Martini, ipsum incendium tradedit; aureus[10] exactus basilice sancti Martini remisit, obtes(tes)tans, ut nullus de popu||lo Thoronico ullum tributum publicum redderit[11]. Post cuius obitum Sigybertus rex hanc urbem tenuit nec ullius tributi pondus invexit. Sic et nunc quarto decimo anno Childebertus post patris obitum regnans, nichil exegit, nec ullo tributi onere hec urbs adgravata congemuit. Nunc autem potestatis vestræ est, utrum censeatis tributum, ad[12] non ; sed vidite[13], ne aliquit nocæatis, sed contra

---

1. *Sic, pro* tributi. — 2. *Corr.* hii. — 3. *Corr.* infirmos. — 4. *Corr.* tributarios. — 5. *Corr.* Chlottarii. — 6. *Corr.* non. — 7. *Corr.* pertineret. — 8. *Corr.* exigere. — 9. *Corr.* prebitus. — 10. *Corr.* aureos. — 11. *Corr.* redderet. — 12. *Sic, pro* an. — 13. *Corr.* videte.

eius sacramentum ambulare disponetis[1]. » Hæc me dicente, responderunt : « Ecce librum pre manibus habemus, in quo census huic populo est inflictus. » Et ego aio : « Liber hic a regis thesaurus[2] dilatus non est, nec umquam per tot convaluit annus[3]. Non est mirum enim, si pro inmiciis[4] horum civium in cuiuscumque domo reservatus est. Iudicavit enim Deus super eos, || qui pro spoliis civium nostrorum hunc post tanti temporis transacto spacio transtulerunt. Dum autem hec agerentur, Audini filius, qui librum ipsum protulerat, ipsa die a febre correptus, die tercia expiravit. Post hec nos transmissimus noncius[5] ad regem, ut quid de ac[6] causa iuberit[7], mandata remitteret. Sed protinos[8] epistulam cum autoritate[9] miserunt; inde populus Thoronicus pro reverenciam sancti Martini discriberetur. Quibus relictis, statim viri, qui ad hec missi fuerant, ad patriam sunt regressi.

XXXI. Gunthchramnus vero rex exercitum commovit in Septimaniam. Austrovaldus autem dux prius Carcasonam accedens, sacramenta susciperat ipsusque populus diccioni subegerat regie. Rex autem ad reliquas civitatis[10] capiendas Bosonem cum Antestio distinat. Qui accedens cum superbia, dispecto Austrovaldo duce adque umdemnato, cur Carcasonam absque eo ingredi presumsiset[11], ipse cum Santhonices, Petrocoricis Burdegalensibusque, Agennensibus etiam ac Tolosanis illuc direxit. Cumque in hac iatancia[12] ferretur, et Gothis || hec nonciata[13] fuissent, paraverunt se in his dies[14]. Hic vero super fluvium par||volum, propinquum ibi, castra ponit, epolis insedit, ebrietatibus incumbit, conviciis et blasfemeis Gothus[15] exagerans. Illique inruentes super ipsus[16], repererunt epulantes inopinantesque. Tunc hi dantes voces, exsurgunt contra eos. Ad ille paulolum resis-

---

1. *Corr.* disponitis. — 2. *Corr.* thesauros. — 3. *Corr.* annos. — 4. *Corr.* inmicicis. — 5. *Corr.* transmisimus nuncios. — 6. *Corr.* hac. — 7. *Corr.* iuberet. — 8. *Corr.* protinus. — 9. *Corr.* auctoritate. — 10. *Corr.* civitates. — 11. *Corr.* presumpsisset. — 12. *Corr.* iactancia. — 13. *Corr.* nunciata. — 14. *Sic, pro* insidiis. — 15. *Corr.* blasfemiis Gothos. — 16. *Corr.* ipsos.

tentes, fugant[1] simulant. Prosequentibusqu(e)[2] istis, consurgunt qui preparati erant de insidiis, concludentesque eos in medium, usque ad ternicionem ceciderunt. Qui autem evadere potuerunt, vix, equite ascensu, per fugam delapsi[3] sunt, omnem subpellectilem relinquentes in campi planiciæ, nihilque secum de rebus propriis auferentes, [hoc pro magno ducentes], si vel vite donarentur. Insequentes autem Gothi res eorum omnes repperierunt diripieruntque, pedestris omnes captivus[4] abducentes. Cecideruntque ibi quasi quinque milia virorum; captivi autem amplius quam duo milia habierunt; multi tamen ab his laxati, redierunt in patriam.

XXXII. Commotus autem rex vias claudi per regnum suum precepit, nec ullus de Childeberthi regno per [eius] regni territurium peruuium possit habere, dicens, quia : « Per niquiciam[5] eius, qui cum regi Hispaniæ foedus iniit, exercitus cunruit[6] meus, et ut se non subdant urbis[7] ille dicione meæ, eius || hoc immissio facit. » Addita est eciam huic causæ aliut amaretudinis incendium, quod Ildebertus[8] rex filium suum senorem[9] Theodoberthum nominæ Sesonas dirigere cogitabat; que res suspicionem fecerat Guntchramno rege, dicente eo quod, quia : « In hoc filium suum nepus meus Sessonas dirigit, ut in Parisius ingredi faciat regnumque meum auferre cupiat. » Quod numquam Childeberthus vel in cogitacione, si dici fas est, habere potuit. Multa autem et in Brunichildem regina obpropria iactabat, dicens eius consilio hec fieri, addens etiam quod Gundovaldi cundam[10] filium invitare[11] coniugio copulare vellit; unde eciam, sy||nodum episcoporum in kal. novembr. congregare precepit. Multi quidem extremis partibus Galliarum ad hoc conventum properates de via regressi sunt, pro eo quod Bronichildis regina se ab hoc crimini[12] exuit sacramentis;

---

1. *Sic, pro* fugam. — 2. *Corr.* que. — 3. *Corr.* dilapsi. — 4. *Corr.* captivos. — 5. *Corr.* nequitiam. — 6. *Corr.* conruit. — 7. *Corr.* urbes. — 8. *Corr.* Hildebertus. — 9. *Corr.* seniorem. — 10. *Corr.* quandam. — 11. *Sic, pro* invitatum. — 12. *Corr.* crimine.

et sic viis iterum reseratis, pervium patificit[1] volentibus ad regem Childeberthum accedere.

XXXIII. His diebus Ingytrudis, que monasterium in atrio sancti Martini instituerat, ad regem quasi [filiam] accusatura
5 processit; in quo monasterium Berthefledis ||, filia quon- Fol. 285. dam Chariberthi regis, resedebat. Set[2] ista egrediente, hac in Cenomannico est regressa. Erat enim gula et somno dedita et nullam de officio Dei curam habens. Negucium vero Ingytrudis et filiæ eius altius repetendum puto. Igitur
10 ante eos[3] annos cum Ingitrudis monasterium puellarum infra atrium sancti Martini, ut diximus, collocare cepissent, filiæ sue mandata mittit, dicens : « Relinque virum tuum [et veni], ut faciam te abbatissam gregi huic, quem congregavi. » At illa, audito levitatis consilio, com viro Thoronus
15 advenit; ingressaque monasterio mater[4], dicebat viro : « Regredere hinc et gubernare liberos nostros, nam ego non revertar tecum. Non enim videbit regnum Dei coniugio copulatus. » Illi[5] vero adveniens, nonciavit[6] mihi omnia, que a coniuge audierat. Tunc ego accedentes[7] ad monaste-
20 rium, canonum decreta Nicenum relegi, in quibus contenetur, quia : *Si quis reliquerit virum et torum[8] in quo bene vixit spreverit, dicens quia non sit ei porcio in illa celestis regni gloria, que fuerat coniugio copolatus, anathama sit.* Quibus audistis[9], Berthegundis metuens, ne a sacerdotibus
25 Dei communione privaretur, egressa monasterio, rediit cum viro suo. || Interpositus autem tribus vel quattuor annis, Fol. 285 v°. iterum mandata mittit ad eam mater eius, deprecans eam ad se accedere. Ad illea, honeratis navi||bus, tam de rebus Col. 457. propriis quam viri sui, adsumptus secum uno filio, viro
30 absenti, Toronus est adpulsa. Sed cum a matre propter inprobitatem vire[10] retenere non possit, scilicet[11] nec callumniam[12], que eius dolo fabricata fuerat, exciperat[13], ad Berttramnum,

---

1. *Corr*. patifecit. — 2. *Corr*. Sed. — 3. *Corr*. hos. — 4. *Sic*, pro matris. —
5. *Corr*. Ille. — 6. *Corr*. nunciavit. — 7. *Corr*. accedens. — 8. *Corr*. thorum.
— 9. *Corr*. auditis. — 10. *Corr*. viri. — 11. *Corr*. scilicet. — 12. *Corr*. calumniam. — 13. *Corr*. exciperit.

germanum eius, filium videlicit[1] suum, Burdegalinsis urbem episcupum[2] eam direxit. Prosequenti igitur vir[o] eius, dicebat quia : « Sine consilio parentum eam coniugio copolasti, non erit uxor tua. » Erant enim iam fere XXX anni, ex quo coniuncti pariter fuerant. Adiit enim vir eius plerumque urbem Burdegalinsim, sed noluit eam episcopum restituere. Cum autem rex Guntthramnus ad Aurilianinsim[3] urbem, sicut in superiorem librum memoravimus, advenisset, ibi eum acrius hic vir inpugnare verbis coepit, dicens : « Abstullisti uxorem meam cum famulis eius. Et ecce, quod sacerdotem non dicit, tu cum ancillis meis, et illa cum famulis tuis, dedecus adulterii perpetrasti. » Tunc furore commotus rex, adstrinsit episcopum, ut pulliceretur[4] eam reddere viro suo, dicens quia : « Parens mea hec est ; || si quicquam mali exercuit in domum viri sui, ego ulciscar ; sin alius[5], cor[6] boni deformitate redectatus[7] vir, coniux eius, aufertur? » Tunc Berthramnus episcopus pollicitus est, dicens : « Venit ad me, fateor, soror[8] mea post multorum annorum curricula, quam pro caritatis ac desiderii studio tenui mecum, ut libuit. Nunc autem recessit a me ; requirat nunc eam revocetque quo voluerit, me obvium non habebit. » Et hec dicens, misit clam nuncius[9] ad eam, mandans, ut, veste mutata ac penctentiam[10] accepta, in basilica sancti Martini expeterit[11]. Quod facere non distulit. Venit qui[12] vir eius cum multi[13] insequenti[14] viris, ut eam ex ipso loco sancto eiecerit[15]. Erat enim in veste relegiosa, adserens se accipisse penitenciam ; sed virum siqui dixpexit. Interea defunto aput[16] Burdigallinsim urbem Berthramno episcopo, hec ad se reversa, ait : « Vae mihi, que audivi consilio matris meae inique. Ecce frater meus obiit ; || ecce a viro derelicta sum, a filiis separata ; et quo ibo infilex[17], vel quid faciam? » Tunc, habito consilium, Pectavum pergit ;

---

1. *Corr.* videlicet. — 2. *Corr.* episcopum. — 3. *Corr.* Aurilianensem. — 4. *Corr.* polliceretur. — 5. *Corr.* aliut. — 6. *Corr.* cur. — 7. *Corr.* redactus. — 8. *Corr.* sorore. — 9. *Corr.* nuncios. — 10. *Corr.* penitentiam. — 11. *Corr.* expeteret. — 12. *Corr.* Venitque. — 13. *Corr.* multis. — 14. *Corr.* insequentis. — 15. *Corr.* eiceret. — 16. *Corr.* defuncto apud. — 17. *Corr.* infelix.

voluitque eam mater retenere[1] secum, ‖ sed penitus non Fol. 286 v°.
potuit. Ex hoc inimicicia orta, dum sepius regis presenciam
adeunt, et hec res patres defensare cupiens, hæ[2] viri;
Bertegundis donacionem Berthechramno germani sui osten-
dit, dicens quia : « Hæ et hec germanus meus mihi
contullit[3]. Sed mater eius [non] admittens donacionem,
omnia sibi vindicare cupiens, misit, que[4] æius fractam
domum eius, omnes res illius cum hac donacionem diripie-
runt; unde se ipsam genetrix reddedit conprobatam, cum
de rebus ipsis in sequenti filie quedam repetendi districta
ristituit[5]. Sed cum ego vel frater noster Maroveus episcopus
acceptis regalibus aepistulis, ut eas pacificare deberemus,
Berthegundis advenit Thoronis[6] in iudicio quoque accedens,
coegimus eam, in quantum potuimus, rationem sequi; mater
vero eius flecti non potuit. Tunc accense felle, ad regem
abiit, quasi filiam exhereditatura de facultate paterna; hac
in presenciam regis exponens causasque filiæ absente,
iudicatum est ei, ut, quartam partem filiæ restitutam, tres
cum nepotibus suis, quos de filio uno habebat, reciperat.
In qua causa Theutherius presbiter, qui nupir[7] ex refren-
dario ‖ Sigyberthi regis conversus presbiteri[8] honorem Fol. 287.
accepit, accessit, ut hac[9] devisionem[10] iuxta regis imperium
celeb[r]aret. Set[11] resistente filia nec divisio facta, nec scandalum resedatum est.

XXXIIII. Rigundis vero, filia Chilperici, cum sepius
matri calumnias inferret, diceritque[12] se essę dominam,
genetricemque suam servitio redeberit[13], et multis eam et
crebro conviciis[14] lacesserit[15], ac[16] interdum pugnis se ala-
pisque cederent, ait ad eam mater : « Quid mihi molesta es,
filia? Ecce res patris tui, que pænes me habentur, accipe
et utere, ut liberes. » Et ingressa in registo[17], riseravit[18]

---

1. *Corr.* retinere. — 2. *Corr.* hæc. — 3. *Corr.* contulit. — 4. *Sic, pro* qui. — 5. *Corr.* restituit. — 6. *Corr.* Thoronus. — 7. *Corr.* nuper. — 8. *Corr.* presbite- rii. — 9. *Corr.* hanc. — 10. *Corr.* divisionem. — 11. *Corr.* Sed. — 12. *Corr.* dice- retque. — 13. *Corr.* redeberet. — 14. *Corr.* cunviciis. — 15. *Corr.* lacessere. — 16. *Corr.* hac. — 17. regis domo. — 18. *Corr.* reseravit.

arcam monilibus ornamentisque preciosis refertam. De quacumqui[1] diutissime res deversas[2] extra||hens filiae adstanti porregerit[3], ait ad eam : « Iam enim lassata sum; inmitito[4], inquid, manum et eiece quod inveneris. » Cumque illa, inmisso brachio, res de archa abstraheret, adprehensa mater operturio arche, super cervicem eius inlisit. Quod cum fortitudinem premeret, adque gulam axis inferior ita adterreret, ut etiam oculi ad crepandum parati essent, exclamavit una puellarum, qui erat intrinsecus, || voce magna dicens : « Curritte, quesu, curritte; ecce domina mea graviter a genetricae sua suggillatur. » Et rumpentes cellolam, qui coram foribus eorum prestulabantur adventum, erutam ab imminente interitu puellam adduxerant foris. Post ista vero inter easdem inimiciciæ vehemencius pullulantes[5], et non de alia causa maximæ, nisi quia Rigundis adulteria sequebantur[6], semper cum eisdem rixe et caedæs erant.

XXXV. Beretrudis vero moriens filiam suam heredem instituit, relinquens quepiam vel monasteriis puellarum, que ipsa instituerat, vel eclesiis sive basilicis confessorum sanctorum. Sed Waddo, cui in superiore libro meminimus, querebatur a genero eius equos suus[7] fuisse dereptus[8]; cogitansque accedere ad villam eius unam, quam reliquerat filiæ suæ, que infra Pectavu... terminum erat, dicens : « Hic a regno alterius veniens, diripuit equos meus[9], et ego auferam villam eius. » Interea mandatum mittit agenti, ut se adveniente omnia que erant || ad expensam eius necessaria prepararet. Quod illi audiens, coniunctis secum omnibus ex domo illa, se ad bellum preparat, dicens : « Nisi moriar, non ingredietur Wado[10] in domum domni mei. » Audiens autem uxor Waddone, ad preparatum scilicet[11] belli instaurari contra virum suum, ait ad eum : « Ne asces-

---

1. *Corr.* quacumque. — 2. *Corr.* diversas. — 3. *Corr.* porrigeret. — 4. *Corr.* inmittito. — 5. *Corr.* pollulantes. — 6. *Corr.* sequebatur. — 7. *Corr.* suos. — 8. *Corr.* direptos. — 9. *Corr.* meos. — 10. *Corr.* Waddo. — 11. *Corr.* scilicet.

seris[1] illuc, care coniux; morieris enim, si abieris, et ego
cou filiis miser ero. » Et iniacta manu, voluit eum rete‑
nire[2], dicente preteria[3] tom[4] filio : « Si habieris, pa||ter, Col. 460.
moriemur, et relinquens genetricem meam viduam orfanus‑
que[5] germanus[6]. Sed cum hec verba penitus retenire non
potuissent, furore accensus contra filium et timidum eum
mollemque exclamans, proiecta securi penę cerebro eius
inlisit. Sed ille in parte excessus, ictum ferientes evasit.
Ascensis denique equitibus, abierunt, mandans iterum
acturi, ut, domum scopis mandatam[7], straculis scamna
operieret. Sed illi parvi pendens mandatum eius, con tur‑
bis, ut diximus, virorum ac mulierum ante foris domum
stetit, operiens adventum huius. Qui veniens, statim
ingressus domum, ait : « Cum[8] non sunt || scamna hec Fol. 288 v°.
operta stragulis, aut domus scopis mundata? » Et elevans
manum cum sic[a], caput hominis liberavit, ceciditque et
mortuus est. Quod cernens filius hominis mortui, et missa
ex adverso lanceam, contra Wadonem dirigit[9]; cuius
media alvum ictu penetrans, a tergo egressa falarica, ruens
ad terram, advenientem multitudinem[10], qui collecta fuerat,
lapidibus obrui cepit. Tunc quidam de his qui venerant
com eo inter imbres saxeos ascendentes, coopertum sago,
ac populo mitigato, heiulante filium eius, eumque super
equum levans, adhuc viventem domui reduxit. Sed proti‑
nos[11] sub lacrimis uxoris ac filiorum spiritum exalavit.
Expleta igitur tam infilicem vitam, filius eius ad regem
habiit resque eius obtenuit[12].

XXXVI. Igitur anno quo supra Childebertos[13] rex mora‑
batur cum coniuge et mater sua infra terminum urbis qua
Strateburgum vocant. Tunc viri forciores, qui[14] erant in urbe
Sessonicas sibi[15] Meldensi, venerant ad eum, dicentes : « Da
nobis unum de filiis tuis, ut serviamus ei, scilicet[16] ut de

---

1. *Corr*. accesseris. — 2. *Corr*. retinere. — 3. *Corr*. preterea. — 4. *Corr*.
tum. — 5. *Corr*. orfanosque. — 6. *Corr*. germanos. — 7. *Corr*. mundatam —
8. *Corr*. Cur. — 9. *Corr*. diriget. — 10. *Corr*. adveniente multitudine. — 11.
Corr. protinus. — 12. *Corr*. obtinuit. — 13. *Corr*. Childebertus. — 14. *Ms*. q;
— 15. *Sic, pro* sive. — 16. *Corr*. scilicet.

progeniae tua pignus retinentes nobiscum, facilius ressistentes[1] inimicis, terminus[2] urbis tue defensare studeamus. » Ad ille gavissus[3] noncio[4], Theodoberthum, suum seniorem filium, illuc dirigendum distinat. Cui cumitibus[5], dumestices[6], maioribus ‖ adque nutriciis vel omnibus qui ad exercendum servicium regale erant necessarii, delegatis, mense sexto huius anni direxit eum iuxta voluntatem virorum, qui eum a rege flagitaverant transmittendum. Suscepitque eum populus gaudens ac deprecans, ut vitam eius patrisque sui aevo prolixiori pietas divina concederet.

XXXVII. Erat enim aput[7] urbem Sessionas his diebus Ductighissilus episcopus, qui propter nimiam, ut ferunt, putacioni quarto instante anno sensem[8] perdiderat. Adserebat enim multi civium, quod hoc etiam ei maleficiis accessisset per missionem archidiaconi, quem ab onore[9] reppulerat, in tantum ut infra muros urbis hanc amenciam magis haberit[10]; si vero de civitate fuisset egressus, agebat commodius. Cumque rex supradictum ab urbem venisset, et hi melius agere, non permittebatur ingressus urbem propter regem, qui advenerat. Et licit[11] esset vorax cibi hac veni[12] extra modum, quam sacerdotalem cautillam[13] dicit, tamen nullum[14] de eo adulteriam quispiam est locutus. Verumtamen in sequenti cum aput[15] Sauriciacum villam episcuporum sinodus adgregata fuusset[16], iussum est, ut licerit[17] ei ingredi urbem suam.

XXXVIII. Cum autem Faileuba regina Childeberti regis, partu ‖ editu mox extinto[18], egrutaret[19], adtigit aures eius sermo, quod quidam vel contra eam vel contra Brunichildem regina agere conarentur. Cumque confortata ab incommodo, ad regis presenciam accessiset, omnia tam ei quam matri eius que audierat reseravit. Verba autem huiuscemodi

---

1. *Corr.* resistentes. — 2. *Corr.* terminos. — 3. *Corr.* gavisus. — 4. *Corr.* nuncio. — 5. *Corr.* comitibus. — 6. *Corr.* domesticis. — 7. *Corr.* apud. — 8. *Corr.* sensum. — 9. *Corr.* honore. — 10. *Corr.* haberet. — 11. *Corr.* licet. — 12. *Corr.* vini. — 13. *Corr.* cautellam. — 14. *Corr.* nullam. — 15. *Corr.* apud. — 16. *Sic*, pro fuisset. — 17. *Corr.* liceret. — 18. *Corr.* extincto. — 19. *Corr.* egrotaret.

erant, quod scilicet Septimini[1], nutrix infantum eius, consilio suadere vellet regi, ut, eiectam matrem coniugemque relictam, aliam sortiretur uxorem; et hic cum eodem quecumque vellent vel actagerunt[2] vel precibus obti||nerent. Col. 462.
Quod si hoc rex nollet adquiescereque suadebat, ipsum maleficiis interempto, elevatis filiis eius in regno, repulsa nichilominis matrem eorum et aviam, ipsi regerent regnum. Huius enim consilii socias pronunciant esse Sumnegysilum[3] comitem stabuli et Gallomagnum referendarium adque Dructulfum, qui ad solacium Septiminæ[4] ad nutriendum regis parvulus[5] fuerat datus. Denique corripiuntur hi duo, Septimina[1] videlicet et Dructulfus. Nec mora, extensi inter stipitis cum væcmencius[6] cederentur, profititur[7] Septimina virum suum Iovium maleficiis interfecisse ob amorem Dructulfi, ipsumque secum scorto miscere[8]. || De Fol. 290. his, que supra diximus, causis pariter confitentur et memoratus[9] viros in hoc consilio habitus indicat. Nec mora inquiruntur et ipsi; set[10] consciencia[11] accesserunt, (e) latebram infra eclesiarum septa petiere. Ad quos rex ipse procedens, ait: « Egrediemini in iudicio, ut cognoscamus de his que vobis obiciuntur, si vera sunt an falsa. Nam, ego ut opinur[12], in hec eclesia fuga delapsi non fuisetis, nisi vos consciencia[11] terruisset. Verumtamen promissionem habitote di[13] vita, etiamsi culpabilis[14] inveniamini. Christiani enim summus[15]; nefas est enim vel criminosus[16] ab eclesia eductus puniri. » Tunc educti foris, cum rege venerunt ad iudicium; discussisque reclamabant, dicentes, quia: « Septimina cum Dructulfo hoc nobis consiliom[17] patefecit. Sed nos exsecrantes ac fugientes, numquam consentire voluemus[18] hoc scelus. » Et rex: « Si, inquid, vos nullam conivenciam[19] prebuisetis[20], nostris auribus utique intulissetis. Verumne ergo est, vos in hec causa pre-

---

1. *Corr.* Septimana. — 2. *Sic, pro* actu agerent. — 3. *Corr.* Sunnegysilum. — 4. *Corr.* Septimanæ. — 5. *Corr.* parvulos. — 6. *Corr.* væhemencius. — 7. *Corr.* profitetur. — 8. *Corr.* misceri. — 9. *Corr.* memoratos. — 10. *Corr.* sed. — 11. *Corr.* conscientia. — 12. *Corr.* opinor. — 13. *Corr.* de. — 14. *Corr.* culpabiles. — 15. *Corr.* sumus. — 16. *Corr.* criminosos. — 17. *Corr.* consilium. — 18. *Corr.* voluimus. — 19. *Corr.* conveniciam. — 20. *Corr.* prebuissetis.

buisse consensum, cum hoc nostre sciencie oculi voluistis? » Et statim eiecti foris, iterum eclesiam[1] petierunt. Septimina vero cum Droctulfo vehementer cæsa ac cauteriis accensis in facie vulnerata, ablatis hominibus que habebat, Marilegium villa deducitur, ut scilicet || trahens molam, his qui in genicio erant || posite, per dies singulus[2] farinas ad victus necessaria prepararet. Dructulfus enim, incisis capillis et auribus ad vineam excolendam delegaverunt; post dies paucus[3] fuga delabitur. Inquisitusque ab iactori, [iterum ad regem deducitur; ibique multum cesus,] iterum ad vineam, quam reliquerat, distinatur[4]. At vero Suntnegysilus et Gallomagnus privati a rebus quas a fisco meruerant, in exilio retruduntur. Sed venientibus legatis, inter quos episcopi erant, a rege Guntchramno et petentibus pro his, ab exilio revocantur; quibus nihil aliut est relictum, nisi quod habere proprium videbantur.

XXXVIIII. In monasterio vero Pectavinse, insidiante diabulo in corde Chrodeildis, qui se Chariberti quondam regis filiam adserebat, ortu[5] scandalo, ipsa quoque quasi de parentibus confisa regibus, exacta sacramenta sanctimonialibus, ut, iniectis in abbatissam Leuboveram criminibus, eam monasterium deiecta, ipsam substituerant principalem, egressa est cum XL. aut(em) amplius puellis et consubrinam[6] suam Basinam, filiam Chilperici, dicens quia : « Vado ad parentes meus[7] regis[8], ut eis cumtumeliam[9] nostram innotiscere[10] valeam, quia non ut filiæ regum, set[11] ut malarum ancillarum || genite in hoc loco humiliamur. » Infilex[12] ac facilis non recordans, in qua se humilitate beata Radegundis, que hoc instituit monasterium, exhibebat. Egresso ergo ab eo, Thoronus[13] advenit, dataque nobis salutacione, ait : « Deprecur[14], sancte sacerdotes[15], ut has puellas, quæ in magne humilitate ab abatissa Pectavinse

---

1. *Corr.* ecclesiam. — 2. *Corr.* singulos. — 3. *Corr.* paucos. — 4. *Corr.* destinatur. — 5. *Corr.* orto. — 6. *Corr.* consobrinam. — 7. *Corr.* meos. — 8. *Corr.* reges. — 9. *Corr.* contumeliam. — 10. *Corr.* innotescere. — 11. *Corr.* sed. — 12. *Corr.* infelix. — 13. *Corr.* Thoronis. — 14. *Corr.* Deprecor. — 15. *Corr.* sacerdos.

redacte sunt, costodire [1] digneris ac cibum prebere, donec
ego eam ad reges parentes nostros exponamusque eis que
patimur et r[e]vertar. » Quibus ego aio : « Si abbatissa deli-
quit aut canonicam regula in aliquo pretermisit, accedamus
ad fratrem nostrum Maroveum episcopum et coniuncti argua-
mus eam; emendatisque negociis, restituamini in monasterio vestro, ne dispergatur luxo‖ria, quod sanctæ Radegundis   Col. 464.
ieiuniis et oracionibus crebris elymosinisque frequentibus
adgregavit. » Et illa respondit : « Nequaquam, sed a [2] reges
ivimus [3]. » Et ego : « Quare racioni [4] ressistitis ? Ob qua
rem sacerdotale monitum non auditis ? Vereor, ne coniunctis sacerdotis eclesiarum [5] vos a cummunionem [6] removeant. »
Sic enim et antecessores in epistulam, que a beatam Radegundem inicio huius congregaciones [7] scripserunt, habetur
insertum. ‖ Cuius exemplaria huic leccione inseri placuit.   Fol. 291 v°.

(XL) *EXEMPLAR EPISTOLÆ. Domine beatissimæ et in Christo
ecclesiæ filie Radegunde, Efronius, Pretextatus, Germanus,
Felix, Domicianus, Victurius et Domnolus episcopi. Solicita
sunt iugiter circa genus umanum [8] inminsam [9] Divinitates [10]
provi[sura vemedia, nec ab assi]duetate [11] beneficiorum suorum
quoqumque [12] loco vel tempore videntur aliquando seiuncta,
cum pius rerum arbiter tales in hereditate [13] cultura ecclesiasticę personas ubique dissiminat [14], quibus agrhum eius
intenta operatione fidei rastro colentibus ad filicem centini [15]
numero redditum divina temperiae Christi seges valeat perve-
nire. Tantum igitur benignitatis eius se passim despensatio
profutura defundit, ut illum nosquam [16] denegit [17], quod pro-
desse multis agnuscit [18]; quarum personarum exemplo sanc-
tissimo, cum iudicaturus [19] advenerit, habeat in plurimis quod
coronetur. Itaque cum ipso catholice relegiones exortu cepissent Galicanis in finibus venerande fidei primordia respirare,*

1. *Corr.* custodire. — 2. *Corr.* se ad. — 3. *Corr.* ibimus. — 4. *Corr.* Qua
e racione. — 5. *Corr.* ecclesiarum. — 6. *Corr.* communionem. — 7. *Corr.*
congregacionis. — 8. *Corr.* humanum. — 9. *Corr.* inmensam. — 10. *Corr.*
Divinitatis. — 11. *Ms.* proviductate, *corr.* providuitate. — 12. *Corr.* quocumque. — 13. *Corr.* hereditate. — 14. *Corr.* disseminat. — 15. *Corr.* centeni. —
16. *Corr.* nusquam. — 17. *Corr.* deneget. — 18. *Corr.* agnoscit. — 19. *Corr.*
iudicaturos.

et adhuc ad paucorum notitia tunc ineffabilia pervenissent Trinitates[1] *dominice sacramenta; ne quid huic minus adquirere, quam in urbes circuli, predicantibus apos||tolis obtenere*[2]*, beatum Martinum peregrina de sterpe*[3] *ad inluminationem patriæ dignatus est dirigere, misericordiam consolenti. Qui licet apostolorum temppore non fuerit, tamen apostolorum gratiam non efugit*[4]*; nam quod defuit ordine suppletum est in mercede, quoniam* || *sequens gradus illi nihil subtrait, qui meritis antecellit*[5]*. Huius quoque, reverentissima filia, in vobis congratulamur reddiviva surgere supernæ dilectiones*[6] *exempla propitiatione divina; nam, declinante temppore*[7] *seculi vetustate, vestris sensus certamine fides revirescit in flore; et quod veterno debuerat*[8] *algore senecte, tandem ferventes animæ rursus incalescat ardore. Sed cum pene eadem venerites*[9] *ex parte, que beatum Martinum huc dedicimus*[10] *accessisse, non est mirum, si illum imitare videaris in opere, quem tibi ducem credidimus itineris extetisse; ut cuius es secuta vestigia, filici*[11] *voto compleasset exempla, et beatissimum virum in tantum tibi facias socium, in quantum partem refuges*[12] *habere de mundo. Cuius openiones*[13] *radio premigante, ita redis* || *audientium pectora cælesti folgoræ*[14] *suffusa, [ut]*[15] *passim provocati puellarum animi, divini ignis scentella*[16] *succensi, rapti festinant avide in caritatem Christi fontem vestri pectoris inrigari, et relectis parentibus te sibi magis elegant*[17] *quam matrem; facit gratia, non natura. Igitur huius studii vota videntes, gratias clementiæ supernę referemus*[18]*, qui voluntates hominum suæ facit voluntate conecti; quoniam confidemus*[19]*, qua*[20] *aput*[21] *vos iubet collige*[22] *s[uo] volunt amplexu servare. Et qui asdam*[23] *cunperimus Dwinitatem propitia, de nostris terreturüs*[24] *ad institucionem vestre regulę desiderabiliter convolasse, inspicientes etiam vestre*[25]

---

1. *Corr.* Trinitatis. — 2. *Corr.* obtinere. — 3. *Corr.* stirpe. — 4. *Corr.* effugit. — 5. *Corr.* antecellet. — 6. *Corr.* dilectionis. — 7. *Corr.* tempore. — 8. *Corr.* tebuerat, *pro* tepuerat. — 9. *Corr.* venerctis. — 10. *Corr.* didicimus. — 11. *Corr.* felici. — 12. *Corr.* refugis. — 13. *Corr.* opiniones. — 14. *Corr.* fulgoræ. — 15. *Additum.* — 16. *Corr.* scintilla. — 17. *Corr.* eligant. — 18. *Corr.* referimus. — 19. *Corr.* confidimus. — 20. *Corr.* quas. — 21. *Corr.* apud. — 22. *Corr.* collegi. — 23. *Corr.* hasdam. — 24. *Corr.* territuriis. — 25. *Corr.* vestrę.

pectictionis epistolam libenter a nobis exceptam, *o*[1] *Christo auctore et remediatore firmamus, ut, licet omnes ęqualiter que ibi conveniunt in Dei caritate mansure debeant inveolabiliter*[2] *costodire*[3]*, quod videntur libentissimo animo suscepisse, quoniam contaminare non decet Christo fides, cœlo teste promessa*[4]*, ubi non leve scœlus est, templum Dei, quod abssit, pullui, ut ab eo posset, ira succendente, disperdi; tamen specialiter definimus, si quasi quod dictum est, de locis sacerdotaliter nostre* || *gubernacione, Domino providente, commissis, et Pectavine civitate vestrum mo*||*nasterio meruerit sociari secundum beate memoriæ domno Cæsarii Erelatensis*[5] *episcopi constituta, nulli sit ulterius discædendi licentia, que, sicut conteneret*[6] *regula, voluntate propria videtur ingressa; ne unius turpi dedecore ducantur in crimine, quod apud omnes emicat in honore. Et ideo sicut*[7] *avertat Deus, aliqua insane mentis inlicitatione succensa, a*[8] *tanti oproprii*[9] *maculam precipitare suam voluerit disciplinam, gloriam et coronam, ut inimici consilio, sicut Eva eiectam de paradiso, per qualemcumque locum de claustris ipsius monastirii, imo*[10] *de cęli regno exire pertullerit, mergenda et concolcanda*[11] *vili platearum in luto; separata a cummunione*[12] *nostra, diri anathematis vulnere feriatur; ita ut, si fortassis, Christo relecto*[13]*, homine volueret*[14] *nubere, diabulo*[15] *captivante, solum ipsa que refugit, sed etiam ille, qui ei coniunctus est, turpis adulter et potius sacrilecus*[16] *quam maritus; vel quisquis, ut hoc fierit*[17]*, veninum*[18] *magis* || *quam consilio minestravit*[19]*, simile ultione, sicut de illa dictum est, cœleste iuditio, nobis obtantibus, percelatur*[20]*, donec, seperationem facta, per conpetentem exegrandi criminis penitendam a loquo quuo*[21] *egressa fuerat recipi meruerat et adnecti. Adiciente se iam*[22]*, ut eorum*[23]*, qui nobis quandoque successuri sunt sacerdotes, similis comdempnatio-*

---

1. *Corr.* a. — 2. *Corr.* inviolabiliter. — 3. *Corr.* custodire. — 4. *Corr.* promissa. — 5. *Corr.* Arelatensis. — 6. *Corr.* contineret. — 7. *Sic, pro* si, quod. — 8. *Corr.* ad. — 9. *Corr.* obprobrii. — 10. *Corr.* immo. — 11. *Corr.* conculcanda. — 12. *Corr.* communione. — 13. *Corr.* relicto. — 14. *Corr.* voluerit. — 15. *Corr.* diabolo. — 16. *Corr.* sacrilegus. — 17. *Corr.* fieret. — 18. *Corr.* venenum. — 19. *Corr.* ministravit. — 20. *Corr.* precellatur. — 21. *Corr.* que. — 22. *Sic, pro* Adicientes etiam. — 23. *Sic e corr.*

nis[1] *teneantur adstrecti*[2] *reatum; sicut non credimus, aliquid ipsi voluerit aliter, quam nostra diliberatio*[3] *contenit*[4]*, relaxare, noverint se nobiscum, eterno definiente iudice, causaturus*[5]*, quia communis est salutis instructio, sicut Christo promittitur inveolabiliter*[6] *observetur. Quod nostra determinationes*[7] *decretom*[8] *pro firmitates institui* (tu), *proprię manus subscriptione credidimus roborandum, perpetualiter a nobis Christo auspicę servaturum.*

Lecta igitur hæc epistola, Chrodeeldes[9] dixit : « Numquam nos ulla retenebit[10] mora, nisi ad reges, quos parentes nostros esse novimus, accedamus. » Venerant enim pedestri iteneri[11] a Pectavo, nec ullius ęquitis habuerant beneficium, || unde anille et satis exigę erant. Sed nec victus alimonia ullam eis in viam quisquam prebuerat. Accesserunt enim ad urbem nostram dię prima minsis primi; erant enim pluvie mag‖ne, sed et viæ dissolute erant a nimia inmensitate aquarum.

XL. Detraebant[12] enim et de episcopo, dicentes, quia illius dolo et hæc turbate, in nonasterium[13] fuerat derelectum; sed matheriam huius scandali alicujus placuit memorari. Tempore Chlothari[14] regis, eum beata Radegundis hoc monasterium instituisset, semper subiecta et oboediens cum omni congregatione sua anterioribus fuit episcopus[15]. Tempore vero Sigiberty, postquam Maroveus epescopatum urbis adeptus est, acceptis epistolis Sigyberty regis, pro fide ac devotione Radegundis beata in partibus orientis clericus[16] destinat pro dominicę cruces[17] ligno ac sanctorum apostolorum ceterorumque martyrum reliquiis. Qui euntes detullerunt æc[18] pignora. Quibus delatis, petiit regina episcopum, [ut] cum honore debito grandique psallentium in monastherium locarentur[19]. Sed ille dispitiens suggescio-

---

1. *Corr.* comdempnationes. — 2. *Corr.* adstricti. — 3. *Corr.* deliberatio. — 4. *Corr.* continet. — 5. *Corr.* causaturos. — 6. *Corr.* inviolabiliter. — 7. *Corr.* determinationis. — 8. *Corr.* decretum. — 9. *Corr.* Chrodchildis. — 10. *Corr.* retinebit. — 11. *Corr.* itineri. — 12. *Corr.* detrahebant. — 13. *Sic, pro* monasterium. — 14. *Corr.* Clotharii. — 15. *Corr.* episcopis. — 16. *Corr.* clericos. — 17. *Corr.* crucis. — 18. *Corr.* hæc. — 19. *Corr.* collocarentur.

nem¹ eius, [ascensis equis, villae se contulit. Tunc] regina
iteratis ad regem Sigibertum direxit, deprecans, ut ingunc-
tione² sua quicumque ex episcopis hæc pignora cum illo
quod decebat honorem votumque eius exposceret, in mona-
sterium collocaret. Ad oc³ enim opus || beatus Eufonius⁴ Fol. 295.
urbis Thoronicę episcopus iniungitur. Qui cum clericis
suis Pectavo accedens, cum grandi psallentium et cereorum
micantium ac timiamathis apparatu sancta pignora, absente
loci episcopo, in monasterium detulit. Post hec, cum pon-
teficis⁵ sui sepius graciam quereret, nec possit adipisci,
necessitate commota, cum abatissa⁶ sua, quam instituerat,
Arelatensem urbem expetunt. De qua regulam sancti
Cæsarii aque⁷ Cæsarię beatæ susceptam, reges⁸ se tui-
tione munierunt, || scilicet⁹ quia in illum, qui pastor esse Col. 468.
debuerat, nullam curam defensiones suæ potuerunt repperire. Ex oc¹⁰ scandalum de die in die propagatum, tempus
migrationis beate Radegundis advenit. Qua migrante, iterum petiit abbatissa sub sacerdotis sui potestate dilegere¹¹.
Quod ille cum primum respuere voluissed, consilio suorum
promiset¹², se patrem earum, sicut dignum erat, fieri et,
ubi necessitas fuisset, suam prebere defensionem. Unde
factum est, ut habiens ad Childebertum regem preceptio-
nem elicerit¹³ ut ei hoc monasteriom¹⁴, || sicot¹⁵ reliquas Fol. 295 v°.
parochias¹⁶, regulariter liceat gobernare¹⁷. Set¹⁸, nescio
quid, credo aduc¹⁹ in eius animus resedisset, ut he²⁰
puellæ adserunt, quod moverunt scandalum. His vero
intendentibus, ut at reges, sicot¹⁵ diximus, presæntiam
properarent, dedimus eis consilium, dicentes : « Intende-
tis²¹ contra rationem, et nullo modo vobis ea series inseri
potest, quhi blasphemium arceat. Sed, sicot¹⁵ diximus,
rationem prætermittetis nec salubre consilium vultis accipere, vel hoc conicite in animas vestras, ut, preterito

---

1. *Corr.* suggestionem. — 2. *Corr.* iniunctione. — 3. *Corr.* hoc. — 4. *Corr.* Eufronius. — 5. *Corr.* pontifices. — 6. *Corr.* abbatissa. — 7. *Corr.* adque. — 8. *Corr.* regis. — 9. *Corr.* scilicet. — 10. *Corr.* hoc. — 11. *Corr.* diligere. — 12. *Corr.* promisit. — 13. *Corr.* elicerit. — 14. *Corr.* monasterium. — 15. *Corr.* sicut. — 16. *Corr.* parrochias. — 17. *Corr* gubernare. — 18. *Corr.* Sed. — 19. *Corr.* adhuc. — 20. *Corr.* hec. — 21. *Corr.* Intenditis.

hiberni uius [1] tempore, qui in hoc verno [2] accessit, cum aurae cummodiores [3] fuerint, quod ducit voluntas pergere valeatis. » Quo consilio aptę suscipientes, subsequente estate, relictis Thoronis ceteris ac commendatis consobrinæ suae Chrodieldes [4] sanctæmonialibus, ad regem Gunthchramnum accessit. A quo suscepta ac muneribus honorata, Thoronis est regressa, Costantinam, filiam Burgolino, in monastherio Agusthidenensim [5] relicta, expectans episcopos, qui a rege fuerant iussi advenire ad causam || ipsarum cum abatissa [6] discutere. Multe tamen ex his adversis circumventi, matrimonio copolate sunt, priusquam hęc agere grederetur [7]. Cumque prestulantes [8] atventum [9] nulum [10] episcopum advenire senserunt. Pectavum regressi sunt et se infra basilica sancti Helarii tutaverunt, con||gregatis secum furibus, homicidis, adulteriis [11] omniumque criminum reis, stabilientes se ad bellum atque dicentes, quia : « Reginę sumus, nec prius in monasterio nostro ingrediemor [12], nisi abatissa [13] eiecietur foras. » Erat ibi tunc reclausa quedam [14], que [15] ante paucus annus [16] per murum se deiciens, ad basilicam sancti Elarii confugit, multa in abatissam [17] crimina evomens, que [18] tamen falsa cognovimus. Sed postquam in monastyrium per eum locum, unde se precipitaverit, funibus est adtracta, petiit, ut se in cellolam [19] secretam recluderet, dicens, quia : « Multum peccavi in Domino et domine meæ Radegunde, que illis diebus subprestes erat; volo me, » ait, « ab hac frequentia congregaciones totius admovere et pænitentiam pro neglectis || meis agere. Scio enim, quia misericors est Dominus et remittit confitentibus se peccata. » Et ingressa est in cellolam. Cum autem hoc scandalum cummotus fuisset, et Crhodehildis a Guntchramno rege regressa esset, hec, disrupto nocturnis horis osteo [20] cellole [21], egressa est a monasterium et ad Chrodeildem

---

1. *Corr.* hiberniius. — 2. *Add.* tempore. — 3. *Corr.* commodiores. — 4. *Corr.* Chrodehildis. — 5. *Corr.* Agusthidunensi. — 6. *Corr.* abbatissa. — 7. *Corr.* a rege regrederetur. — 8. *Corr.* prestolantes. — 9. *Corr.* adventum. — 10. *Corr.* nullum. — 11. *Corr.* adulteros. — 12. *Corr.* ingrediemur. — 13. *Corr.* abbatissa. — 14. *Corr.* quędam. — 15. *Corr.* quę. — 16. *Corr.* paucos annos. — 17. *Corr.* abbatissam. — 18. *Corr.* quę. — 19. *Corr.* cellulam. — 20. *Corr.* ostio. — 21. *Corr.* cellolę.

abiit, multa, sicot¹ prius fecerat, crimina de abbatissa prorumpens.

XLI. Dum autem hec agerentur, Gundegysilū² Burdigalensis episcopus adiunctis secum Nicasium Ecolisinensem et Safarium Petrocorium ac ipso Maruveo Pectavensi episcopum, eo quod uius urbis metropolis esset, ad basilicam sancti Elari advenit, arguens as³ puellas et in monasterio reducere cupiens. Sed cum ille obstinatius reluctarent, et hic cum reliquis iuxta epistolam superius nominatam eis excomunionem indicerent, exsurgens turba murionem prefatorum, tanta eos in ipsa sancti Helari basilica cede mactavit, ut conruentes ipavimento⁴ episcopis, vix consurgere possint; sed et diaconi || et reliqui clerici sanguine perfusi, cum effractis capi||tibus basilicam sunt egressi. Tam inmensus enem⁵ eos, ut credo, diabulo⁶ cooperante, pavor obscederat, ut egredientes a loco sancto nec sibi vale dicentes, unusquisque per viam, quam adrepere potuit, repedaret. Adfuit huic calamitate et Desiderius diaconus Siagri Agustiduninsis episcopi⁷, qui, non inquisito Clenni flumines⁸ vado, quo primo⁹ litus attigit, est ingressus, ac¹⁰, [n]ante [equite], ripę ulteriores campo evectus est. Ex hoc Crodiheldis¹¹ ordinatores elegit, villas monasterii pervadit, et quoscumque de monastherio aripere¹² potuissit¹³, plagis ac cedibus adfectos suum servicio subiugabat, minans, ut, si monasterium [posset] ingredi, abbatissam de muro proiectam terra deiecerit¹⁴. Quod cum Childeberto rege nuntiatum fuisset, statim directa auctoritat[e], precipit¹⁵ Maconi com.¹⁶, ut hec repremere omni intentione [de]beret¹⁷. Gundegessilus¹⁸ autem, cum has a communione suspensas cum ceteris, ut diximus, reliquissit episcopis, epistolam ex [s]uo fratrumqui presentium nomine conscripsit ad sacerdotes illus¹⁹, qui

---

1. *Corr.* sicut. — 2. *Corr.* Gundegysilus. — 3. *Corr.* has. — 4. *Corr.* in pavimento. — 5. *Corr.* enim. — 6. *Corr.* diabolo. — 7. *Corr.* episcopus. — 8. *Corr.* fluminis. — 9. *Corr.* primum. — 10. *Corr.* hac. — 11. *Corr.* Crodibildis. — 12. *Corr.* arripere. — 13. *Corr.* potuisset. — 14. *Corr.* deieceret. — 15. *Corr.* precepit — 16. *Corr.* comite. — 17. *Corr.* deberet. — 18. *Corr.* Gundegisilus. — 19. *Corr.* illos.

tunc cum rege Guntchramno fuerant atgregati. A quibus hec rescripta suscepit : ||

EXEMPLAR REESCRIPTI. Dominis semper suis atque apostolicis sede digissimis[1] *Gundegysilo, Nicasio et Safario, Aetherios, Syacrius, Aunacharius, Etsicyus, Agroecula, Urbitus, Felix, Veranus, item Felix et Berthechramnus episcopi. Litteras vestras beatitudinis quantum, referante nuntio, de vestra sospitate gavisi, excipimus, tantum de iniuriam, quam vos pretullisse signastes*[2]*, non modicum erore*[3] *adstringuemur*[4]*, dum et regula transcenditur, et nulla reverentia re[le]giones servatur. Sed quia indegastis*[5] *monacas*[6]*, que*[7] *de monastherio bona*[8] *memoriæ Radigundi*[9]*, intigante*[10] *diabulo*[11]*, fuerunt degressę, nullam a vobis adquieverant correctionem au||dire nec intra monastherii sui septa, de qua egressae fuerant voluissent reverti; insuper basilicam sancti Helarii per cedes vestras vestrorumque iniuriam intullisse; quapropter ipsas a communionis gratiæ vise*[12] *fuistis suspendere ac per hoc nostram exinde mediocritatem elegistis consulere; igitur, quia optime*[13] *vos novimus statuta canonum percurrisse ac riculę*[14] *plenitudinem continere, ut, qui in talibus excessibus* || *videntur depraehendi, nun*[15] *solum excummunicacionem*[16]*, verum eciam*[17] *penitentiæ satisfaccionem*[18] *debeant coerceri; adeo reddentes cum venerationes cultum summę aviditatis dilectionis instinctum, indgamus*[19] *ea que defenistis concordanter vestræ sententię consentire, quoadusque in sinodale concilio kalendis novembribus pariter positi, debeamus consilio pare*[20] *tractare, qualiter talium temiretas*[21] *frenum districtionis possit accipere, ut deinceps nulli libeat sub hunc lapsum, faciente iactantia, similia perpetrare. Attamen*[22]*, quia nos sua dictione domus Paulus apostolus indesinenter videtur movere*[23]*, ut oportune inpor-*

---

1. *Corr.* dignissimis. — 2. *Corr.* signastis. — 3. *Corr.* errore. — 4. *Corr.* adstringimur. — 5. *Corr.* indicastis. — 6. *Corr.* monachos. — 7. *Corr.* quę. — 8. *Corr.* bonae. — 9. *Corr.* Radegundi. — 10. *Corr.* instigante. — 11. *Corr.* diabolo. — 12. *Corr.* visę. — 13. *Corr.* optimę. — 14. *Sic*, pro regulae. — 15. *Corr.* non. — 16. *Corr.* excommunicacionem. — 17. *Corr.* etiam. — 18. *Corr.* satisfactionem. — 19. *Corr.* indecamus. — 20. *Corr.* pariter. — 21. *Corr.* temeritas. — 22. *Corr.* Ad tamen. — 23. 1. Tim. IV, 2 et 8.

tune[1] *debeamus quoscumque excidentes sidola predicatione corregere, et pietatem protestatur ad omnia utilem esse, adeo suggerimus, ut adhuc et oratione assidua Domini misericordiam deprecemini, ut ipse spiritu conpunctionis ipsas infla-*
5 *mare dignetur, ut id quod per dilectum vise sunt contracxisse digna satisfaccione peneteant, ut in monasterio sub vestra predicatione animas,* || *que quodam modo perierunt,* Fol. 298 v. *propitio Christi revertantur, ut ille, qui unam humeris inlatam ovem errantem ad ovilem reduxit, et de istarum trans-*
10 *gressionem quasi adquesitum gregem cumgaudere dignetur. Hoc specialius postolantes, ut pro nobis intercessionem vestrarum suffragia indesinenter, ut confidemus*[2], *tribuatis. Peculiares*[3] *vester Ætherius peccator salutare presumo. Cliens vester Issichyus reverenter audeo salutare. Amatur*[4]
15 *vester Siagrius reverenter saluto. Cultor vester Urbecus peccator famulanter saluto. Veneratur*[5] *vester Veranus episcopus reverenter saluto. Famulus vester Filex*[6] *salutare presumo. Umiles*[7] *vester atque* || *amatur*[8] *Felix audeo salutare.* Col. 472. *Humiles atque oboediens vester Berthramnus episcopus salu-*
20 *tare presumo.*

XLII. Sed et abatissa[9] recitavit epistolam, quam beata Radegundes episcopis, qui suo tempore erant, direge[10] voluit. Cuius nunc iterum ipsa abatissa[11] exemplaria ad vicinarum urbium sacerdotes direcxit[12]. Cuius hec est exem-
25 plar : ||

EXEMPLAR EPISTULE[13]. *Dominis sanctis et apostolica sede* Fol. 299. *dignissimis in Christo patribus episcopis Radegundis Pectavum. Congrue provisionis tunc roborabiliter ad effectum tendit exordium, cum generalibus patris, medicis ac pastoribus*
30 *utilis*[14] *sibi cummissa causa auribus traditur, cuius sensibus*

---

1. *Corr.* oportunę inportunę. — 2. *Corr.* confidimus. — 3. *Corr.* Peculiaris. — 4. *Corr.* Amator. — 5. *Corr.* Venerator. — 6. *Corr.* Felix. — 7. *Corr.* Humilis. — 8. *Corr.* amator. — 9. *Corr.* abbatissa. — 10. *Corr.* diregere. — 11. *Corr.* abbatissa. — 12. *Corr.* direxit. — 13. *Corr.* epistolę. — 14. *Sic,* pro ovilis.

cummendatur; quorum participacio de caritate, consilium de potestate, suffragium de oratione ministrare poterit interventum. Et quoniam olim vinculis laicalibus absoluta, divina providente [et] inspirante clemencia[1], *ad re[le]giones normam visa sum voluntarię duce Christo translata, ac prone mentis studio cogitans eciam*[2] *de aliarum profectibus, ut, anuente Domino, mea desideria efficirentur reliquis profutura, instituente adque remunerante precellentissimo domno regi Chlothario, monasterium puellarum Pectave urbe constitui, conditumque, quantum mihi munificencia regalis est largita, facta donatione, dotavi; insuper congregacionem*[3] *per me, Christo prestante, collecta, regulam, sub qua sancta Cesaria deguit, quam sollicitudo beati Cessari antestites*[4] *Arelatinsis*[5] *ex institucione sanctorum patrum convenienter collegit, accivi*[6]. *Cui, consencientibus beatissimis vel uius*[7] *civitates*[8] *vel reliquis pontificibus, eleccione etiam nostre congregaciones*[9], *domnam et sororem meam Agnitem,*

ol. 299 r°. *quam ab ineunte ætate loco filiæ colui et edoxi, abbatissam*[10] *institui, ac me post Deum eius ordinatione regulariter oboedituram conmisi. Cuique, furmam*[11] *apostolicam observantes, tam ego quam sorores de terrena substantia que possederi videbamur, factis cartis, tradedimus*[12], *metu Annaniae*

Col. 473. *et Saffirę in monasterio positę nihil proprium reservantes. Set*[13] *quoniam incerta sunt humane condicciones*[14] *momenta vel tempora, quippe mundo in fine currente, cum aliqui magis propriae quam divine cupiant voluntate servire, zelo ducta Dei, hanc suggessiones*[15] *meę paginam [m]ere[to]*[16] *apostolatus vestrę in Christo nomen superaestes*[17] *porręgo vel devota. Et quia presens non valui, quassi*[18] *vestris provoluta vistigiis*[19], *epistulę*[20] *vicariaetate prosternor, coniurans per Patrem et Filium et Spiritum sanctum ac diem tremendi iudicii, sic representatus vos, non tyrannus obpugnet, sed legitimus rex*

---

1. *Corr.* clementia. — 2. *Corr.* etiam. — 3. *Corr.* congregationem. — 4. *Corr.* antestitis. — 5. *Corr.* Arelatensis. — 6. *Corr.* adscivi. — 7. *Corr.* huius. — 8. *Corr.* civitates. — 9. *Corr.* congregacionis. — 10. *Ms.* abbats *abbr.* — 11. *Corr.* formam. — 12. *Corr.* tradidimus. — 13. *Corr.* Sed. — 14. *Corr.* condiccionis. — 15. *Corr.* suggestiones. — 16. *Corr.* paginam e. — 17. *Corr.* suprestes. — 18. *Corr.* quasi. — 19. *Corr.* vestigiis. — 20. *Corr.* epistolę.

coronet, ut, se[1] *casu post meum obitum, si quecumque persona, vel loci eiusdem pontifex, seu potestas principes*[2], *vel aliquis, quod nec fieri credimus, congregacionem*[3] *vel suasu malivolo vel inpulsu iudiciario praeturbare timtaverit*[4], *aut regulam frangere, seu abbatissam alteram quam sororem meam Agnitem, quam beatissimi Germani presen‖tibus suis* Fol. 300. *fratribus benediccio consecravit, aut ipsa congregacio, quod fieri non potest, habita murmoracione, mutare contenderit, vel quasdam dominaciones in monasterio vel rebus monaste-*
10 *rii quecumque persona vel pontifex loci, preter quas antecessores episcopi*[5] *aut alii, me superstete, habuerunt, novo previlegio*[6] *quecumque affectare voluerit, aut extra regulam exinde egredi quis timtaverit*[4], *seu de rebus, quas in me precellentissimus domnus Chlotharius vel precellentissimi domni regis,*
15 *filii sui, contullerunt, et ego eius preceptiones permissum monasterio tradedi possedendum, et per auctoritatem precellentissimorum dominorum regum Chariberthi, Gunthramni, Chilperici et Sigiberthi com sacramenti interposicione et suarum manuum subscriptionibus obtenui confirmare; aut ex is,*
20 *que alii pro animarum suarum remedio vel sororis ibidem de rebus propriis contullerunt, aliquis princeps aut pontifex aut potens aut de sororibus cuiuslibet persone aut si*[7] *minuere aut sibimet ad proprietatem revocare sacrilego voto contenderit, ita vestra sanctitatem successorem‖que vestrorum post* Col. 474.
25 *Deum pro mea supplicatione et Christi voluntate incurrat, ut, sicot*[8] *predones et spoliatores pauperum extra graciam vestram habeantur, numquam de nostra regula ‖ vel de rebus* Fol. 300 v°. *monasterii, obsistentibus vobis, inminuere valead aliquid aut mutare. Hoc etiam deprecans, ut, cum Deus predictam dom-*
30 *nam sororem nostram Agnitem de seculo migrare voluerit, illa in loco eius abbatissa de nostra congregatione debeat ordinare, que Deo et ipsi placuerit, costodiens regulam, et nihil de preposito sanctitatis minuat; nam numquam propria aut cuiuscumque voluntas percipitat. Quod, sicot*[8] *absit, con-*

---

1. Corr. si. — 2. Corr. principis. — 3. Corr. congregationem. — 4. Corr. temtaverit. — 5. Ms. epis *abbr.* — 6. Corr. privilegio. — 7. *Sic, pro* ausi. — 8. Corr. sicut.

tra Dei mandatum et auctoritatem regum aliquis de suprascriptis condicionibus vobis coram Domino et sanctis eius precabiliter conmendatis agere aut de persona aut substantiam minuendam voluerit, aut memorate sorore mea Agnite abbatisse [1] molestias aliquas inferre timtaverit, Dei et sancte Crucis et beate Mariae incurrat iudicium, et beatus confessores Helarium et Martinum, quibus post Deum sorores meas tradedi defendendas, ipsus abeant contradictores et persequitores [2]. Te quoque, beati [3] pontifex, successoresque vestros, quos patrones in causa Dei diligenter adscisco, si, quod absit, exteterit [4] qui contra hec [5] aliquid mollire timtaverit [6], pro repellendum et confutando Dei hoste non pigeat ad regem, quem eo tempore locus iste respexerit, vel ad Pectavam civitatem pro re vobis ante Dominum commendatam percrurire [7] et contra aliorum iniustitia exequitores [8] et defensores iusticiae [9] labore vitale [10] nefas ullo modo suis ammitti temporibus rex patiatur catholicos, ne convelle permittant, quod Dei et mea et regum ipsorum voluntate firmatum est. Simul etiam principes, quos Deus pro gubernationem populi post descessum [11] meum superesse precipe[rit], coniuro per Regem, cuius nun [12] erat fines [13], et ad cuius nutum regna consistunt, qui eis donavit ipsum vivere vel regnare, ut monasterium, quod ex permisso et solatio dominorum patres vel aviorum construcsisse [14] visa sum et ordinasse regulariter vel do||tasse, sub sua tuicione vel sermone una cum Agne abbatissa iubeant gobernare [15], et a nullo neque sepe dictam abbatissam nostram neque aliquid ad nostrum monasterium pertenentem molestare aut inquietare vel exinde imminui aut aliquid mutare permittat; sed magis [pro] [16] Dei intuitu una cum domnis episcopis ipse, me subplicante coram redimptorem [17] gentium, sicot [18] eis commendo, defensare iubeat et munire; ut, in cuius onore Dei famulas protegunt, cum defensore pauperum et spunso [19]

---

1. *Ms.* abbts *abbr.* — 2. *Corr.* persequutores. — 3. *Corr.* beate. — 4. *Corr.* extiterit. — 5. *Corr.* hec. — 6. *Corr.* temtaverit. — 7. *Corr.* percurrere. — 8. *Corr.* executores. — 9. *Corr.* iusticie. — 10. *Corr.* vitali. — 11. *Corr.* discessum. — 12. *Corr.* non. — 13. *Corr.* finis. — 14. *Corr.* construcxisse. — 15. *Corr.* gubernare. — 16. *Add. alt. manu.* — 17. *Corr.* redemptorem. — 18. *Corr.* sicut. — 19. *Corr.* sponso.

virginum perpetualiter æterno socientur in regno. Illo[1] *quoque vos sanctus pontificis et precellentissimus*[2] *domnos regis*[3] *et universum populum christianum coniuro, per fidem catholicam, in qua baptizati estes, ut in basilica, quam in sancte*
5 *Maria domicae genetrices*[4] *honore cepimus edificare, ubi etiam multe*[5] *sorores nostre*[6] *condite*[7] *sunt in requie, sive perfecta sive inperfecta, cume*[8] *Deus de hac luce migrare perceperit, corpusculum meum ibi debeat sepellire*[9]. *Quod si quis aliud inde voluerit aut fieri timptaverit, obtenente cruce*
10 *Christi et beate Maria, divinam ulcionem*[10] *incurrat, et, vobes*[11] *intercurrentibus, in lo*[12] *ipsius basilice* || *merear cum sorem*[13] Fol. 301 v°. *congregacionem obtenire*[14] *loculum sepulture. Et ut hæc supplicatio mea, quam manu propria sub[scrips]i*[15], *ut in universales eclesie*[16] *harchevo servetur, effusis cum lacrimis depre-*
15 *cor, quatinus*[17], *si contra inprobus aliquos necessitas exerit, ut vestra defensione soror mea Agnis*[18] *abbatissa vel congregatio eius, quo succurri sibi poposcerent, vestra*[19] *misericordiæ pia consolacio opem pastoralem solicitudine subministrent, nec de me dististutas se proclament, quibus Deus presidium*
20 *vestre gratiæ preparavit. Illod*[20] *vobis in omnibus ante oculus*[21] *revocantes, per ipsum, qui de cruce gloriosam virginem, suam genetricem, beati Iohanni apostulo commendavit, ut, qualiter ab illo conpletum est Domini de mandato, sic sit apod vos indigna et humilis dominis meis æclesie patribus* || *et* Col. 476
25 *viris apostolicis quod commendo; quod cum dignanter servaveritis deposito, meretis participes, cuius impletis mandatum apostolicum, dignare paretis*[22] *exemplum.*

XLIII. Post hec Maroveos episcopus, cum diversa inproperia ab his audiret, Porcarium abbatem basilicæ beati
30 Helari ad Gundegisilum episcopum vel relicu[23] provincialis eius distinat, ut, data communione puellis, ad audientiam

---

1. *Corr.* Illos. — 2. *Corr.* pontifices et precellentissimos. — 3. *Corr.* reges. — 4. *Corr.* genetricis. — 5. *Corr.* multe. — 6. *Corr.* nostre. — 7. *Corr.* condite. — 8. *Corr.* cum me. — 9. *Corr.* sepelire. — 10. *Corr.* ultionem. — 11. *Corr.* vobis. — 12. *Corr.* loco. — 13. *Corr.* sororem. — 14. *Corr.* obtenere. — 15. *Ms.* subi *abbr.* — 16. *Corr.* ecclesie. — 17. *Corr.* quatenus. — 18. *Corr.* Agnes. — 19. *Corr.* vestrae. — 20. *Corr.* Illud. — 21. *Corr.* oculos. — 22. *Sic* pro digne reparetis. 23. *Corr.* relicos.

veniendi licentiam indulgere dignarentur. Sed nequaquam potuit obteneri[1]. Childebertus autem rex, cum assiduas de utraquæ parte, monasterii scilicet vel puellarum, quæ egresse fuerant, molestias pateretur[2], || Tehutharium presbiterum ad dirimandas querimonias[3], que inter easdem agebantur, distinat. Qui, provocatis Chrodiheldem cum reliquis puellis ad audientiam, dicxerunt[4] : « Non venimus, quia communione suspense sumus. Si reconciliare merimur[5], tunc ad audientiam venire nun[6] defferimus. » Hec audiens ille, ad episcopus[7] abiit. Cumque cum his de hac causa locutus fuissed[8], nullum efectum[9] obtenire[10] potuit de communionem earum; et sic ad urbem Pectavem regerssus[11] est. Puellæ vero separate ab invicem, alie a parentes, aliæ ad domus[12] proprias, nonnullę in his monasteriis, in quibus prius fuerant, sunt regresse, quia hiemen validum simul posite[13] propter penuriam ligni tollerare nun[14] poterant. Pauci tamen cum Chrodeelde[15] et Basena(ne) remanserunt. Erant enim tunc et inter eas magna discordia, pro eo quod alii se preponere cupiebat[16].

XLIIII. Eo anno post clausum pasche tam inminsa[17] cum grandine [pluvia] fuit, ut infra duarum aut trium orarum[18] spacium etiam per minores valleum[19] meatus ingentia currere flumina viderentur. Arbores in autumno floruerunt, et poma, sicot[20] prius dederant, ędiderunt. Mense nono rosę apparuerunt. Flumina vero ultra modum excreverunt, ita ut excidentes[21] litoribus loca, quæ numquam contingere consuetæ fuærant, operirent, non minimum de sacionibus || inferentes damnum.

---

1. *Corr.* obtenire. — 2. *Corr.* patiretur. — 3. *Corr.* cerimonias. — 4. *Corr.* dixerunt. — 5. *Corr.* meremur. — 6. *Corr.* non. — 7. *Corr.* episcopos. — 8. *Corr.* fuisset. — 9. *Corr.* effectum. — 10. *Sic. Corr.* obtinere. — 11. *Sic.* — 12. *Corr.* domos. — 13. *Corr.* positę. — 14. *Corr.* non. — 15. *Corr.* Chrodehilde. — 16. *Corr.* cupiebant. — 17. *Corr.* immensa. — 18. *Corr.* horarum. — 19. *Corr.* vallium. — 20. *Corr.* sicut. — 21. *Corr.* excedentes.

EXPLICIT LIBER NONUS. ||

HISTORIÆ FRANCORUM LIBER X.

IN NOMINE CHRISTI INCIPIUNT CAPITULA DE LIBRO DECIMO.   Fol. 303.
C. 477-478.

I. De Gregorio papa Romano.
II. De reditu Gripponis legati ab imperatore Mauricio.
III. Quod exercitus Childeberthi regis in Italiam abiit.
IIII. Quod Mauricius imperator interfectores ligatorum[1] in Galeis direxit.
V. Quod Chuppa limitim[2] Toronum inrupit.
VI. De carcerariis Arvernis.
VII. Quod in ipsa urbe rex Childeberthus clericis, ne tributum redderent, prestitit.
VIII. De Eulalio et Tetradia, que uxor fuit eius.
VIIII. De exercito Gunthchramni regis, qui in Brittaniam abiit.
X. De interitu Chundonis[3] cubicularii eius.
XI. De infirmitate Choltcarii iunioris.
XII. De malicia Bertegundis.
XIII. Altergacio de resurrectione.
XIIII. De interitu Teodulfi diaconi.
XV. De scandalum monasterii Pectavinsis.
XVI. De iudicio contra Chrodieldem et Basinam latum. ||
XVII. De excommunicatione earum.   Fol. 303 v°.
XVIII. De percussoribus ad Childebertum regem missis.
XVIIII. De expulsione Egidi Remensis episcopi.

---

1. *Corr.* legatorum. — 2. *Corr.* limitem. — 3. *Corr.* Ghundonis.

XX. De puellis supra memoratis in hac reconciliatis sinodo.
XXI. De interitu filiorum Waddonis.
XXII. De interitu Chulderici Saxonis.
XXIII. De signis et dubietate paschae.
XXIIII. De subversione urbis Anthicionae [1].
XXV. De interitu hominis, qui se Christum dicebant.
XXVI. De obitu [2] Ragnimodi diaconi Sulpici epīs cr̄ [3].
XXVII. De his quos Fredegundis interfeci iussit.
XXVIII. De baptismo Chlotharii, filii eius.
XXVIIII. De conversione ac mirabilibus vel obito [2] beati Aridi abbatis Lemoviicini [4].
XXX. De temperie anni presentis.
XXXI. Recapitulacio de episcopis Toronicis.

---

1. *Corr.* Anthiocenae. — 2. *Corr.* obitu. — 3. *Sic, pro* Ragnimodi ac Sulpici episcoporum. — 4. *Corr.* Lemovicini.

IN NOMINE DOMINI NOSTRI IESU CHRISTI INCIPIT LIBER DECIMUS. ||

I. Anno igitur quinto decimo Childeberthi regis diaconos[1] noster ab urbę Roma sanctorum cum pigneribus veniens, sic retulit, quod anno superiore, mense nono, tanta inundacio Tibris fluvius Romam urbem obtexerit[2], ut aedes antiquae deruerent, horrea etiam ecclesiae subversa sint, in quibus nonnulla milia modiorum tritici periere. Multitudo etiam serpencium cum magno dracone in modo trabis validae per huius fluvii alveum in mare descendit; sed suffocatę bestiae inter salsos maris turbidi fluctus[3] et litori eiectae sunt. Subsecuta est de vestigio cladis, quam inguinariam vocant. Nam medio mense XI. adveniens, primum omnium iuxta illud, quod in Ezechihel propheta legitur[4] : *A sanctoario*[5] *meo incipitę*, Pelagium papam perculit [et sine mora extinxit]. Quo defuncto, magna strages populi de hoc morbo facta est. || Sed quia ęclesia Dei sine rectorem esse non poterat, Gregorium diaconum plebs omnes elegit. Hic enim de senatoribus primis, ab adulescencia devotus Deo, in rebus propriis sex in Sicilia monasteria congregavit, septimum infra urbis Romae muros instituit; quibus tantum diligans terrarum cupiam[6], quantum ad victum || cotidianum pręendum sufficeret, reliqua vindedit cum omne presidio domus ac pauperibus erogavit; et qui ante syrico contextus ac gemmis migantibus solitus erat per urbem procedere trabeatus, nunc vili contextus vestitu, ad altaris dominici ministerium consecratur, septimusque levita ad adiutorium papę adsciscitur. Tantaque ei abstine(ne)ncia[7] in cibis, vigilancia in oracionibus, strenuetas in ieiuniis erat, ut,

---

1. *Corr.* diaconus. — 2. *Corr.* obtexerat. — 3. *Corr.* fluctos. — 4. *Ezech*, 9, 6.
— 5. *Corr.* sanctuario. — 6. *Corr.* copiam. — 7. *Corr.* abstinenentia.

infirmato stomacho, vix consistere possit. Litteris grammatecis[1] dealeticisque[2] ac rethoricis ita est insti[tu]tus, ut nulli in Urbe ipsa putaretur esse secundus; hoc apicem adtencius fugire timptans, ne, quod prius abicerat, rursum ei in sęculo de adepto honore iactancia que iam[3] subriperit. Unde factum est, ut epistolam ad imperatorem Mauricium dirigeret, cuius filium ex lavacro sancto susciperat, coniurans et multa pręce deposcens, ne umquam consensum præberet populis, ut hunc huius honoris gloria sublimaret. Sed præfectus urbis Romæ Germanus eius anticipavit nuncium[4], et conprehensum, disruptis epistolis, consensum quod populus fecerat imperatore direxit. Ad ille gratias Deo agens pro amicicia[5] diaconi, quod reperisset locum honoris eius, data pręceptione, ipsum iussit institui. Cumque in hoc restaret, ut benediceretur, et lues populum devastaret, verbum ad plebem pro agenda pęnitentia in hoc modo exhorsus est :

[*PRAEFATIO GREGORII PAPAE AD PLEBEM*[6].] *Oportet, fratres dilectissimi, ut flagella Dei, que metuere ventura debuemus*[7], *saltim presentia et experta timeamus. Conversionis*[8] *nobis aditum dolor aperiat, et cordis nostri duriciam ipsam quam patimur poena dessolvat*[9], *ut enim profetae teste predictum est*[10] *:* « *Pervenit gladius usque ad animam.* » *Ecce etenim cuncta plebs caelestis irę mugrone*[11] *percutitur, et repentina singuli cede vastantur; nec langor mortem prevenit, sed langoris moras, ut cernitis, mors precurrit. Percussus quisque ante rapitur, antequam ad lamenta pœnitentiae convertatur. Pensate ergo, qualis a conspectu districti iudicis pervenit, cui non vacat flere quod fecit. Habitatores quique non ex parte subtrahuntur, sed pariter currunt; domus vacuae relinquentur, filiorum funera parentes aspiciunt, et sui eos ad interitum heredes precedunt. Unusquisque ergo nostrum ad pœnitentię lamenta confugiat, dum flere ante*

---

1. *Corr.* grammaticis. — 2. *Corr.* dialecticisque. — 3. *Sic, pro* quedam. — 4. *Corr.* nuntium. — 5. *Corr.* amicitia. — 6. *Add. altera manu.* — 7. *Corr.* debuimus. — 8. *Corr.* Conversiones. — 9. *Corr.* dissolvat. — 10. *Ierem.*, 4, 10. — 11. e *alia manu.*

percussionem vacat. Revocemus ante oculos mentis quicquid errando commisimus; || *et quod nequiter egimus flendo puniamus.* « *Preveniamus faciem eius in confessionem*[1], » *et sicut propheta ammonet*[2] : « *Levemus corda nostra cum manibus ad Deum.* » *Ad Deum quippe corda cum manibus levare est* || *orationis*[3] *nostre studium cum merito bonae operationis eregere*[4]. *Dat profecto, dat tremore nostrae fiduciam, qui per propheta clamat*[5] : « *Nolo mortem peccatoris, sed ut convertatur et vivat.* » *Nullus autem de iniquitatem suarum inmanitate disperat; veternosas namque Ninnivitarum*[6] *culpas triduana pænitentia abstersit*[7], *et conversus latro vitae premia etiam in ipsa sententia suae mortis emeruit*[8]. *Mutimus*[9] *igitur corda et presumamus nos iam percepisse quod petimus. Cicius ad precem iudex flectitur, si a pravitate sua petitur*[10] *corregatur*[11]. *Imminante*[12] *ergo tante animadversio(o)nis gladio, nos inportunis flectibus insistamus. Ea nam, que ingrata esse hominibus inportunitas solet, iudicio veritatis placet, quia pius ac misericors Deus vult a se precibus veniam exigi, qui quantum meremur non vult irasci. Hic etenim per psalmista dicit*[13] : « *Invoca me in die tribulationis tuae, et eripiam te; et magnificabis me.* » *Ipse ergo sibi testes*[14] *est, qu(i)a invocantibus miserere desiderat, qui ammonet, ut invocetur. Proinde,* || *fratres karissimi, contrito corde et correctis operibus, ab ipso feriae quartae diluculo septifarmis letaniae iuxta distributionem inferius designatam devota a lacrimas mente veniamus, ut districtus iudex cum culpas nostras nos punire considerat, ipsa sententia proposite dampnationis parcat. Clerus igitur egrediator*[15] *ab ecclesia sanctorum martyrum Cosme et Damiani cum presbyteris regionis sextae. Omnes vero abbatis*[16] *cum monachis suis ab ecclesia sanctorum martyrum Protasi et Gervasi cum presbyteris et regionis quartae. Omnes abbatissae cum congregationibus suis egrediantur ab eclesia martyrum sanctorum*

---

1. *Ps.* 94, 2. — 2. *Ierem.*, 3, 41. — 3. *Corr.* orationes. — 4. *Corr.* erigere. — 5. *Ezech.*, 33, 11. — 6. *Corr.* Ninivetarum. — 7. *Cf. Ion.*, 3. — 8. *Cf. Luc.*, 23. — 9. *Corr.* Mutemus. — 10. *Corr.* petitor. — 11. *Corr.* corrigatur. — 12. *Corr.* Imminente. — 13. *Ps.* 49, 15. — 14. *Corr.* testis. — 15. *Corr.* egrediatur. — 16. *Corr.* abbates.

Marcellini et Petri cum presbyteris regionis primae. Omnes infantes ab ecclesia sanctorum marthyrum Iohannis et Pauli [cum presbyteris] regionis secundae. Omnes vero laici ab eclesia sancti protomartyris Stephani cum presbiteris regionis septimae. Omnes mulieres viduae ab ecclesia sanctae Eufemiae cum presbyteris regionis quintae. Omnes autem mulieres coniugatę egrediantur ab ecclesia sancti martyris Clementis cum presbyteris regionis terciae, ut de singulis ecclesiis exeuntes cum precibus ac lacrimis, ad beatę Mariae semper virginis genetricis domini nostri Ihesu Christi basilicam congregemur, ut ibi diutius cum fletu ac gemitu Domino supplicantes, peccatorum nostrorum veniam promerire[1] *valeamus.*

Hęc eo dicente, congregatis clericorum catervis, psallere iussit per triduum ac deprecare Domini misericordiam. De ora quoque tercia veniebant utrique chori psallentium ad ecclesiam, clamantes per plateas urbis *Kyri ęleison*. Asserebat autem diaconus noster, qui aderat, in unius hora spacium, dum vocis plebs[2] ad Dominum subplicationis emisit, octoaginta homines in terram conruisse et spiritum exalasse. Sed non distitit dandos[3] predicare populo, ne ab oratione cessarent. Ab hoc etiam diaconos[4] noster reliquias sanctorum, ut diximus, sumpsit, dum adhuc in diaconato dirigeret. Cumque latibula[5] fugae prepararet, capitur, trahitur et ad beati Petri apostoli basilica deducitur, ibique ad pontificalis gratia officium consecrator[6], papa Urbis datus est. Sed nec distetit[7] diaconos[8] noster, nisi ad episcopatum eius de Porto rediret et, qualiter ordinatus fuerit, presenti contemplatione susciperet.

II. Grippo autem ab imperatore Mauricio rediens, hæc nuntiavit, quod anno superiore, cum, adepto navigio, cum sociis suis Africæ portum adtigisset, Cartaginem magnam ingressi sunt. Ubi dum morarentur, iussionem opperientes

---

1. *Corr.* promerere. — 2. *Corr.* plebis. — 3. *Sic, pro* sacerdos. — 4. *Corr.* diaconus. — 5. *Corr.* latibola. — 6. *Corr.* consecraur. — 7. *Corr.* distitit. — 8. *Corr.* diaconus.

prefecti qui aderat[1], qualiter imperatoris presentiam adire deberent, unus puerorum, Evante scilicet, qui cum eodem abierat, direptam speciem de manu cuiusdam negotiatoris metato detullit. Quem ille prosecutos[2] cuius res erant, reddi sibi rem propriam flagitabat. Sed isto deferente, cum de die in diem hoc || iurgium in manus[3] propagaretur, quadam die negotiator puerum illum in platea repperit, adprehensumque vestimento eius, tenere cepit, dicens, quia : « Non a me laxaberis, priusquam res, quas violenter deripuisti, meae ditione[4] restituas. » Ad ille excutere se de eius manibus conatos[5], non dubitabit erepto gladio hominem trucidare, et statim ad metatum regressus est nec aperuit socies[6] que gesta fuerant. Erant enim ibi tunc, ut diximus, legati Bodegisilos[7] filius Mommolini[8] Sessionici, et Evantius, filius Dinami Arelatensis, et hic Grippo genere Francos, que elevantes de epolo[9], sopore se dederant pro quiete. Quod cum seniori urbis nonciata[10] fuissent que puer horum gesserat, collectis militibus vel omni populo armis circumdato, ad metato eorum dirigit[11]. || Ad ille inopinantes expergefacti, obstupiscunt[12], cernentes hec que gerebantur. Tunc ille qui prior erat exclamabat, dicens : « Arma deponite et ad nos egredimini, ut cognoscamus pacifice, qualiter homicidium factum est. » Haec illi audientes, timorem perterriti, adhuc ignorantes que gesta fuerant, fidem expedunt, ut securi sine armis egrederentur. Iuraverunt homines illi, quod custodire inpacientia non permisit. Sed mox egrediente Bodigysilo gladio percuciunt, similiter et Evancium. Quibus ante ostium metatus prostratis, Grippo, adrepta arma, cum pueris, qui secum erant, processit ad eos, dicens : « Que gesta fuissent nos ignoramus, et eciam socii iteneris[13] mei, qui ad ipperatorem directi fuerant, gladio sunt prostrati. Iudicabit Deus iniuriam nostram et mortem illorum de interito[14] vestro, quia nos innocentes et in pace venientes taliter

---

1. *Corr.* aderant. — 2. *Corr.* prosecutus. — 3. *Corr.* maius. — 4. *Corr. alt.* manu. — 5. *Corr.* conatus. — 6. *Corr.* sociis. — 7. *Corr.* Bodegisilus. — 8. *Corr.* Mummolini. — 9. *Corr.* epulo. — 10. *Corr.* nunciata. — 11. *Corr.* diriget. — 12. *Corr.* obstupescunt. — 13. *Corr.* itineris. — 14. *Corr.* interitu.

trucidatis. Nec ultra erit pax inter regis [1] nostros imperatoremque vestrum. Nos enim pro pace venimus et pro adiutorio rei publicæ inperciendo. Testem hodie invoco Deum, quia vestra excitavit noxa, ut non || custo||diator [2] inter principes pax promissa. » Hæc et huiuscemodi Gripponi verba proferenti, soluto Cartaginensis belli procincto, regressus est unusquisque ad propria. Prefectus vero ad Gripponem accedens, mulcere cepit animos [3] eius de his quę gesta fuerant, ordinans qualiter ad presentiam imperatoris accederet. Qui veniens, narrata legatione pro que [4] directus fuerat, exitum sociorum exposuit. Qua de causa imperator et sic valde molestos [5], polli[ci]tus [6] est ulcisci mortem eorum, iuxta id quod Childeberthi regis iudicio promulgaret. Tunc ab imperatore muneratus, cum pace regressus est.

III. Haec a Grippone Childebertho regi relata, confestim exercitum in Italia commovere iubet ac vigenti [7] ducis [8] ad Langobardorum gentem debellandam diriget; quorum nomina non putavi lectioni ex ordine necessarium inserenda. Audovaldus dux cum Vinthrione, cummodo Campaniae populo, cum ad Mittensem urbem, qui ei in itenere sita erat, accessisset, tantas predas tantaque homicidia ac cedes perpetravit, ut ostem propriae regione putaretur inferre. Sed et alii quoque || duces similiter cum fallangis suis fecere, ita ut regionem propriam aut populum commanentem adficirent [9], quam quidam victoriae de inimica gente patrarent. Adpropinquantes autem ad terminum Italiae, Audovaldus cum sex ducibus dextram petiit adque ad Mediolanensem urbem advenit; ibique eminus in campestria castra posuerunt. Olo autem dux ad Bilicionem huius urbis ca||strum, in campis situm Caninis, inportune accedens, iaculo sub papilla sauciatus, cecidit et mortuus est. Hii autem cum egressi fuissent in preda, ut aliquit victus adquirerent, a Langobardis inruentibus passim per loca prosternabantur. Erat autem esta-

---

1. *Corr.* reges. — 2. *Corr.* custodiatur. — 3. *Corr.* animus. — 4. *Corr.* qua. — 5. *Corr.* molestus. — 6. *Corr.* pollicitus. — 7. *Corr.* viginti. — 8. duces. — 9. *Corr.* adficerent.

gnum¹ quodam in ipso Mediolanensis urbis territurio, quod Ceresium vocitant, ex quo parvos² quidem fluvius, sed profundus, egreditur. Super huius laci litus Langobardus³ resedere audierant. Ad quod cum adpropinquassent, priusquam
5 flumen, quod diximus, transirent, litore illo unos⁴ Langobardorum stans, lurica protectos⁵ et galea, contum manu gestans, vocem dedit contra Francorum exercitum, dicens : « Hodie apparebit, cui Divinitus obtenere victoriam prestit. » Unde intellegi datur ‖ hoc signum sibi Langobardi Fol. 309.
10 preparavisse⁶. Tunc pauci transeuntes, contra Langobardum hunc decertantes, prostraverunt eum; et ecce omnis exercitus Langobardorum in fugam versus preteriit. Hii quoque transeuntes flumen, nullum de his repperiunt, nisi tantum recognuscentes⁷ apparatum⁸ castrorum, ubi vel
15 focus habuerunt vel tenturia fixerunt. Cumque nullum de his deprehendissent, ad castra sua regressi sunt; ibique ad eos imperatoris ligati venerunt, nunciantes exercitum adesse in solacio eorum, dicentesque, quia : « Post triduum cum eisdem venimus, et hoc vobis erit signum : cum videritis vellae
20 huius, que in montes id⁹ est, domus¹⁰ incendia concremare et fumum incendii ad celos usque sustolli, noveritis ‖ nos Col. 487. cum exercito¹¹, quem pollicimus, adesse. » Sed expectantes iuxta placitum dies sex, nullum venisse ex his contemplati sunt. Chedinus autem cum tredicem¹² ducibus levam Italiae
25 ingressus est, quinque castella coepit, quibus etiam sacramenta exegit. Morbos etiam desenteriae graviter exercitum adficiebat, eo quod aeris incongruae insuitique his hominibus essent, ex quo plerique interierunt. Commoto autem vento et data pluvia, cum paulisper ‖ refregiscere¹³ aer cepit, Fol. 309 v°.
30 in infirmitate salubritatem contulit. Quid plura? Per tres fere menses Italiam pervagans, cum nihil proficerent neque se de inimicis ulcisci possent, eo quod se in locis communissint firmissimis, neque regem capere, de quo ulcio fieret,

---

1. *Corr.* stagnum. — 2. *Corr.* parvus. — 2. *Corr.* Langobardos. — 4. *Corr.* unus. — 5. *Corr.* protectus. — 6. *Corr.* preparasse. — 7. *Corr.* recognoscentes. — 8. *Corr.* apparatum. — 9. *Sic, pro* sita. — 10. *Corr.* domos. — 11. *Corr.* exercitu. — 12. *Corr.* tredecim. — 13. *Corr.* refrigiscere.

qui se infra Ticinensis munierat muros; infirmatos, ut diximus, aerum intemperantię exercitus ac fame adtritus, redire ad propria distinavit, subdens etiam illud, accepta sacramenta, regis dictionibus, quod pater eius prius habuerat, de quibus locis et captivos et alias adduxere predas. Et sic regredientes, ita fame conficiebantur, ut prius et arma et vestimenta ad coemendum victum demerent, quam locum genitale contingerent. Ad Aptacharius Langobardorum rex legationem ad Gunthchramnum regem cum huiuscemodi verba direxit : « Nos piissimi[1] rex, subiectae adque fidelis vobis gentique vestrę, sicut patribus vestris fuimus, esse desideramus; nec discedimus a sacramento, quod pręcessoris[2] nostri vestris decessoribus iuraverunt. Nunc autem desistentiae persecutione nostra, et sit nobis pax vestra et concordia, ut, ubi necessarium fuerit, contra inimicos || auxilium praebeamus, ut, vestra scilicet nostraque gente salvata, ac nos pacificos cognuscentes[3], terreantur magis adversarii, qui in circuitu obstrepunt, quam de nostra discordia gratulentur. » Pacifice[4] haec || Guntchramnus rex verba suscepit, misitque eos ad nepotem suum Childebertum regem. Dum autem, haec narrata, in loco commorarentur, venerunt alii, qui mortuum Aptharium regem nuntiantes, Paulumque in locum eius substititum, eiusmodi verba, quę supra diximus, deferentes. Sed Childebertus rex placitum cum ei(u)sdem ponens, ut, quid ei in posterum conveniret, eu nunciaret[5], eos abscedere iussit.

IIII. Mauricius autem Chartaginensis illos, qui legatos Childeberthi regis anno superiori interimerant[6], vinctus[7] manibus cathenisque oneratos, ad eius dirigit presentiam, .XII. scilicet numero viros, sub ea videlicet condicione, ut, si eo interficere vellit[8], haberet licenciam[9]; sin autem ad redemendum laxaret, CCC. pro unoquoque acceptis aureis, quiescerit[10]; sicque ut quod vellit[9] elegerit, quo faci-

---

1. Corr. piissime. — 2. Corr. precessores. — 3. Corr. cognoscentes. — 4. Corr. Pacificę. — 5. Corr. eum nuntiaret. — 6. Corr. interemerant. — 7. Corr. vinctos. — 8. Corr. vellet. — 9. Corr. licentiam. — 10. Corr. quiesceret.

lius, subito[1] scandalo, nulla occansio inter ipsos inimiciciae[2] oreretur. Sed rex Childeberthus differens homines vinctos accepere[3], ait ‖ : « Incertum apud nos habetur, utrum hii sint homicidæ illi, quos adducetis[4], an alii, et fortasses servi cuiuscumque habentur, cum nostri bene ingenui generatione fuerint, qui apud vos fuerunt interempti. » Presertim et Grippo adstabat, qui eo tempore legatos cum eisdem fuerit missus qui interfecti sunt; ac dicebat, quia : « Prefectus urbis illius cum collectis duobus aut tribus hominum millibus[5] inruit super nos, interimitque socius meus[6]; in quo excidio et ego ipse intericram, si me viriliter defendere nequevissem. Accedens autem ad locum, homines agnoscere potero; de quibus, si imperator vester, ut dicitis, nostro cum domino pace custodire deliberat, ulcionem[7] exegere[8] debet. » Et sic dato rex placito, ut post eos ad imperatorem dirigeret, ipsos abscidere iubet. ‖

V. His autem diebus Chuppa, qui quondam comes stabuli Chilperici regis fuerat, inrupto Toronicę urbis termino, pecora reliquasque res, quasi prędam exercens, deripere[9] voluit. Sed cum hoc incolæ pręsensissent, collecta multitudine, eum sequi cęperunt. Excussaque pręda, duos ex pueris eius interfectis, hic nudus aufugit, aliis duobus pueris captis; quibus vinctis, ad Childeberthum regem transmiserunt; quos ‖ ille in carcerem coniti iubens, interrogari precipit, cuius auxilio Chuppa fuisset ereptus, ut ab is[10] non conprehenderetur qui sequebantur. Responderunt hoc Animodi vicarii dolo, qui pagum illum iudicaria[11] regebat potestate, fuisse. Protinusque rex, directis litteris, comitem urbis iubet, ut eum vinctum in presentia regis dirigerit[12]; quod si resistere conaretur, vi oppressum etiam interficeret, se[13] principis gratiam cupiebat atquerere[14]. Sed ille non resistens, datis fideiussoribus, quod iussus est abiit, reper-

---

1. *Sic, pro* sopito. — 2. inimicitiae. — 3. *Corr.* accipere. — 4. *Corr.* adducitis. — 5. *Corr.* milibus. — 6. *Corr.* socios meos. — 7. *Corr.* ultionem. — 8. *Corr.* exigere. — 9. *Corr.* diripere. — 10. *Corr.* his. — 11. *Corr.* iudiciaria. — 12. *Corr.* dirigeret. — 13. *Sic, pro* si. — 14. *Corr.* atquirere.

tumque Flavianum domesticum, causatus cum sotio, nec noxialis inventus, pacificatus cum eodem, redire ad propria iussus est, datis tamen domestico illi munera prius. Ipsi quoque Chuppa, iterum commotis quibusdam de suis, filiam Badigysili quondam Cænomanensis episcopi diripere in matrimonio voluit. Inruens autem nocte cum coneo[1] sociorum in villam Maroialinsi, ut voluntatem suam expliret[2], presensit eum dolumque eius Magatrudis matrisfamilias, genetrix scilicet puellę; egressaque cum famulis contra eum, vi reppullit, cæsis plerisque ex illis; unde non sine pudore discessum est. ||

Fol. 311 v°. VI. Apud Arvernus vero vincti carcæris nocte, nutu Dei disruptis vinculis reseratisque aditibus custodiae, egressi, eclesiam ingressi sunt. Quibus cum Eulalius comes onera

Col. 490. catinarum[3] || adiussissit, ut super eos posita, extemplo ceu vitrum fragile comminuta sunt; et sic, obtenente Avito pontificæ, eruti, propriae sunt redditi liber(t)ati.

VII. In supradicta urbe Childebertus rex omnem tributum tam eclesiis quam monasteriis vel reliquis clericis, qui ad eclesiam[4] pertenere[5] videbantur, aut quicumque æclesiae[6] officium excolebat, larga pięate concessit. Multum enim iam exactoris[7] huius tributi expoliati aerant[8], eo quod per longum tempus et succedentum generationis[9], ac divisis in multis partibus ipsis possesionibus, colligi vix poterat hoc tributum; [quod hic, Deo inspirante, ita][10] precipit emendare, ut, quod super hoc fisco debuetur[11], nec exactore damna percuterent, nec æclesie[12] cultorem tarditas de ofitio[13] aliqa[14] revocaret.

VIII. In confinio vero termini Arverni, Gabalitani atque

Fol. 312. Ruteni, || sinodus episcoporum facta est contra Tetradiam,

---

1. *Corr.* cuneo. — 2. *Corr.* expleret. — 3. *Corr.* catenarum. — 4. *Corr.* ecclesiam. — 5. *Corr.* pertinere. — 6. *Corr.* ecclesiae. — 7. *Corr.* exactores. — 8. *Corr.* erant. — 9. *Corr.* generationes. — 10. *Add. in margine, manu coaeva.* — 11. *Corr.* debetur. — 12. *Corr.* ecclesie. — 13. *Corr.* offitio. — 14. *Sic, e corr.*

relictam quondam Desiderii, eo quod repiteret[1] ad eam
Eulalius comus[2] res, quas ab eo fugiens secuo[3] tullisset[4].
Sed hanc causa, vel qualiter Eulalium reliquerit, vel quemadmodum ad Desiderium fugiret, altius memorandam
putavi. Eulalius autem, ut iuvenilis ętas[5] habet, agebat
quempiam inrationabiliter; unde factum est, ut a matri
sepius increpitus, haberet in ea odium quam amare
debuerat. Denique cum in oraturi[6] oratione frequenter in-
cumberet et nocturnas vigilias persep[e][7], dormientibus
famulis, in oratione cum lacrimis expleret, in cilitio, quo
orabat, suggillata repperitur. Sed nescentibus cunctis,
ques[8] hęc fecisset, crimen tamen parritidii refertur ad
filium. Hæc cum Cautinus episcopus Arverni urbis conperisset, eum a communione subvet[9]. Convenientibus autem
civibus ‖ cum sacerdote ad festivitate beati martiris Iuliani, Col. 491.
ad pedis episcopi Eulalius ille prosternitur, querens se inau-
ditum a commonione remotum. Tunc episcopus permisit
eum cum ceteris missarum expectare sollemnia. Verum ubi
ad cummunicandum[10] ventum est, et Eulalius ad altarium
accessit, ait episcopus : « Rumor populi parricidam ‖ te Fol. 312 v°.
proclamant esse. Ego vero utrum perpetraveris hoc sęculos[11]
an non, ignoro; idcirco in Dei hoc et de beati martiris
Iuliani statuo iuditium. Tu viro[12], si idoneus es ut adseris,
accede prop(r)ius et sume tibi eucharistiae particulam adque
inpone ore[13] tuo. Erit enim Deus respector constientie
tue[14]. » Ad ille, accepta eucharistia, communicans abscessit.
Habebat enim uxorem Tetradiam nobilem ex matre, patrem
inferiore. Sed cum in domo suo[15] vir ancillarum concubito[16]
misceretur, coniugem neclege[17] coepit, et cum ab scortum
reverteretur, gravissimis eam plagis sepius adfitiebat. Sed
et pro multis sceleribus debita nonnulla contraxerat, in qua
ornamenta et aurum uxoris saepissimæ evertebat. Denique

---

1. *Corr.* repeteret. — 2. *Corr.* comes. — 3. *Corr.* secum. — 4. *Corr.* tulisset.
— 5. *Corr.* ętates *pro* ętas sc. — 6. *Corr.* oraturio. — 7. *Corr.* per sopore. —
8. *Corr.* quis. — 9. *Corr.* submovet. — 10. *Corr.* communicandum. — 11. *Sic,
pro* scelus. — 12. *Corr.* vero. — 13. *Corr.* ori. — 14. *Corr.* constientię tuę. —
15. *Corr.* sua. — 16. *Corr.* concubitu. — 17. *Corr.* neclegere.

inter has angustias mulier collogata[1], cum honorem omnem, quem in domo viri habuerat, perdissit, et ille abisset ad regem, hęc a Viro — sic enim erat nomen hominis — mariti sui nepote, concupiscitur[2], scilicet ut, quia ille perdederat[3] coniugem, huius matrimonio iungeritur. Viros[4] autem timens inimitias[5] avunculi, mulierem Desiderio duci(t) transmissit[6], vidilicet ut succidente temp(l)ore copolaretur[7] ei.

Fol. 313. Que omnem substantiam viri sui || tam in auro quam in argento vel vestimentis, et qua movere poterant, cum seniore filio secum sustulit, relicto in domo alium iuniorem. Rediens viro Eulalius ex itinere[8], conperit que accesserant. Sed cum, mitigato dolore, paululum quievisset, super Virum nepotem suum inruit (que in) eum inter arta vallium

Col. 492. Arvernorum interimet. Audiens autem || Desiderius, qui et ipse uxorem nuper perdederat[9], quod scilicet viros interfectus[10] fuisset, coniugio suo Tetradiam sotiavit. Eulalius viro[11] puellam de monasterio Lugdunense diripuit eamque accepit. Sed concubinae eius inistigante, ut quidam adserunt, invidia, malefitiis sensum eius oppilaverunt. Post multum viro[11] tempore Eulalius Emerium, huius puellae consubrinum, clam atpaetiit occiditque. Similiter Socratium, fratrem socerę suae, quem pater ex concubina habuerit, interemit. Et alia multa mala fecit, que narrari perlongum est. Iohannis, filius eius, qui cum sua discesserat genetrice, a domo Desiderii delapsus, Avernum venit. Cumque iam Innocentius episcopatum Rutini Urbis ambiss(a)et, mandatum ei mittit Eulalius, ut res, que ipsi in huius civitatis territurio debibantur[12] per huius auxilium recepere[13] possit[14].

Fol. 313 v°. Sed Innocentius ait : || « Si de filiis tuis unum accipio, quem clericum factum in solatio meo raeteneam, faceam[15] que precaris. » Ad ille transmissit puerum Iohannem nomine, recepitque res suas. Suscepto quoque Innocentius episcopus puero, totundit comam capitis eius deditque

---

1. *Corr.* collocata. — 2. *Corr.* concupescitur. — 3. *Corr.* perdiderat. — 4. *Corr.* Virus. — 5. *Corr.* inimititias. — 6. *Corr.* transmisit. — 7. *Corr.* copularetur. — 8. *Corr.* itinere. — 9. *Corr.* perdiderat. — 10. *Corr.* interfectos. 11. *Corr.* vero. — 12. *Corr.* debebantur. — 13. *Corr.* recipere. — 14. *Corr.* posset. — 15. *Corr.* faciam.

eum archidiaconum eclesiae [1] suae. Que tanta abstenencia se subdedit, ut prortico [2] ordium sumeret, pro vino aquam hauriret et pro equo asinum utiraetur, vestimenta vilissima habens. Igitur coniuncti, ut diximus, sacerdotes et viri magnifice in confinium supradictarum urbium, Taetradia ab Agyno representatur, adque Eulalius contra eam causaturus accessit. Cumque raes, quas de aeius, habiens ad Desiderium, domo abstulerat, inquereret, iudicatum est Tetradiae, ut quadrupla satisfactione ablata restituerat, filiosque [3], quos [de] Desiderio conceperat, incestos habere; illud aetiam ordinantes, ut, si haec, que Eulalio est iussa, desolveret, accedendi in Arverno licentiam preberetur, raesque suas, que ei ex paterna successione ‖ obvenerant, Col. 493. absque calomnia [4] frueraetur. Quod ita factum est. ‖

VIII. Dum hec ageretur, et Britanni [5] circa urbes Nam- Fol. 314. naeticam utique et Redonicam valde sevirent. Gunthramnus rex exercitum contra eos conmovere iussit; in quorum capite Beppolenum et Ebracharium duces diriget. Sed Ebracharius suspectus, quod si [6] victoria Beppollino patraretur, ipse docatum eius adquereret, inimiticias cum eodem conectit, ac per viam totam se blasphemiis, convitiis atque maledictionibus lacesunt [7]. Verum per via, qua abierunt [8], incendia, homitidia, spolia ac multa scelera egerunt. Interea venerunt ad Vitinoniam amnim, quo transmisse, ad Huldam fluvium pervenerunt; ibique dissepatis [9] viciuitatis [10] casis, pontes desuper statuunt, sicque exercitus omnes transivit. Coniunctus enim fuerat eo tempore Beppoleno presbiter quidam, dicens : « Si secutus fueris me, ego te usque Warrocum ducam ac Britanus [11] in unum collectus [12] tibi ostendam. » Fredegundis autem cum audisset, quod in hoc procincto Beppolenus haberet, quia et iam ex anteriore tempore invisu erat, Baiocassinus Saxonis [13], iuxta ritum

---

1. *Corr.* ecclesiae. — 2. *Sic, pro* pro tritico. — 3. *Corr.* filiusque. — 4. *Corr.* calumnia. — 5. *Corr.* Brittani. — 6. *Corr.* se. — 7. *Corr.* lacescunt. — 8. *Corr.* habierunt. — 9. *Corr.* dissipatis. — 10. *Corr.* vicini civitatis. — 11. *Corr.* Brittanos. — 12. *Corr.* collectos. — 13. *Corr.* Saxones.

Britannorum[1] tunsos atque coltu[2] vestimenti conpositus, in solatium Warroci habere precepit. Adveniente autem Beppoleno || cum his qui cum eo sequi voluerunt, certamen iniit, multoque[3] per bidu[u]m de Britanis[4] ac Saxonibus suprascriptis interimit[5]. Recesserat enim ab eo Ebracharius cum maiori manu, nec ad eum accedere voluit, donec interemptum audiret. Die autem tertia, cum iam qui cum eo erant interfecerentur, a(u)tque ipse sautiatus lantia repugnaret, inruentebus[6] super eum Warro cum supradictis, interfecrint[7] eum. Incluserat enim eos inter anguntias viarum atque paludes, in quibus magis luto necti quam gladio trucidati sunt. Ebracharius viro[8] usque veniens[9] urbem accessit. Miserat enim ad eum obviam episcopus Regalis clericos suos cum || crucibus et psallentium, qui eos usque ad urbem deduxerunt. Ferebant etiam quidam eo tempore, quod Warrocus insulis fugere[10] cupiens cum navibus oneratis auro argentoque vel reliquis rebus eius, cum alta maris coepisset, commoto vento, demersis navibus, raes quas inposuerat perdedissent; tamen ad Aebracharium veniens, pacem petiit obsedesque cum multis muneribus tradedit, promitens[11] se numquam contra utilitatem Gunthramni regis esse venturum. Quo recedente, et Regalis episcopus cum clericis et paginsibus urbis suae similia sacramenta dedit, dicens, quia : « Nihil nos dominis nostris regibus culpabellis[12] sumus nec umquam contra utilitatem eorum superbi extetimus, sed in captivitate Britannorum[13] positi, gravi iugo subditi sumus. » Pace igitur celebrata inter Warrocum et Ebracharium, dixit Warrocus : « Discedite nunc et renuntiate, || quia omnia que iusserit rex sponte implire curabo ; quod ut plenius credere debeatis, nepote meo obsedem tribuam. » Et itaque ceit[14], cessatumque est a bello. Verum tamen multitudo magna, sicut de regali exercitum, ita et de Britanis caesa est. Egrediente autem

---

1. *Corr.* Brittanorum. — 2. *Corr.* culu. — 3. *Corr.* multosque. — 4. *Corr.* Brittanis. — 5. *Corr.* interemit. — 6. *Corr.* inruentibus. — 7. *Corr.* interfecerent. — 8. *Corr.* vero. — 9. *Sic, pro* Venetus. — 10. *Corr.* fugire. — 11. *Corr.* promittens. — 12. *Corr.* culpabiles. — 13. *Corr.* Brittanorum. — 14. *Corr.* egit, *pro* ita fecit.

exercitu a Britaniis[1], ac transeuntibus omnem[2] robustoris[3], inferires[4] et pauperis[5], qui cum his erant, transire simul non potuerunt. Cumque in litus illud Vitinonæ amnis restitissent, Warrocus, oblitus sacramenti atque obsidum quos dederat, misit Canaonem filium suum cum exercitu, adprehensisque viris, quos in litore illo repperierat, vinculis abligat, resistentes interfecit, nonnullis, qui cum caballis turrentem[6] transmeare voluerunt, ab ipsius torrentis impetu in mari deiectis. Demersi[7] sunt postea multi a coniuie Warroci cum cereis et tabulis quasi liberi, et ad propria sunt regressi. Exercitus viro ipsius, qui prius transierat, metuens per viam illam qua venerat regredi, ne forte mala queque ecerat[8] pateretur, ad Andigavam urbem dirigit[9], Meduane turrentis ex||petens pontem. Sed parvaque prius Col. 495. transiit [manus] ad ipsum, quem prefati sumus, pontem spoliati, cesi et ad omnem deducus sunt redacti. Fertur onicum[10] viro transeuntes, predas agentes, multos expoliaverunt; inopinantes enim repperierant incolas loci. Multi tamen de hoc exercitu a Gunthramno regem accesserunt, dicentes, quia Ebracharius [dux ac Wiliacharius] comus[11], accepta pecunia [a] Warrocum, exercitum perire fecissent. Q:[12] de causa Ebracharius presentatus, multum conviciis actus a rege, a presentia eius discedere iussus est, || Wilia- Fol. 315 v°. chario comes per fugas latitante.

X. Anno igitur quinto decimo Hildeberti[13] regis, qui est Gunthramni VIIII. atque XX., dum ipse Gunthramnus rex per Vosagum silvam venactionem exerceret, vestigia occisi buvali deprehendit. Cumque custodem silve arthius distringeret, quis hec in regale silva gerere presumsissit[14], Cundonem[15] cubilarium regis prodidit. Quo hec[16] loquente, iussit eum adprehendi et Cavillonum cunpactum in vincolis dutiumque[17] uterque in presentia regis intenderent, et

---

1. *Corr*. Brittaniis. — 2. *Sic*, pro amnem. — 3. *Corr*. robustiores. — 4. *Corr*. inferiores. — 5. *Corr*. pauperes. — 6. *Corr*. torrentem. — 7. *Sic*, pro dimissi. — 8. *Corr*. egerat. — 9. *Corr*. diriget. — 10. *Sic*, pro Per Toronicum. — 11. *Corr*. comes. — 12. *Sic*, pro Qua. — 13. *Corr*. Childeberti. — 14. *Corr*. presumsisset. — 15. *Corr*. Gundonem. — 16. *Corr*. hęc. — 17. *Corr*. duci. Cumque.

Cundo[1] diceret numquam a se haec presumpta que opitibantur[2], rex campum deiudicat. Tunc cubicularius ille, dato nepote pro se, qui hoc certamen adire[t], in campum uterque steterunt; iactaque puer ille lantias[3] super custodem silve, pedem eius transfiget; moxque resubinus ruit. Puer vir̀o[4], extracto cultro, qui de cingulo dependebat, dum collum ruentis incedere timptat[5], cultro sautiati ventre transfoditur. Cecideruntque ambo et mortui sunt. Quod videns Cundo[1], ad basilicam sancti Marcelli fugam iniit. Adclamante viro[4] rege ut conprehinderetur[6], priusquam limen(s) sanctum adtingerit[7], conprehinsus est, vinctusque ad stipitem, lapidibus est obrutus. Multum se ex hoc deinceps rex penitens ut sic eum ira precipitem reddedisset, ut pro parvole causte[8] noxiaque fidilemque virum necessarium tam celleriter[9] interemissit[10].

XI. Chlotharius vero, Chilperici quondam regis filius, graviter || egrotavit, et in tantum disperatus est habitus, ut rege Gunthramno obitus eius fuisset nuntiatos[11]. Unde factum est ut egrediens de Cavillonno, || quasi Parisius accidere cupiens, usque ad terminos Senonicae urbis accederet. Sed cum audisset convaluisse puerum, de itinere est regressus. Sed cum eum Fredegundis, mater eius, disperatum vidisset, multum pecuniæ ad basilicam sancti Martini vovit, et sic puer melius visus est. Sed et Warrocum nuntius dirigit[12], ut quid adhuc captivi in Brittanniis[13] de exercito Gunthramni regis retenebantur pro huius vita absolverentur. Quod ita Warocus[14] implevit. Unde manifestatum est huius mulieris conludio et Beppolenum interfectum et exercitum fuisse conlisum.

XII. Ingytrudis vero relegiosa[15], que, ut in superioribus libris exposuimus, in atrio Sancti Martini puellarum monas-

---

1. *Corr.* Gundo. — 2. *Sic*, pro obiciebantur. — 3. *Corr.* lancea. — 4. *Corr.* vero. — 5. *Corr.* temptat. — 6. *Corr.* ut [a]dprehinderetur. — 7. *Corr.* adtingeret. — 8. *Corr.* cause. — 9. *Corr.* celeriter. — 10. *Corr.* interemisset. — 11. *Corr.* nuntiatus. — 12. *Corr.* diriget. — 13. *Corr.* Britanniis. — 14. *Corr.* Warrocus. — 15. *Corr.* religiosa.

terio collocavit, cum egrotare coepisset, neptem suam abbatissam instituit, unde reliqua congregatio murmoravit; sed, nobis increpantibus, cessavit a iurgio. Hæc viro¹ cum filia discordiam tenens, pro eo quod raes² suas ei abstulirat³, obtestavitque, ut neque in monasterio quod instituit, neque super sepulcrum eius permitteretur orare. Que octuaginsimo, ut opinnor⁴, anno vitæ obiit, sepulta est septimo Idus mensis primi. Sed veniens filia eius Bertegundis Toronus, cum non fuisset excepta, ad Hildeberthum regem habiit, postulans ut ei licerit in loco matris sue monasterium regere. Rex vero oblitus iudicii, quod matri eius fecerat, huic aliam preceptione manus suae roboratam subscriptione largitus est, hæc contenente, ut ræs eius, quas mater vel pater eius habuerant, suo dominio subiugarit⁵, et quicquid monasterio Ingytrudis reliquerat, aufretur⁶. Cum quo precepto venies⁷, ita cuncta subppelectilem⁸ monasterii abstulit, ut nihil infra preter vacuos relinquerit pariaetis⁹, colligen[s] secum diversorum criminum reos, quod in seditionibus preparatus, qui, si quid erat de villabus reliquis, quod devoti dederant, fructum auferrent. Tantaque ibi mala gessit, quod vix ex ordine poterunt narrare. Hec viro¹, acceptis his rebus quas diximus, in Pectavum rediit, multa in abatissam¹⁰ crimina evomens falsa, que parens aeius proxima habebatur.

XIII. His autem diebus extetit¹¹ quidam de presbiteris nostris Sadduceę malignitatis infectus veneno, dicens non esse futuram resurrectionem. Cumque nos eam sacris literis¹² predictam et apostolice traditione autoritatem¹³ munstratam¹⁴ adfirmaremus rems¹⁵: « Manifestum est hoc¹⁶ celibri¹⁷ ferri, sed certi non sumus utrum sit an non; presertim cum Dominus iratus primo homini, quem manu sacra

---

1. *Corr.* vero. — 2. *Corr.* res. — 3. *Corr.* abstulerat. — 4. *Corr.* opinor. — 5. *Corr.* subiugaret. — 6. *Corr.* auferetur. — 7. *Corr.* veniens. — 8. *Corr.* subpellectilem. — 9. *Corr.* parietes. — 10. *Corr.* abbatissam. — 11. *Corr.* extitit. — 12. *Corr.* litteris. — 13. *Corr.* auctoritatem. — 14. *Corr.* monstratam. — 15. *Corr.* rem; *al. manus add.* respondit. — 16. *Corr.* hac. — 17. *Corr.* celebri.

plasmaverat, dixerit[1] : *In sudore vultus vesceris panem tuum, donec revertaris[2] in terram, de qua sumtus es; quia pulvis es, et in pulverem reverteris.* Quid ad haec re[s]pondebitis, qui resurrectionem futuram predicatis, cum in pulverem redacturum ‖ hominem resurgere iterius[3] Divinitatis non promittat? » Cui ego : « Quid de hac causa vel ipsius Domini et Redemptoris nostri vel patrum precessorum verba loquantur, nullum catholicorum nescire reor. Nam in Genesi, cum patris obirent, aiebat Dominus[4] : *Tu autem congregaberis ad populum tuum. Sepultus in senectute bona.* Et ad Caïn dicitur, quia :[5] *Vox sanguinis fratris tui clamat ad me dae terra.* Unde liquido apparrit[6] vivere animas post egressum corporis atque resurrectionem futuram intentis vultibus prestulare[7]. Sed et de Iob scriptum est, quia resurrectus[8] est in resurrectionem mortuorum. Et propheta David, licet ex persona Domini, tamen resurrectionem previdens, ait[9] : *Numquid qui dormit non aditiet, ut resurgat?* Hoc est, qui mortis somno opprimitur non est venturus in resurrectionem? Et Esaias, quod de sepulcris resurrecturi sunt mortui, docet. Sed et Zehel[10] prophaeta[11], cum ossa arida obtecta cute[12], nervis soledata[13], venis inflecta, flante spiritu animata, reformatum hominem enarraret, manifestissime resurrectionem futuram edocuit. Sed et illud manifestum fuit resurrectionis inditium, quod Elisei ossa tangens, extinctum cadaver virtutis effectu revixerit; quod ipsius Domini, ‖ qui est primogenitus mortuorum, resurrectionem manifestavit, qui morte mortem intulit et de sepulcro vitam mortuis reformavit. » Ad haec presbiter : « Quod Dominus in adsumpto hominem mortuus fuerit ac resurrexit, non ambigio; illud tamen, quod reliqui resurgunt mortui, non admitto. » Et ego : « Et que fuit necessitas Filio Dei de celo discendere, carnem adsumere, mortem adire, ‖ inferna penetrare, nisi ut hominem, quem plas-

---

1. *Gen.* 3, 19. — 2. *Corr.* reverteris. — 3. *Corr.* verius. — 4. *Gen.* 25, 8. — 5. *Gen.* 4, 10. — 6. *Corr.* apparet. — 7. *Corr.* prestolare. — 8. *Corr.* resurrecturus. — 9. *Ps.* 40, 9. — 10. *Corr.* Zechiel, pro Ezechiel. — 11. *Cf. Ezech.* 37, 6 *et sqq.* — 12. *Corr.* cutis. — 13. *Corr.* solidata.

maverat, non permaneret in mortem perpetuam derelinqui? Sed et iustorum animæ, que usque passionem eius infernali ergastulo tenebantur inclusæ, eo veniente laxate sunt. Nam discendens ad inferos, dum tenebras nova luce perfudit, animas eorum secum, ne hoc exitu amplius cruciarentur, eduxit iuxta illud : *Et in sepulcra eius resurgunt mortui.* » Et praesbiter ait : « Numquid possunt ossa in favilla redacta iterum animari et hominem viventem proferre ? » Et ego respondi : « Nos credimus, quia, quamlibet in pulvere redagatur[1] homo et aquis ac terre venti violenti inpegu dispergatur, non sit difficile Deo hec ad vitam resustitare. » Presbiter respondit : ‹ Hic maxime vos errare puto, ut adserire[2] verbis lenibus tymptitis[3] acerrimam seductionem, ut dicatis, a bestiis ramptum, aquis inmersum, pistium faucibus devoratum, in stercore redactum et per secretum degestionis eiectum, aut aquis labentibus deiectum, aut terra conputriscente[4] abolitum, aut[5] resurrectione venturum. » Ad haec ego respondi : « Oblivione apud te traditum est, ut opinnor[6], quid Iohannis euangelista super pectus dominicum recumbens a[c] diveni[7] misterii archana rimans in Apocalipsin dicat[8] : *Tunc,* inquid, *reddet mare mortuos suos.* Unde manifestum est, quia, quicquid humani corporis piscis absorbuit, alis rapuit, bestia deglutivit, a Domino coniunctum in resurrectionem reparandum erit, quia non erit ei difficile perdita reparare, qui ex nihilo non nata creavit; sed ita hec in integritate solida sicui prīs[9] fuerat, reparabit, ut corpus, || quod fuit in mundo, aut penam iuxta eritum[10] serat[11] aut gloriam. Si enim ipse Dominus in Euangelio ait[12], || quia : *Filius hominis veniet in gloriam Patris sui cum angelis suis, ut reddat unicuique secundum opera sua.* Set[13] et Marta, cum de resurrectione presenti fratris Lazari dubitaret, ait[14] : *Scio, quia resurget in resurrectionem in novissima die.* Cui Dominus ait[15] : *Ego sum resurrectio, via*

Fol. 318.

Col. 499.

---

1. *Corr.* redigatur. — 2. *Corr.* adserere. — 3. *Corr* tymptetis. — 4. *Carr.* conputrescente. — 5. *Sic, pro* ad. — 6. *Corr.* opinor. — 7. *Corr.* divini. — 8. *Apoc.* 20, 13. — 9. *Sic, pro* sicut prius. — 10. *Corr.* meritum. — 11. *Corr.* sumserat. — 12. *Math.* 16, 27. — 13. *Corr.* sed. — 14. *Ioann.* 11, 24. — 15. *Ioann.* 11, 25.

et veritas et vita. » Ad hæc presbiter : « Quomodo autem in psalmo dicitur, quia[1] : *Non resurgunt impii in iuditio ?* » Et ego respondi : « Non resurgunt, [ut iudicent, sed resurgunt], ut iudicentur. Nec enim sedire[2] cum impiis Iudex potest, causas suorum redditurus actuum. » Et ille : « Dominus, inquid, in Euangelio dixit[3] : *Qui non crediderit, iam iudicatus est*; utique, quia peribit resurrectione. » Et ego respondi : « Iudicatus est enim, ut ab[4] supplicium eternum perveniat, quia non credidit unigenitum Filium Dei; tamen resurrecturus in corpore, ut ipsum supplitium, in quo peccavit in corpore, patiatur. Nec enim potest iuditium fieri, nisi prius resurgant mortui ; quia, sicut illos, qui defuncti sunt sancti, cælum, ut credimus, retinet, de quorum sepulcris saepius virtus illa procedit, ut de his ceci inluminentur, claudi gressum recipiant, lebrosi[5] mundæntur[6], et aliis sanitatum benefitia infirmis petentibus tribuantur ; ita credimus et peccatoris[7] in illo infernali carcere usque ad iudicium retineri[8]. » Et presbiter ait : « In psalmo autem legimus[9] : *Spiritus pertransiit ab homine, et non erit; et non cognuscet amplius locum suum.* » Ego dixi : « Hoc est, quod ipse Dominus per parabulam ad divitem, qui flammis tarteris crutiabatur, dicebat[10] : *Recepisti tu bona in vita tua, similiter et Lazarus* || *mala.* Non autem cognovit divis[11] ille purporas suas et bisso nec dilicias convivii, quas ei vel aer vel terra vel mare protulerat; sicut nec Lazarus vulnera aut putredines[12], quas iaccens ante eius ianuas perferebat, vel cum hic in sinu Abrahæ requiesceret, illi[13] autem cruciaretur in flammis ». Presbiter dixit : « In alio psalmo legimus, quia[14] : *Exiet spiritus eorum et revertentur in terram suam, in illa die peribunt omnes cogitationes eorum.* » Ad hec ego : « Bene ais[15]; quia, cum egressus fuerit ab homine spiritus, et iacuerit corpus mortuum, non cogitat de is qui in mundo relinquit[16], acsi verbi causa dicas : Non

---

1. *Ps.* 1, 5. — 2. *Corr.* sedere. — 3. *Ioann.* 3, 18. — 4. *Sic*, pro ad. — 5. *Corr.* librosi. — 6. *Corr.* mundentur — 7. *Corr.* peccatores. — 8. *Corr.* reteneri. — 9. *Ps.* 102, 16. — 10. *Luc.* 16, 25. — 11. *Corr.* dives. — 12. erasum et sic corr. — 13. *Corr.* ille. — 14. *Ps.* 145, 4. — 15. *Corr.* agis. — 16. *Corr.* reliquit.

cogitat aedificari, plantare, agrum ex‖colere; non cogitat congregare aurum, argentum vel reliquas divitias mundi. Periit enim hec cogitatio a corpore mortuo, quia non est spiritus in eo. Sed quid tu de resurrectione dubitas, quam Paulus apostolus, in quo ipse, ut ait, Christus loquebatur, evidenter expremit, dicens[1] : *Cumsepulti enim sumus Christo per baptismum in mortem, ut, sicut ille mortuus est et resurrexit, ita et nos in novitate vitae ambulemus.* Et iterum[2] : *Omnes quidem resurgimus, sed non omnes inmutabimur*[3]. *Canit*[4] *enim tuba, et mortui resurgunt incorrupti, et nos inmutabimur.* Et iterum[5] : *Stilla autem ab stilla*[6] *defret in claritatem, sic et resurrectio mortuorum.* Item illic[7] : *Seminatur in corruptionem, surgit in incorruptionem et reliqua.* Item illic[8] : *Omnes nos representare oportet ante tribunal Christi, ut referat unusquisque propria corporis sui, prout gessit, sive bonum sive malum.* A Thesalocensis[9] autem evidentissime futuram resurrectionem designat, dicens[10] : *Nolo vos ignorare de dor‖mientibus, ut non contristimini, sicut ceteri, qui spem non habent. Si enim credimus quod Ihesus mortuos*[11] *est et resurrexit, ita et Deus eos qui dormierunt per Ihesum adducit cum eo. Hoc enim vobis dicimus in verbo Domini, quia nos, qui vivimus, qui re[si]dui sumus, in adventum Domini non preveniemus eos qui dormierunt. Quoniam ipse Dominus in iussu et in voce archangeli et in tuba Dei discendit de cecelo*[12], *et mortui, qui in Christo sunt, resurgent primi; deinde nos, qui vivimus, qui relinquemur*[13], *simul rapiemur cum illis in nubibus obviam Domino in aera, et sic semper cum Domino aerimus. Itaque consolamini invicem in verbis istis.* Plurima sunt enim de his testimonia, que hanc causam adfirmant. Sed tu, ignoro quid ambigas de resurrectione, quam sancti expectant pro merito, quam peccatores metuunt pro reatu. Hanc enim resurrectionem et illa que cernimus elimenta demun-

---

1. *Rom.* 6, 4. — 2. I. *Cor.* 15, 51. — 3. *Ms.* inmutabit, *abbr.* — 4. *Corr.* canet. — 5. I. *Cor.* 15, 41. — 6. *Corr.* stella. — 7. I. *Cor.* 15, 42. — 8. II. *Cor.* 5, 10. — 9. *Corr.* Thesalocenses. — 10. *Thess.* 4, 12-18. — 11. *Corr.* mortuus. — 12. *Corr.* celo. — 13. *Corr.* relinquimur.

strant[1], id est dum arboris in [e]state foliis tectae, hieme veniente nudantur; succedente viro[2] verno, quasi resurgentes, in illud quod prius fuerunt foliorum tegmine vestiuntur. Hęc ostendunt et illa que iaceuntur semina terris; que commendata sultis, [si] fuerint mortua, cum multiplici fructu resurgunt, sicut ait Paulus apostolus[3] : *Stulte tu, quod seminas non vivificatur, nisi prius moria\|tur.* Quae omnia ad fidem resurrectiones[4] mundo manifesta sunt. Si enim resurrectio futura non est, quid proderit iustis bene agere, quid nocebit peccatoribus \|\| male? Decedant ergo cuncti in voluptatibus suis et faciet unusque que placuerant, si iuditium futurum non erit. Vel illud, improbe, non formidas, quid ipse Dominus beatis apostolis ait[5] : *Cum venerit*, inquid, *Filius hominis in sedem mai[e]statis sue, congregabuntur ante eum omnes, et separavit eos ab invicem, sicut pastor segregat agnus*[6] *hab haedis*[7] *et statuit oves quidem a dexteram, hedos autem ad sinistram. Et his dicit : Venite, benedicti, percipite regnum; illis autem : Discedite a me, operarii iniquitatis.* Atque, ut ipsa Scriptura docet[8], *ibunt hii in supplitium aeternum, iusti autem in vitam aeternam.* Puta(n)sne erit resurrectio mortuorum aut iuditium operum, quando ista faciet Dominus? Respondeat ergo tibi Paulus apostolus, sicut aliis incredulus[9], dicens[10] : *Si Christus non resurrexit, inanis est predicatio nostra, inanis est e fides vestra.* Ad hæc contristatus presbiter, a conspectu nostro discedens, pollicitus est credere resurrectionem iuxta seriem Scriptura(ra)rum sanctarum, quam supra memoravimus.

XIIII. Erat autem tunc temporis Teudulfus diaconus urbis Parisiacæ, qui sibi videba(ba)tur in aliquo sciolus, qu sepius de ac causa altergationis movebat. Hic autem de Parisius abscedens, Andegavo venit et si[11] Audioveo episcopo subdidit propter antiquam amicitiam, quam simul \|\| Pari-

---

1. *Corr.* demonstrant. — 2. *Corr.* vero. — 3. I. *Cor.* 15, 36. — 4. *Corr.* resurrectionis. — 5. *Matth.* 25, 31 *et sq.* — 6. *Corr.* agnos. — 7. *Corr.* haedes — 8. *Matth.* 25, 46. — 9. *Corr.* incredulos. — 10. I. *Cor.* 15, 14. — 11. *Sic, pr* se.

sius commorantes habuerant; unde et a Ragnimodo Parisiace urbis episcopo sepius excommunicatus est, curam de eclesiam suam, in qua diaconus ordinatus fuerat, redire defferret. Hic tanta familiaritate cum prefacto Andecave urbis episcopo adeserat, ut non se possit[1] ab eius inportunitate discutere, pro eo quod bonis moribus et affectu pio erat. Factum est autem, ut edificarit[2] super murus[3] urbis solarium, de quo, ceno eppolo perficicto[4], discendens, manum super diaconus[5] sustentabat, qui in tantum erat grapulatus a vino, ut vix vel fingere gressum valeret, puerumque, qui preibat cum lumine, nescio quid commotus, pugno cervicem ferit. Quo inpulso, hic cum se contenire non possit, cum ipso impetu de muro precipitatis, sudariumque episcopi, quod balteo dependebat, adripiens; cum pene dilapsus fuerat, nisi pedis episcopi abba velociter amplectisset. Qui ruens super lapidem, confractis ossibus et cratere pectoris, sanguinem cum felle disrupto evomens, episcopus[6] exalavit. Erat enim et vino deditus et in adulteriis desolutus.

XV. Cum autem scandalum, quod, serente diabulo, in monasterio Pectavense ortum, in ampliore cotidie iniquitate consurgerit[7], et Chrodehildis, adgregatis sibi, ut supra diximus, homicidis, malefecis, adulteris, fugitivis vel reliquorum criminum reis, in sedictione parata resederet, iussit eos, ut inruentis[8] nocte monasterium, abbatissam foris extraherent. Ad illa, tumultum sentiens veniente, ad sanctae crucis arcam si[9] portare poposcit — gravabatur enim dolore humores podagrici, — scilicet ut vel eius foveritur[10] auxilio. Et dicet[11], ubi ingressi viri, cereo accenso, cum armis huc illucque vagarentur per monasterium, inquerentes eam, introeuntes in oraturium, repperierunt iacentem super humum ante arcam sanctae crucis. Tunc hunus acerbior ceteris, qui ad hoc scelus patrandum adgressus fuerat, ut

---

1. *Corr.* posset. — 2. *Corr.* edificaret. — 3. *Corr.* muros. — 4. *Sic*, pro perfuncto. — 5. *Corr.* diaconos. — 6. *Sic*, pro spiritum. — 7. *Corr.* consurgeret. — 8. *Corr.* inruentes. — 9. *Sic*, pro se. — 10. *Corr.* foveretur. — 11. *Sic*, pro licet.

abbatissam gladio dividerit[1], ab alio, ut credo divina providentia cooperante, cultro percutitur. Profluente viro[2] sanguine, solo decubans, votum, quod leve conceperat[3] animo, non explevit. Interea Iustina preposita cum aliis sororibus pallam altaris, quod erat ante crucem dominicam, exstincto cereo, abbatissam operit. Sed venientes cum evaginatis gladiis ac lanceis, scissa veste et pene sanctimunialium manibus laniatis, adprehensam prepositam pro abbatissa, quia tenebre aerant, excussis lantiamanibus[4], a capite soluta cesariae, ‖ detrahunt et usque basilicam sancti Elari inter manus deferunt custodie ‖ mancipandam; adpropinquantesque basilice, coelo[5] modico albiscente, ubi cognoverunt non esse abbatissam, mox ad monasterium redire puellam precipiunt. Revertentesque, abbatissam adprehendunt, extrahunt ut[6] in costodia[7] iuxta sanctæ Helari basilicam, in locum ubi Basena maetatum habebat, retrudunt, possitis ad ustium[8] custodibus ne quis ullum captive prebiret auxilium. Exinde nocte subobscura adgressi monasterium, cum nullo fulgore accensi luminis potirentur[9], extracta prumtuario cupa, que olim pice linita sicca remanseret, in ignem inieciunt, factumque farum magnam de huius incendio, cuncta monasterii supellectilem rapuerunt, hoc tantum quod ferre non poterant relinquentes. Hec autem gesta sunt ante septem dies pascæ. Cumque episcopus hec omnia graviter ferret nec valaeret seditionem diabolicam mitigare misit ad Chrodeldem[10], dicens: « Relinque abbatissam, ut in his diebus in hoc carcere non reteneatur; alioquin non celebrabo pascha Domini, neque baptismum in hac urbe ullus casticuminus[11] obtenebit, nisi abbatissa a vinculo quo tenitur[12] iubeatur absolvi. Quod si nec sic volueritis, collectis civibus, auferam eam. » Hec eo dicente, statim Chrodieldis[13] percussoris deputat, dicens: « Si eam volenter[14] quis offerre timptaverit[15], statym eam gladio percutite. » Adfui

---

1. *Corr.* divideret. — 2. *Corr.* vero. — 3. *Corr.* conciperat. — 4. *Sic*, pro linteaminibus. — 5. *Corr.* caelo. — 6. *Sic*, pro et. — 7. *Corr.* custodia. — 8. *Corr.* ostium. — 9. *Corr.* puterentur. — 10. *Corr.* Chrodeheldem. — 11. *Corr.* caticuminos. — 12. *Corr.* tenetur. — 13. *Corr.* Chrodihildis. — 14. *Corr.* violenter. — 15. *Corr.* temptaverit.

enim diebus illis || Flavianus, nuper domesticus ordinatus, Fol. 321 v°.
cuius ope abbatissa sancti Elari ingressa basilica absol-
vitur. Inter haec ad sepulcrum sanctæ Radegundis homicidia perpaetrantur, et ante ipsam beatae crucis archam
quidam per seditionem truncati sunt. Cumque hic furor,
superveniente die, per Chrodiedes[1] superbiam augeretur,
et assiduae cædaes vel relique plage, quas supra memoravimus, a seditionariis perpaetrarentur, atque ita haec iactantia tumuissaet[2], ut consubrinam suam Basinam altiore
coturno dispiciret, illa penetentiam[3] agere coepit, dicens :
« Erravi sequendo Chrodieldis[1] iactantia. Et ecce dispectui
habior ab eadem et abatissae meae contumax exsisto. »
Et || conversa, humiliavit se coram habatissam[4], expectens[5] Col. 504.
pacem eius ; fueruntque pariter uno animo aedemque[6]
voluntatem. Denique, orto igitur scandalum, pueri qui cum
abbatissa erant, dum seditione, quam Chrodeildis[7] scola
commovet, resisterent, puerum Basinae percutiunt, qui
cecidit et mortuos est. At illi post abbatissam at[8] basilicam
confessoris confugiunt, et ob hoc Basina, relicta abbatissa[9],
discessit ; sed pueris iterum per fugam lapsis, in pace, quam
prius habuerant, redierunt. Postea viro[10] multi inter has
scolas inimititia orte sunt ; vel quis umquam tantas plagas
tantasque strages vel tanta mala verbis poterit explicare ubi
vix preteriit dies sine homicidio, || ora sine iurgio vel Fol. 322.
momentum aliquod sine flaetu ? Haec autem Hildebertus
rex audiens, legationem ad Gunthramno regem direxit, ut
scilicet episcopi coniuncti de viroque[11] regno, hec que gerebantur sanctione canonicę emendarent. Ob hanc causam
Hildebertus rex mediocritatis nostre personam cum Bere-
giselum Agripinensim et ipsum urbis Pectave Marovium[12]
episcopum iussit adesse ; Gunthramno[13] viro[10] rex Gundi-
gisilum[14] Burdigalensem cum provintialibus suis, eo quod
ipse metropolis huic urbi esset. Sed nos resultare cepimus,

---

1. *Corr.* Chrodihildis. — 2. *Corr.* tumuisset. — 3. *Corr.* penitentiam. —
4. *Corr.* abatissam. — 5. *Corr.* expectans. — 6. *Corr.* eademque. — 7. Chrodehildis. — 8. *Corr.* ad. — 9. *Ms.* abbas, *abbr.* — 10. *Corr.* vero. — 11. *Sic, pro*
utroque. — 12. *Corr.* Maroveum. — 13. *Corr.* Gunthramnus. — 14. *Corr.*
Gundegisilum.

dicentes, quia¹ : « Non accedimus ad hunc locum, nisi seva seditio, que per Chrodeheldem surrexit, iudices districtione prematur. » Pro ac¹ causam Maccone tunc temporis comiti prolata preceptio est, [in qua]² iubebatur, hanc seditionem, si resisterent, vi oppremeret. Hęc audiens Chrodieldis³, sicarius istus cum armis ante ustium⁴ oriturii⁵ adstare iubet, ut scilicet repugnantes contra iudicem, si vim vellit⁶ inferre pariter resultarent. Unde necessarium fuit huic comiti illuc cum arma procedere et quosdam caesos vectibus, nonnullus telis transfixus et agrius resultantes gladiorum ictibus adfectus obpremere. Quod cum Chrodeeldis⁷ cerneret, accepta cruce dominica, cuius prius virtutem dispexerat, in obviam egreditur, dicens : « Nolite super me, queso, vim inferre, que sum regina, filia regis ‖ regisque alterius consubrina; nolite facere, ne quando ve‖niat tempus, et ulciscar a vobis⁸. » Sed vulgus parvi pendens que ab ea decibantur⁹, inruens, ut diximus, supra os resultantes, vinctus¹⁰ a(d) monasterium extraxerunt, ac ad stipites extensos, gravissime caesos, aliis cesariem, aliis manibus, nonnullis auribus naribusque decesis, seditio (de)depressa quievit. Tunc resedentes sacerdotes qui aderant super tribunal ecclesiae, adfuit Chrodeheldis⁷ multa in abbatissa iactans convitia cum criminibus, adserens eam virum habere in monasterium, qui indutus vestimenta muliebria pro femina haberetur, cum esset vir manifestisime declaratus, atque ipsi abbatissa famulaturetur assidue, indicans eum digito : « En ipsum. » Qui cum in veste, ut diximus, muliebri coram omnibus adstetisset, dixit se nihil opus posse virile agere, ideo quesivi¹¹ hoc indumentum mutasse. Abbatissam viro nonnisi tantum nomine nossit¹², seque eam numquam vidisse neque cum eadem colloquium habuisse professus est, presertim cum hic amplius quam quadraginta ab urbe Pectava milibus degeret. Igitur abbatissa de iste criminae non

---

1. *Corr.* hanc. — 2. *Add. alia manu.* — 3. *Corr.* Chrodibildis. — 4. *Corr.* ostium. — 5. *Corr.* oraturii. — 6. *Corr.* vellet. — 7. *Corr.* Chrodehildis. — 8. *Corr.* ulciscar vobis. — 9. *Corr.* decebantur. — 10. *Corr.* vinctos. — 11. *Sic, pro* ideoque sibi. — 12. *Corr.* nosset.

convincens, adiecit : « Que enim sanctitas in hac abbatissa versatur, que viros eunucos facit et sicum habi||tare imperiali ordine precepit? » Interrogata abbatissa, si[1] de hac ratione nihil scire respondit. Interea cum haec nomen pueri eunuchi protulisset, adfuit Reovalis archiater, dicens : « Puer iste, parvulus cum esset et infirmaretur in femore, disperatus coepit habere; mater quoque eius sanctam Radegundem adivit, ut ei aliquod studium iuberet impendi. Ad illa, me vocato, iussit, si possem, aliquid adiuvarem. Tunc ego, sicut quondam apud orbem[2] Constantinopolitanam medicus agere conspexeram, incisis testiculis, puerum genetricem iste[3] restitui; nam nihil de ac causa scire cognovi ». Sed cum nec de ac re abbatissam potuissit[4] culpabilis repperire, alias cepit Chrodieldis[5] calomnias sevis inferre, quarum adsertionis[6] || responsionisque[7], quia in iuditium quod contra easdem scriptum est habentur insertæ, ipsius magis exemplaria lectionem libuit indi[8].

EXEMPLAR IUDITII. Dominis gloriosisimis regibus episcopi qui adfuerunt. Propitia Divinitate, piis atque catholicis populo datis principibus, quibus concessa est regio, rectissime suas causas patifecit[9] relegio, intellegens, sacrosancto participante Spiritu, eorum qui dominantur se sautiari et constabiliri decreto. Et quia ex iussione potestatis vestre, cum ad Pectavam civitatem pro condictionibus monasterii sancte recordationis Radegundis convenimus, || ut altercationis[10] inter abbatissam eiusdem monasterii vel monachas, que de ipso grege non salubri deliberatione progresse sunt, ipsis disceptantibus, agnuscere[11] deberimus[12] : evocatis partibus, interrogata Hrodieldis[13] vel Basina, quare tam audacter contra suam regulam, foribus monasterii confractis, discesserant, et ac hoccasione congregatio[14] adunata disscessa[15] sit; quae respondentis professe sunt, famis, nudatis, insuper et

---

1. *Sic, pro* se. — 2. *Corr.* urbem. — 3. *Corr.* genetricem isti, *pro* genetrici maestae. — 4. *Corr.* potuisset. — 5. *Corr.* Chrodihildis. — 6. *Corr.* adsertiones. — 7. *Corr.* responsionesque. — 8. *Corr.* indicare. — 9. *Corr.* patefecit. — 10. *Corr.* altercationes. — 11. *Corr.* agnoscere. — 12. *Corr.* deberemus. — 13. *Corr.* Hrodihildis. — 14. *Corr.* congregatione. — 15. *Corr.* discessa.

cedis se iam non ferre periculum; adicientes etiam, eo quod deversi eorum in balneo lavarent incongrue, ad tabulam ipsa luserit, atque seculares[1] cum abbatissam reficerent, etiam et spunsalia[2] in monasterio facta sint; de palla olosirica vestimenta nepte suae temerariae fecit; foliola aurea, que fuerant in gyro palla, inconsulte sustulerit et ad collum nepte sue facinorose suspenderet; vitam de auro exornatam idem nepte suae superflue fecerit, barbaturias intus eo quod celebraverit. Interrogantis abbatissę, quid ad hec responderet, dixit, de fame quod conqueruntur, secundum quod temporis penuria permitterit[3], numquam ipsae nimiam aegestatem pertulerent. De vestimento viro[4] dixit, si quis earum arcellolas scrutaretur, amplius eas habere [quam] necessitas indegerit. De balneo viro quod opponitur, retulit hoc factum diebus Quadraginsime, et pro calcis amaritudinem, ne lavantibus nocerit[5] novitas ipsius fabri, iussissae domnam Radegundi, et servientes monasterii publice hoc usitarent, donec omnes odor nocendi discideret[6]. Quod per Quadraginsimam usque Penticosten[7] in usu famulis fuerit. Ad haec Chrodieldis[8] respondit: « Et postea per tempora multi similiter laverunt. » Retullit abbatissa, se nec probare quod discerent[9] et se nescire sit[10] factum sit; sed adhuc inculpans easdem, vel si ipse vidissent, cur abbatissa non prodirent[11]. De tabula vero respondit, etsi luisset viventem domna Radegunde, se[12] minus culpa respiceret, tamen nec in regula per scripturam proibere nec in canonibus retullit[13]. Sed ad iussionem episcoporum repromisit, cervice se inflaxa per penitentia quicquid iuberentur expleret. De conviviis etiam ait se nullam novam fecisse consuetudinem, nisi sicut actum est sub domna Radegunde, se christianis fidelibus euglogias obtulisse, nec sibi conprobare cum illis ullatenus conuriasse[14]. De sponsalibus quoque ait, coram pontifice, clero vel senioribus pro nepte sua orfanola arras accepisse;

---

1. *Corr.* secularis. — 2. *Corr.* sponsalia. — 3. *Corr.* permitteret. — 4. *Corr.* vero. — 5. *Corr.* noceret. — 6. *Corr.* discederet. — 7. *Corr.* Pentecosten. — 8. *Corr.* Chrodihildis. — 9. *Corr.* dicerent. — 10. *Corr.* si. — 11. *Corr.* proderent. — 12. *Sic*, pro si. — 13. *Corr.* retulit. — 14. *Corr.* coniuriasse.

et tamen, si hec culpa sit, veniam se coram cunctis pedire¹ professa est; tamen nec tunc convivium in monasterio fecerit. De palla quod repotarent², protullit³ monacham nobilem, que ei majortem olosiricum, quem de parentibus [detulit], muneris causa concesserit, et inde partem abscidisset, unde quod vellit et faceret; de reliquo viro⁴ quantum oportunum fuit, ad ornatum altaris pallam condigne concediderit⁵ et de illa incisura que palle superfuit, purpora neptæ suae ‖ in tonica posuerit; quam ibi dedisse dixit, quo monasterio profuit. Que per omnia donatrix Didimia confirmavit. De foliolis aureis et vita⁶ auro exornatam Macconem famulum vestrum presentem testem adibuit, eo quod per manum eius ab sponso puelle predictae nepte suae XX. solidus⁷ accepit, unde oc⁸ publice fecerit, nec de rem monasterii ‖ quicquam ibi permixtum sit. Interrogata Chrodieldis⁹ cum Basina, si forsitan aliquid abbatissa, quod absit, adulterii reputarent, sive quid homicidium vel maleficii fecerit, aut crimen capitale, quod percutiretur¹⁰, et dicerent. Respondentes protulerunt, non habire se aliquid, nisi per haec que dixerint eam ista fecisse contra regulam proclamarent. Ad extremum pro peccatis, quia claustra disrupta sunt, et miseris liguit sine disciplina abbatissae sue quod vellent committere per tot mensum spatia, quas credibamus¹¹ innocentes monachas, nobis protulerunt prignantes. Quibus per ordinem discussis nec invento crimine, quod abbatissam deicerit, de levioribus causis paterna communitione¹² contestati sumus, ut hec nullatinus¹³ deinceps pro reprehensione reppertiret. Tunc nobis percontantibus¹⁴ causam adversae partes, que magiora crimina conmiserint, id est que predicationem sui sacerdotis intra monasterium, ne foras prociderent¹⁵, dispexerint, pontifice conculato¹⁶ et in summo contemptu in monasterio relicto, confractis seris ‖ et ianuis, inrito facto, discesserunt et ad suum peccatum aliæ tracte transgressi

---

1. *Corr.* petere. — 2. *Corr.* reputarent. — 3. *Corr.* protulit. — 4. *Corr.* vero. — 5. *Corr.* condederit. — 6. *Corr.* villa. — 7. *Corr.* solidos. — 8. *Corr.* hoc. — 9. *Corr.* Chrodihildis. — 10. *Corr.* percuteretur. — 11. *Corr.* credebamus. — 12. *Corr.* commonitione. — 13. *Corr.* nullatenus. — 14. *Corr.* percuntantibus. — 15. *Corr.* procederent. — 16. *Corr.* conculcato.

sunt. Insuper et cum Gundegysilus pontifex cum suis provintialibus pro ipsa causa commonitus, per preceptionem regum Pectavis accessisent et ad audientia eas ad monasterium convocarent, dispecta communicione, ipsis occurrentibus ad beati Elarii confessoris basilicam, quo ipsae commorabantur, accedentes, ut condecit pastorum solicitudine[1], dum commonerentur, facta seditione, fustebus[2] tam pontifices quam ministros adfecirent[3] et intra basilica fuderunt sanguine levitarum. De ex iussione domnorum principum, cum vir venerabilis Teutharius presbiter in causa directus fuerit, et statutum fuisset, quando iuditium fierit[4], non expectatum tempore, monasterium seditiosissime, accensi in curte cupis, vectibus ac securibus confractis postitiis, igne accenso, intra septa cæsis et vulneratis monachabus in ipsis oraturiis, spoliato monasterio, denudate et ‖ discissa capillis abbatissa, graviter ad ridiculum ducta et tracta per compita et in loco retrusa : etsi non legata, nec libera. Superveniente die pasche festum per seculum, offerente pontifice pro condempnata pretium, ut expectaret vel baptismum, nec nulla suasione hoc inpaetrasset vox subplicum, atque respondente Chrodielde, ‖ eo quod tale facinus nec scissent ne[c] iusserint, adhuc Chrodielde[5] asserente ad intersignum suum, ne a suis interficeretur, obtentum sit; unde certum est tractare, quid ex hoc datur intelligi, quod additur crudelitate, ad sepulcrum beate Radegundis fugientem servum monasterii sui occiderent, et scelere criscente[6] nihil paetendo sanaverint; sed per se post intrantes monasterium coeperent[7], et ad domnorum iussionem, ut seditiosos illos in publico repraesentarent, nolentes aquiescere[8]; et contra regum precepta magis arma tenerent et se sagittis vel lanceis contra comitem et plebem indignanter eregerent. Hinc dinuo[9] egresse ad audientiam publicam, extrahunt crucem sanctam sacratissima[m] occulte et ad iniuriam, indicenter[10], ad culpam, quod postea restituere actę sunt in eclesia[11]. Quibus tot capitali-

---

1. *Corr.* sollicitudine. — 2. *Corr.* fustibus. — 3. *Corr.* adficerent. — 4. *Corr.* fieret. — 5. *Corr.* Chrodihilde. — 6. *Corr.* crescente. — 7. *Corr.* coeperint. — 8. *Corr.* adquiescere. — 9. *Corr.* denuo. — 10. *Corr.* indecenter. — 11. *Corr.* ecclesia.

bus agnitis facinoribus nec refrenatis, sed iugiter magis
auctis criminibus, dicentes nos eisdem, ut abbatissa pr[o][1]
culpa veniam petirent[2], aut quod male dereptum fuerat
emaendarent[3]; et nolentes hoc facere, sed magis de eius
5 interfectione tractarent, quod publice sunt professae : reseratis a nobis et recensitis canonibus, visum est equissimum,
ut eas, usque quod dignam agerent penitentiam, a commonionem[4] privari et abbatissa suo loco permansura restitui.
Hęc no[s][5] pro vestra iussione, quod eclesiasticum[6] pertenuit
10 ordinem, circumspectis canonibus, absque personarum aliqua
acceptione suggerimus peregisse. De cetero ‖ quod de rebus Fol. 326.
monasterii vel instrumentis cartarum domnorum regum
parentum vestrorum de loco subreptum est, ‖ que se habire[7] Col. 510.
professe sunt, sed nobis inoboedientes nullatenus erunt voluntarie
15 redditure, qualiter vestra vel anteriorum principum
mercis aeterna permaneat, ad loci instauratione vestre pietatis
atque potestatis est auctoritate regia cogi reformare;
neque ipsas ad locum, quem tam impii ac profanissime distruxerunt,
ne peiora proveniant, vel redire concedere vel
20 permittatis iterum adspirare; quatinus his in integrum, prestante
Domino, restitutis, sub catholicis regibus totum atqueratur[8]
Deo, nihil perdat relegio[9], ut statutus conservatus
tam patrem quam canonum nobis profitiat ad cultum; vobis
propagitur[10] ad fructum. Christus vos dominus alat regatque,
25 regnum tribuens prolixiori vitaque conferat beatam.

XVII. Post hęc cum, emisso iuditio, a communione fuissent
suspensę, abbatissa etiam in monasterio restituta, hęc
Childebertum regem petierunt, adicientes malum supra
malum, denomenantes[11] scilicet regi personas quasdam, que
30 non solum cum ipsa abbatissa adulteria exercerent, verum
etiam ad inimicam eius Fredegundem cotidie nuntia deportarent.
Quod audiens rex, misit que[12] eos vinctos adduce-

---

1. *Corr.* pro. — 2. *Corr.* peterent. — 3. *Corr.* emendarent. — 4. *Corr.*
communionem. — 5. *Corr.* nos. — 6. *Corr.* ecclesiasticum. — 7. *Corr.* habere.
— 8. *Corr.* atquiratur. — 9. *Corr.* religio. — 10. *Corr.* propagetur. — 11. *Corr.*
denominantes. — 12. *Corr.* qui.

rent. Sed cum discussi nihil criminis in eis inventum fuisset, abscedere iussi sunt.

XVIII. Ante hos vero dies, rex in oraturium[1] domus Mari‖ligensis ingrederetur, viderunt pueri eius hominem ignotum eminus adstantem, dixeruntque ad eum : « Quis es tu et unde venis, aut quod est opus tuum ? Non enim a nobis agnusceris[2]. » Illo quoque respondente, quia : « De vobis sum, » dicto citius eiectus extra oratorium, interrogatur. Nec mora confitetur[3], dicens a Fredegunde regina se transmisum[4] ad interfitendum[5] regem, dixit : « Duodecem[6] viri sumus ab ea transmissi; sex hic venimus, alii vero saex Sessionas[7] remanserunt ad decipiendum filium regis. Et ego cum ‖ locum prestulans[8], ut regem Hildebertum in oraturio[9] percutere distinarem, timore perterritus, non deliberavi implire[10] quod volui. » Haec cum dixisset, confestim sepis datus supplitiis, deversus[11] nominat sotius[12]. Quibus per loca singula inquesitis[13], alios carceribus mancipant, alios manibus incisis relincunt[14], nonnullis nares auresque amputatis, ad ridiculum laxaverunt. Plerique tamen ex vinctus[15] subplitiorum genera metuentes, proprii[s] se[16] confodere mucronibus, nonnulli etiam inter subplitia defecerunt, [ut regis] ultio patraretur.

XVIIII. Sunnegisilus vero iterum turmentis[17] addicitur ac cotidiae virgis lorisque cæditur; et conputriscentibus vulneribus, cum primum, decurrente pupe, coepissent ipsa vulnera claudi, iterum renovabatur ad penam. In his tormentis non solum de morte ‖ Hilperici regis, verum aetiam diversa scelera se admississe confessus est. Inter quas confessionis[18] addedit aetiam, Egidium episcopum socium fuisse in illo Savingi[19], Ursionis, Bertefredi cousilium ad interficiendum

---

1. *Corr.* oratorium. — 2. *Corr.* agnosceris. — 3. *Sic e corr.* — 4. *Corr.* transmissum. — 5. *Corr.* interfitiendum. — 6. *Corr.* Duodecim. — 7. *Corr.* Sessiones. — 8. *Corr.* prestolans. — 9. *Corr.* oratorio. — 10. *Corr.* implere. — 11. *Corr.* deversos. — 12. *Corr.* sotios. — 13. *Corr.* inquisitis. — 14. *Corr.* relinqunt. — 15. *Corr.* vinctos. — 16. *Corr.* propriisse. — 17. *Corr.* tormentis — 18. *Corr.* confessiones. — 19. *Sic, pro* Rauchingi.

Hildebertum regem. Nec mora, rapitur episcopus et ad Metensem[1] urbem, cum esset valde ab aegrotatione longinqua defessus, adducitur; ibique sub custodia degens, rex episcopus arcessire ad eius examinatione precepit, scilicet ut in initio mensis octavi apud Viridunensem urbem adesse deberent. Tunc ab aliis sacerdotibus increpitus, cur hominem absque audientia ab urbe rapi aet[2] in custodia retrudi precipisset[3], permissit eum ab[4] urbem suam redire, dirigens epistolas, ut supra diximus, ad omnis regni sui pontifices, ut medio menso nono ad discutiendum in orbe[5] supradicta adesse deberent. Erant enim pluviae validae atque inmense, rigor intolerabilis[6], dissolute luto viamnis[7] litora excidentes; sed preceptione rigie[8] observare[9] nequiverunt. Deni‖que convenientes, pertractae sunt usque Metinsim[10] urbem, ibique et prefactus Egidius adfuit. Tunc rex inimicum sibi regionisque proditorem esse pronuntians, Ennodium ex duce ad negutium[11] diregit[12] prosequendo, cuius propositio prima hæc fuit : « Dic mihi, o episcope, quid tibi visum fuit, ut, relicto rege, in cuius orbe[13] episcopati honus fruebaris, Chilperiti regis amiticiis subderis qui semper inimicus domino nostro regi fuisse probatur, qui patrem eius interfecit, ‖ matrem exilio condempnavit regnumque pervasit, et in his urbibus, quas, ut diximus, iniquo pervasionis ordino[14] suo dominio subiugavit, tu ab eodem possessionum fiscalium predia meruisti? » Ad hec ille respondit : « Quod fuerem[15] amicus regem Chilperici negare non potero; non tamen contra utilitatem regis Hildeberti[16] hec[17] amicitia pullulavit[18]. Villas viro[19], quas memoras[20], per istius regis chartas emerui. » Tunc proferens easdem in publico, negat rex se hæc largitum fuisse; requisitusqui Otto, qui tunc refrendarius fuerat, cuius ibi subscriptio medita[ta] tenebatur, adfuit; negat se subscribisse. Conficta enim erat

---

1. *Corr.* Mettensem. — 2. *Corr.* et. — 3. *Corr.* precepisset. — 4. *Sic, pro* ad. — 5. urbe. — 6. *Corr.* intollerabilis. — 7. *Corr.* vie, amnis. — 8. *Corr.* regie. — 9. *Sic, pro* obstetere. — 10. *Corr.* Mettensim. — 11. *Corr.* negotium. — 12. *Corr.* diriget. — 13. *Corr.* urbe. — 14. *Corr.* ordine. — 15. *Corr.* fuerim. — 16. *Corr.* Childeberti. — 17. *Corr.* hec. — 18. *Corr.* pollulavit. — 19. *Corr.* vero. — 20. *Sic e corr.*

manus eius in huius preceptione scripta. In hac igitur causa primum episcopus fallax reppertus est. Post hac [1] epistulae [2] prolate sunt, in quibus multa de inproperiis Brunichildis taenebatur, que ad Hilpirico scripte [3] fuerant, similiter et Hilperiti [4] ad episcopum dilate, in quibus inter reliqua habebatur insertum, quia : « Si radix cuiuslibit [5] rei incisa non fuerit, culmis, qui terris est edius, non ariscit [6]. » Unde prorsus manifestum est, ideo hec scripta, ut, superata Brunihilde, filius eius obpremerętur. Negavit se episcopus has epistulas [7] vel mississe suo nomine vel suscepisse a rescriptum Hilperici [8]. Sed puer eius familiaris adfuit, qui hec notarum titulis per thomus [9] chartarum conprehensa tenebat, unde non || dubium fuit resedentibus, haec ab eodem || directa. Deinde prolate sunt pactionis [10] quasi ex nomine Hildeberti ac Hilperici regis, in quibus tenebatur insertum, ut, eiecto Gunthramno rege, hi [11] duo regis [12] inter se aeius regnum urbisque dividerint [13], sed negavit hec rex cum suo factum consilio, dicens, quia : « Tu commisisti patruos meos, ut inter illos bellum civile consurgeret, unde factum est, ut commotus exercitus Bituricas urbem, pagum Stampensem, vel Mediolensem castrum atterrirent atque depopularent. In quo bellum multi interimpti [14] sunt quorum, puto, animę erunt Dei iuditio dae tuis manibus requirendę. » Hęc episcopus negarę [non potuit]. Scripta enim ista in regestum Hilperiti [4] regis in unum scriniorum paręter sunt reperta ac tunc ad eum pervenerunt, quando, interimpto [15] Hilperico, thesauri eius de Calensi Parisiati orbis [16] villa ablati ad eundem dilati sunt. Cumque de huiuscemodi causis altercatio diutius traheretur, adfuit et abba Epifanius [basilicae sancti Remegii, dicens, quod duo milia aureorum] spętiesque multas pro conservanda regis Hilperici amicitia accepissaet. Adsteteruntque aetiam ęt ligati qui cum eodem ad memoratum regem fuerant, dicentes, quia : « Nobis relictis, solus

---

1. *Corr.* haec. — 2. *Corr.* epistolae. — 3. *Corr.* scriptę. — 4. *Corr.* Hilperici. — 5. *Corr.* cuiuslibet. — 6. *Corr.* arescit. — 7. *Corr.* epistolas. — 8. *Corr.* Chilperici. — 9. *Corr.* domos. — 10. *Corr.* pactiones. — 11. *Corr.* hii. — 12. *Corr.* reges. — 13. *Corr.* dividerent. — 14. *Corr.* interempti. — 15. *Corr.* interempto. — 16. *Corr.* urbis.

cum eodem diutius collocutus est; de quibus verbis nihil intelleximus, nisi supradictae excidii persecutionem in posterum || cognuscentes[1]. » Hęc eo negante, abba, qui fuerat semper in his consiliorum archanis particeps, locum homi-
5 nemque denominat, ubi et qui aurius, quos diximus, detullisset; et qualiter de excidio regionis ac regis Gunthramni conventi fuerat, ut iestum est, ex ordine denarravit. Que et illę convictus deinceps est confessus. Hęc audientes episcopi qui evocati fuerant, et in tantis malis sacerdotem Domini
10 contuentes fuisse satillitem, suspirantes de his triduani temporis spatium deprecantur tractandi, scilicet ut forsitan resipiscens Egidius ullum modum repperire possit, per quem se ab his no||xis[2], que ęi obiciebantur, excussare valerit[3]. Sed inluciscente dię tertia, convenientes in eclesia[4], inter-
15 rogant episcopo, si aliquid excusationis[5] haberit[6], edicerit[7]. At ille confusus ait : « Ad sententiam dandam super culpabilem ne morimini[8], nam ego novi, me ob crimen maiestatis reum essę mortis, qui semper contra utilitatem huius regis matrisque eius alii[9], ac per meum consilium multa
20 fuisse gesta certamina, quibus nonnulla Gallearum loca depopulata sunt. » Hęc episcopi audientes ac lamentantes f[r]atres obproprium, obtenta vita, ipsum ab urdine[10] sacerdotali, lectis canonum sanctionibus, removerunt. Qui statim ad Argentoratensem urbem, quam nunc Stradeburgum
25 vocant, deductus, exilio condemnatus est. In cuius locum Romulfus, filius Lupi duces, || iam presbiterii honore preditus, episcopus subrogatus est, Æpifanio abbatis offitio, qui basilicæ sancti Remegii preerat, remoto. Multa enim auri argentique in huius episcopi regestum(us)[11] pondera
30 sunt reperta. Que autem de illa iniquitatis malitia[12] erant, regalibus tesauris sunt inlate; que autem de tributis aut reliqua ratione ecclesie inventa sunt, inib. relicta.

XX. In hoc sinodo Basina, Hilperici[13] regis filiam, quam

---

1. *Corr.* cognoscentes. — 2. *Corr.* noxiis. — 3. *Corr.* valeret. — 4. *Corr.* ecclesia. — 5. *Corr.* excusationes. — 6. *Corr.* haberet. — 7. *Corr.* ediceret. — 8. *Corr.* moremini. — 9. *Sic, pro* abii. — 10. *Corr.* ordine. — 11. *Corr.* reges tumulus. — 12. *Sic, pro* militia. — 13. *Corr.* Chilperici.

supra cum Chrodielde[1] a communione remotam diximus, coram episcopis sola prostrata, veniam petiit, promittens se cum caritate abbatissę monasterium ingredi ac de regulam nihil transcindere[2]. Chrodieldis[3] autem obtestata est, quod Leobovera abbatissa in hoc monasterium commorante, ibidem numquam inrederetur[4]. Sed utrisque rex veniam inpertire deprecatus est, et sic in communione receptae, Pectavo regredi iussæ sunt, scilicet ut Basina in monasterio, ut prefacti[5] sumus, regrediretur[6]; Chrodieldis[7] vero in villa, quę quondam Waldonis superius memorati fuerat, sibi a rege concessa, resederet.

XXI[8]. Filii autem ipsius Waddonis per Pectavum vagantes, diversa committæbant scelera, homicidia, furta nonnulla. Nam inruentes ante hoc tempus super negutiatores[9], sub noctis obscuritate eos gladio trucidant, abstuleruntque res eorum; sed et alium tribunitie[10] potestatis virum circumventum doliis[11] interfecerunt, deripientes res eius. Quod cum Macco comes reprimere[12] nitirętur[13], hi[14] presentiam expectunt[15] regis. Eunte autem comite, ut debitum fisco servitium solite deberet inferre, adfuerunt et hi[16] coram regi, offerentes balteum magnum ex auro lapidibusque pretiosis ornatum gladiumque mirabile, cuius capulum ex gemmis Hispanis auroque dispositum erat. Cumque rex hęc scelera, que audierat, ab his cognovisset manifestissimi[17] perpetrata, vinti[18] eos catenis precepit ac turmentis[19] subdi. Qui dum torquerentur, thesaurus[20] patris absconditus[21], quos de rebus unde valde[22] superius memorati pater diripuerat, revilare[23] ceperunt. Nec mora, directi viri ad querendum, inmensam multitudinem auri argentique ac diversarum specierum et auro gemmisque exornatarum repperirunt,

---

1. *Corr.* Chrodihilde. — 2. *Corr.* transcendere. — 3. *Corr.* Chrodchildis. — 4. *Corr.* inhereditaretur *pro* ingrederetur. — 5. *Corr.* prefati. — 6. *Corr.* regrederetur. — 7. *Corr.* Chrodchildis. — 8. *Corr.* XX. — 9. *Corr.* negutiatores. — 10. *Corr.* tribunite. — 11. *Corr.* dolis. — 12. *Corr.* repremire. — 13. *Corr.* niteretur. — 14. *Corr.* in. — 15. *Corr.* expetunt. — 16. *Corr.* hii. — 17. *Corr.* manifestissime. — 18. *Corr.* vinci. — 19. *Corr.* tormentis. — 20. *Corr.* thesauros. — 21. *Corr.* absconditos. — 22. *Sic, pro* Gundovaldi. — 23. *Corr.* revelare.

quod thesauris regalibus intulerunt. Post hec, seniore capite plexo, iuniorem exilio damnaverunt.

XXII[1]. Chuldericus vero Saxso[2] post d[i]versa scelera, homicidia, seditiones multaque alia inproba, que gessit ad Austiensem urbem, in qua possessio uxores[3] erat, abiit[4]. Cumque rex, auditas eius inprobitates, iussissit eum interfeci, quadam nocte || ita crapulatus est vino, ut ab eo suffocatus, mortuos[5] in strato[6] suo repperiretur. Adserebant enim illud superius scelus nominatum, quod sacerdotes Domini in basilicam sancti Helari[7] per Chrodieldem[8] cæsi sunt, hunc fuisse signiferum; ultusque est Deus, si ita est, iniuria servorum. ||

XXIII[9]. In hoc autem anno tantas terras nocturno tempore splendor inluxit, ut mediam putares [diem]; sed et globi similiter ignei pernocti tempore sæpius per celum cucurrisse mundumque inluminasse visi sunt. Dubietas pasce fuit ob hoc, quod in cyclum Victuri luna XV. pascham scribsit fieri. Sed ne christiani, ut Iudei, sub ac[10] luna hec solemnia celebrarent, addidit: *Latini autem luna XXII.* Ob hoc multi in Galleis XV. luna celebraverunt; nos autem XXII. Inquesimus[11] tamen studiosae, sed fontes Hispanie, que divinitus implentur, in nostrum pascha repleti sunt. Terre motus factus est magnus XVIII. kalendas mensis V., die IIII., prima mane, cum lux redire cepisset. Eilypsim[12] pertulit mense VIII. mediante, et ita lumen eius minuit, ut vix quantum quinte lune cornue retinent, ad lucendum haberet. Pluvie validae, tonitrua in autumno gravia, aque autem || nimium invaluerunt. Vivariensim[13] Avennicamque urbem graviter lues inguinaria devastavit.

XXIIII. Anno igitur XVII. Hildeberti[14], Gunthramni autem

---

1. *Corr.* XXI. — 2. *Corr.* Saxo. — 3. *Corr.* uxoris. — 4. *Corr.* habiit. — 5. *Corr.* mortuus. — 6. *Corr.* stratu. — 7. *Corr.* Helarii. — 8. *Corr.* Chrodihildem. — 9. *Corr.* XXII. — 10. *Corr.* hac. — 11. *Corr.* Inquisimus. — 12. *Sic,* pro Sol eclypsim. — 13. *Corr.* Vivariensem. — 14. *Corr.* Childeberti.

XXX. regum, quidam episcopus de transmarinis partibus a[d] Toronicam urbem advenit nomine Symon. Hic nobis eversionem Antiohtie urbis enuntiavit, adserens se de Arminia in Persiva[1] captivatum fuisse. Rex enim Persarum, inrupto Arminiorum termino, predas egit eclesiasque igne succendit et hunc sacerdotem cum populo suo, ut diximus, captivum abduxit. Tunc etiam et basilica Sanctorum quadraginta octo Martyrum, de quibus in libro Miraculorum memini, qui in illa regione passi sunt, obpleta ligni congerię, picę tergoribusquę suellinis inmixtis, subpositis arden||tibus facibus, succendere nisi sunt; sed nequaquam ab igne apparatum incendii conprehendi[t]; sicque videntis magnalia Dei, recesserunt ab ea. Audita autem quidam episcopus istius memorati sacerdotes[2] abductionem, direxit pretium per homines suos ad regem Persarum. Quod ille susceptum, relaxavit a servitutis vincolum[3] episcopum istum. Ex is[4] ergo regionibus discendens, Gallias est adgressus, ut aliquid consolationis a devotis acceperet[5]; qui(d) nobis, ut prefati sumus superius, hec retulit. Homo erat in Antihoti[6] || vald[7] devotus in elimosinis, coniugem ac liberos habens, ne umquam ei in omni vita sua dies preteriit, postquam quiddam proprium habere coepit, quod sine paupere aepulum prelibasset. Hic una die, cum circuissit[8] urbem usque ad vesperum et repperire non potuisset egenum, cum quo cybum capere possit, egressus foris portam, cum nox inueret[9], repperet[10] virum in veste alba cum dubus[11] aliis stantem, quam aspiciens, quasi Loth ille antiqua memoratus historiam[12] terrore suffusus, ait : « Et forsitan peregrinus est dominus meus; dignitur[13] accedere ad domum servi sui, et sumpto aebulo[14], quiescite in strato; manoe[15] autem proficiscimini viam, quam volueritis. » Cui illi[16], qui erat senior, tenens sudarium i[n][17] manu sua, ait : « Non poteras,

---

1. *Corr.* Persida. — 2. *Corr.* sacerdotis — 3. *Corr.* vinculum. — 4. *Corr.* his. — 5. *Corr.* acciperet. — 6. *Corr.* Anthihotia. — 7. *Corr.* valde. — 8. *Corr.* circuisset. — 9. *Corr.* inrueret. — 10. *Corr.* repperit. — 11. *Corr.* duobus. — 12. *Gen.* 19. — 13. *Corr.* dignitur. — 14. *Corr.* aepulo. — 15. *Corr.* mane. — 16. *Corr.* ille. — 17. *Corr.* in.

o homo Dei, cum Simeni[1] vestro hanc urbem salvare
ne subverteretur? » Et elevans manum, excussit sudarium
quod tenebat super medietatem urbis; et statym conruerunt
omnia edifitia, vel quodcumque ibi structum fuit; ibique
obpressi sunt senis[2] cum infantibus, viri cum mulieribus,
atque uterque sexus interiit. Quod ille cernens, tam de persona viri quam de sonito ruinę hebes effectu[3], ruit in terram et factus est velut mortuos[4]. Elevansque iterum vir
ille manum cum sudarium quasi super aliam medietatem
urbis, adprehensus est a duobus sotiis, qui cum eo erant,
atque obsecratus terribilibus sacramentis, ut indulgeret
medietatem urbis, ne rueret; mitigatusque a forure[5], sus-
tenuit manum suam, atque elevans hominem, ||qui corruerat|| Col. 518.
in terram, ait : « Vade a[d] domum tuum. Nec[6] etimeas! Fol. 331 v°.
Filii enim tui cum uxori et omni domo tua salvi sunt, nec
quisquam ex eis periit; costodivit[7] enim te oratio assidua
et elimosinæ, quas cotidie exercis[8] in pauperis[9]. » Et
hec dicens, discesserunt ab oculis eius nec ei apparuerunt
ultra. Ille autem regressus in urbe, repperit urbis medietatem
derutam[10] atque subversam cum hominibus pecoribusque,
ex quibus nonnulli a ruinis deinceps extracti sunt mortui,
pauci debilitate repperti sunt vivi. Verumtamen nec illa
cessata sunt, que vero huic ab ipso, ut ita dicam, angelo
Domini sunt effata. Nam veniens, omnem domum suam
incolomem repperit; tantum funera propinquorum, que in
aliis domibus effecta fuerant, lamentabant; protexitque
eum in medium iniquorum dextera Domini cum domo sua;
salvatusque est a periculis mortis, hac velut memoratus
Loth quondam in Sodomis.

XXV. At in Galleis Masiliensim provintiam morbus sepe
nominatus invasit. Andecavos, Namneticus[11] atque Cenoma-
nicus[12] valida famis oppressit. Initia sunt enim hec dolorem[13],

---

1. *Corr.* Semeni, *pro* Simeoni. — 2. *Corr.* senes. — 3. *Corr.* effectus. —
4. *Corr.* mortuus. — 5. *Corr.* furore. — 6. *Sic, pro* Ne timeas. — 7. *Corr.*
custodivit. — 8. *Corr.* exerces. — 9. *Corr.* pauperes. — 10. *Corr.* dirutam. —
11. *Corr.* Namneticos. — 12. *Corr.* Cenomannicos. — 13. *Corr.* dolorum.

iuxta illud quod Dominus ait in Euangelio[1] : *Erunt pistilen-*
tię[2], fames et terre motus per loca; et exurgent[3] *pseudochristi*
et pseudoprophetę, et dabunt signa et prodigia in celo, ita ut
electus in errore mitant[4]; sicut presenti gestum est tempore.
Quidam enim ex Bitorico[5], ut ipse postmodum est professus,
dum saltus silvarum ingressus ligna cęderęt explendam operis cuiusdam necessitatem, muscarum eum circumdedit exa-
men, qua de causa per biennium amens est habitu[s]; unde ||
intellegi datur, diabolici emmissionis fuisse nequitia. Post
hec, transactis urbibus propinquus, Arelatensim provintiam
adiit; ibique indutus pellibus, quasi relegiosus orabat. Ad
quem inludendum pars adversa divinandi ei tribuit facultatem. Ex hoc, ut in maiore proficeret scelere, commotus a(d)
loco, provintiam memoratam deserens, Gaballitane regio-
nes[6] terminum est ingressus, pro||ferens se magnum ac profi-
teri se non metuens Christum, adsumptam secum mulierem
quendam pro sorore, quam Maria vocitare fecit. Confluebat
ad eum multitudo populi, exibens[7] infirmus[8], quos contin-
gens sanitati reddebat. Conferebant ei aurum argentumque
ac vestimenta hi qui ad eum conveniebant. Quod ille, quo
fatilius[9] seduceret, pauperibus erogabat, prosternense[10]
solo, effundens orationem cum mulierem memoratam, et
surgens, se iterum a(d) circumstantibus adorare iobebat[11].
Predicæbat enim futura, et quibusdam morbus, quibusdam
damna provenire denuntiabat, paucis salutem futuram. Sed
hec omnia diabolicis artibus et pristigiis[12] nescio quibus
agebat. Seducta est autem multitudo per eum inmensa
populi, et non solum rustitiores, virum[13] etiam sacerdotes
eclesiasticę[14]. Sequebantur autem eum amplius trea milia
populi. Interea cepit quosdam spoliare ac predare, quos
in itinere repressit[15], spolia tamen non abentibus[16] || lar-
giebatur. Episcopis ac civibus moenas[17] mortis intendebat,

---

1. *Matth.* 24,7 *et Marc.* 13,22. — 2. *Corr.* pestilentię. — 3. *Corr.* exsurgent. — 4. *Corr.* mittant. — 5. *Corr.* Biturico. — 6. *Corr.* regionis. — 7. *Corr.* exhibens. — 8. *Corr.* infirmos. — 9. *Corr.* facilius. — 10. *Corr.* prosternens se. — 11. *Corr.* iubebat. — 12. *Corr.* prestigiis. — 13. *Corr.* verum. — 14. *Corr.* ecclesiasticę. — 15. *Corr.* represset. — 16. *Corr.* habentibus. — 17. *Corr.* minas.

eo quod ab his adorare dispicitur. Ingressus autem Vellavę urbis terminum, ad locum quem Anitium vocitant accedit et ad basilicas propinquas cum omni exercitu restitit, instruens ætiam[1], qualiter Aurilio[2], ibidem tunc consisten-
5 tem episcopo, bellum inferret, mitens et amantes[3] nuntios[4], homines nudo corpore saltantes adque ludentes, qui adventum eius adnunciarent. Quod stupens episcopus, direxit ad eum viros extrenuos[5], inquerentes[6] quid sibi vellent ista que gereret[7]. Unus autem ex his, qui erat senior, cum se
10 inclinasset, quasi osculaturus genua eius ac discusurus viam illius, iussit eum adprehensum expoliari. Nec mora, illi, evaginato gladio, in frustra cedit[8], ceciditque Cristus ille, qui magis antecristus nominare || debet, et mortuus est; Col. 520. dispersique sunt omnes, qui cum eo erant. Maria autem
15 subplitiis debita, omnia fantasmata eius ac prestigias publicavit. Nam homines ille[9], quod ad se credendum diabolica circumventione turbaverat, numquam ad sensum integrum sunt reversi, sed hunc semper quasi Christum, Maria autem illa partem dietatis[10] habere profitebant. Sed et per totas
20 Gallias emerserunt plerique, qui per as prestigias adiungentis[11] sibi mulierculas quasdam que debacchantes sanctos eos confiterentur, magnus[12] se in popolis[13] preferebant; ex quibus nos plerosque vidimus, quos obiurgantes revocare ab errore nisi sumus. ||

25 XXVI. Regnimodis[14] Parisiacę urbis episcopus obiit. Fol. 333. Cumque germanus eius Faramodus presbiter pro epis[co]pato concurret, Eusebius quidam negotiator genere Sirus, datis multis muneribus, in locum eius subrogatus est; hisque, accepto episcopato, omnem scola[15] decessoris sui obiciens,
30 Syrus de genere suo eclesiasticę[16] domui ministros statuit. Obiit et Sulpitius Bituricæ urbis pontifex, cathedramque eius Eustasius Agustidunensis diaconus est sortitus.

---

1. *Corr.* aciem. — 2. *Corr.* Aurelio. — 3. *Sic*, pro etiam ante se. — 4. *Corr.* nuntius. — 5. *Sic*, pro strenuos. — 6. *Corr.* inquirentes. — 7. *Corr.* gererent. — 8. *Corr.* concidit. — 9. *Corr.* illi. — 10. *Sic*, pro deitatis. — 11. *Corr.* adiungentes. — 12. *Corr.* magnos. — 13. *Corr.* populis. — 14. *Corr.* Regnimodus. — 15. *Corr.* scolam. — 16. *Corr.* ecclesiasticę.

XXVII. Inter Tornacensis quoque Francos non mediocris disceptatio est orta, pro eo quod unius filius alterius filium, qui sororem eius in matrimonium acceperat, cum ira sepius obiurgabat, cur, coniuie¹ relicta, scortum adiret. Que iracondia², cum emendatio criminati non succedit, usque adeo elata est, ut enruens³ puer super cognatum suum, eum cum suis interficeret, atque ipse ab is⁴ cum quibus venerat ille prosterneretur, nec remaneret quispiam ex utrisque nisi unus tantum, cui percusor⁵ defuit. Ex hoc parentes utriusque inter se sevientes, a Fredegunde regina plerumque arguebant, ut, relicta inimiticia, concordis⁶ fierent, ne pertinatia litis in maiore subveheretur scandalum. Sed cum eosdem verbis lenibus placere nequiret⁷, utrumque bipinnę conpescuit. Invitatis etenim ad epulum multis, hos in unum tres fecit sedere subsellium; cumque in eo prandium elongatum fuisset spatio, ut nox mundum obrueret, ablata mensa, sicut mox⁸ Francorum est, illi in subsellia sua, sicut locuti⁹ fuerant, resedebant. Putatoque¹⁰ vino multo, in tanto crapulati sunt, ut pueri eorum madefacti ‖ per angulus domus, ubi quisque conruerat, obdormierit¹¹. Tunc ordinati a mulieri viri cum tribus securibus, a tergo horum trium adsteterunt¹², illique conloquentibus, in unum, ut ita dicam, adsaltu puerorum manus libratae, hominibus perculsis, ab epulo est discessum. Nomina quoque virorum Charivaldus, Leodovaldus atque Valdenus. Quod cum parentibus perlatum fuisset, custodire archius Fredegunde ceperunt, dirigentes nuntius¹³ ad Hildebertum regem, ut conprehensę interficeręturm. Conmotus autem cum hec causa Campanensis populis, dum moras innectiret¹⁴, hec¹⁵ suorum ereppit¹⁶ auxilium, ad locum alium properavit.

XXVIII¹⁷. Post hec legatus¹⁸ at Gunthramnom regem mittit dicens : « Proficiscatur dominus meus rex usque Parisius

---

1. *Corr.* coniuge. — 2. *Corr.* iracundia. — 3. *Corr.* ruens. — 4. *Corr.* his — 5. *Corr.* percussor. — 6. *Corr.* concordes. — 7. *Corr.* nequiveret. — 8. *Corr.* mos. — 9. *Sic, pro* locati. — 10. *Corr.* Potatoque. — 11. *Corr.* obdormiere. 12. *Corr.* adstiterunt. — 13. *Corr.* nuntios. — 14. *Corr.* innecteret. — 15. *Corr.* hęc. — 16. *Corr.* erippit. — 17. *Corr.* XXVI. — 18. *Corr.* legatos.

et arcessitu[1] filio meo, nepote suo, iubeat eum baptismatis gratia consecrare; ipsumque de sancto lavacro exceptum, tamquam alumnum proprium habere dignitur[2]. » Hec[3] audiens rex, commotis episcopis, id est Eterium[4] Lugdonensim, Sidiarium Agustoduensim Flavumque Cavillonensim, vel reliquis, quos [voluit], Parisius accedere iubet, indecans[5] se postmodum secuturum. Fuerunt etiam ad hoc placitum multi de regno eius tam domestici quam comites ad prehenda[6] regalis expense necessaria. Rex autem, deliberatione acta, ut ad hec deberet accedere, pedum est dolore proibitus[7]. Postquam autem con‖valuit, accessit Parisius; Col. 522. exinde ad Rotoialinsim villam ipsius urbis properans, evocato puero, iussit baptisterium prepa[ra]ri in vico Nemptudoro. Dum autem hec agerentur, legati Hildeberti regis accesserunt ‖ ad eum, dicentes : « Non enim sta[8] nuper nepote Fol. 334. tuo Hildeberto pollicitus eras, ut cum inimicis eius amicitias conlocaris. Sed in quantum cernimus, nihil de promisione tua custodis, sed potius que promiseras pretermittis et puerum istum in urbis Parisiacæ cathedram regem statues. Iudicavit enim Deus, quia non reminisceris que ultro pollicitus es. » Hec his dicentibus, rex ait : « Promissionem, quam in nepotem meum Hildebertum regem statutam habeo, non enim obmitto. Nam illum non oportet scandalizare, si consubrinum[9] eius, filium fratres mei, de sancto suspitiam[10] lavacro, quia hanc petitionem nullus christianorum debet abnuere. Eamque ego, ut Deus manifestissimę novit, non calliditate aliqua, sed in simplicitate puri corpis[11] agere copio, quia offensam Divinitatis incurrere formido. Non est enim humilitas genti nostre, si hic a me suspitiatur[12]. Si enim domini proprius[13] famulo[14] de sacro fonte suscipiunt, cur et mihi non liciat[15] propinquum parentem excipere ac filium facere per baptismi gratiam spiritalem? Abscidete[16] nunc et nuntiate domno vestro : « Pactionem, quam tecum

---

1. *Corr.* arcessito. — 2. *Corr.* dignetur. — 3. *Corr.* Hęc. — 4. *Corr.* Etherium. — 5. *Corr.* indicans. — 6. *Corr.* adprehendenda. — 7. *Corr.* prohibitus. — 8. *Corr.* ista. — 9. *Corr.* consobrinum. — 10. *Corr.* suscipiam. — 11. *Corr.* corporis, *pro* cordis. — 12. *Corr.* suscipiatur. — 13. *Corr.* proprios. — 14. *Corr.* famulos. — 15. *Corr.* liceat. — 16. *Corr.* Abscedete.

pepigi, custodire cupio inlibatam; quam si tuæ conditionis noxa non obmiserit, a me prorsus obmitti non queit. » Et hec dicens, legatis discendentibus, rex accendens[1] ad lavacrum sanctum, obtulit puerum ad baptizandum. Quem excipiens, Chlotharium vocitari voluit, dicens : « Criscat[2] puer et huius sit nominis exsecutur[3] ac tale potentia polleat, sicut ille quondam cuius nomen indeptus est. » Quod misterium celebratum, invitatum ad epulum parvolum multis muneribus oneravit. Similiter et rex || ab eodem invitatus plerisque donis refertus, abscessit et ad Cavilonensem urbem redire statuit. ||

XXVIIII. Incipiunt de virtutibus vel de transitu Aredii abbate, qui oc anno terras relinquens, vocante Domino, migravit ad celum. Lemovicini urbis incola fuit, non mediocribus regiones sue ortus parentibus, sed valde ingenuis. Hic Teodoberto regi traditus, aulitis palatinis adiungitur. Erat enim tunc temporis apud urbem Trivericam vir eximię sanctitatis Nicętius episcopus, non solum in predicatione admirabilis fecundie, virum[4] etiam in operibus bonis ac mirabilibus celeberrimus habebatur in plebe. Qui intuens puerum in regis palatio, nestio quid in vultu eius cernens divinum, precepit ei se(qui) sequi. At ille, relicto regis palatio, secutus est eum. Cumque ingressi in cellulam, de his quæ ad Deum pertinent confabularentur, expetiit adulescens a beato sacerdote se corrigi, ab eo et docere, ab eo inbui ac in divinis voluminibus ab eodem exercire. Cumque in huius studii flagranti. cum antestete[5] memorato degeret, tonsorato iam capite, quadam die, psallentibus clericis in eclesia, discendit columba e camera, que leviter volitans circa [e]um, redit[6] super caput eius, illud indicans, ut opinor, eum Spiritus sancti gratia iam repletum. Quam cum ille non sine pudore conaretur abegere[7], hec paullum[8] circumvolans, iterum super capud eius aut super scapulam resedebat; que

---

1. *Corr.* accedens. — 2. *Corr.* Crescat. — 3. *Corr.* exsequitur. — 4. *Corr.* verum. — 5. *Corr.* antestite. — 3. *Corr.* resedit. — 7. *Corr.* abigere. — 8. *Corr.* paululum.

non modo ibi, sed etiam cum in cellulam[1] episcopi ingrederetur, iugiter comitabatur cum eo. Quod per dies plurimus[2] factum, non sine admirationem[3]

episcopus intendebat. Exinde vir Dei, Spiritu, ut diximus, sancto repletus, ad patriam, genitore ac germano defunctis, regreditur, consolaturus Pelagiam genitricem, quae nullum parentem praeter hanc sobolem spectabat. Deinde cum ieiuniis atque orationibus vacabat, deprecatur eam, ut omnis cura domus, id est sive correctio familiae sive exercitio agrorum sive cultus vinearum, ad eam aspiceret, ne huic viro aliquod accideret impedimentum, quo ab oratione cessaret; unum sibi tantum privilegium vindicans, ut ad ecclesias aedificandas ipse praeesset. Quid plura? Construxit templa in Dei ho||nore sanctorum, expediitque eorum Col. 524. pignera, ac ex familia propria tonsuratos instituit monachos, cenobiumque fundavit, in quo non modo Cassiani, verum etiam Basilii vel reliquorum abbatum, qui monasterialem vitam instituerunt, celebrantur regulae, beata muliere victum atque vestitum singulis ministrante. Nec minus haec tamen impedita hoc onere in Dei laudibus perstrepebat, sed assidue, etsi quiddam operis exerceret, semper orationem Domino, tanquam odorem incensi acceptabilis offerebat. Interea ad sanctum Aridium coeperunt infirmi confluere, quos, manus singulis cum crucis vexillo imponens, sanitati reddebat. Quorum si singillatim nomina scribere velim, nec numerum percurrere valeo nec vocabula memorare; unum tantum novi, quod quicumque ad eum aeger advenit sospes abscessit. De maioribus quoque miraculis parva proponimus. Iter quodam tempore cum genitrice dum ageret et sancti Iuliani martyris ad basilicam properaret, venerunt vespere in quodam loco. Erat autem locus ille aridus et absque fluentis currentibus infecundus. Dixitque ad eum mater eius : « Fili, aqua non habemus, et qualiter hic nocte praesenti quiescere possumus? » At ille prostratus in oratione, diutissime preces fudit ad Dominum; et erigens se, defixit virgam in terram, quam manu gerebat, eamque cum bis aut tertio in gyro vertisset, ad se laetus extraxit; moxque unda aquae secuta est tam valida, ut non solum ipsis de praesenti, sed etiam pecoribus affatim deinceps pocula ministraret. Nuperrimo autem tempore iter carpens, nimbos ad eum pluviae advenire coepit; quem ille cernens, paululum

---

1. *Corr.* cellolam. — 2. *Corr.* plurimos. — 3. *Cetera desunt in codice Bruxellensi, et ex edit.* Monum. Germ. Hist. *deprompta sunt.*

super equum, quem sedebat, caput inclinans, manus extendit ad Dominum. Consummata vero oratione, divisa est nubis in duabus partibus, ac in circuitu eorum immanis descendit pluvia; super eos tamen nulla stillicidia gutta descendit. Wistrimundi quoque cognomento Tattonis civis Turonici dentes graviter inferebat dolorem, ex quo etiam maxilla intumuerat. Quod cum beato viro||questus fuisset, manum super locum doloris imposuit, statimque dolor fugatus est, nusquam deinceps ad iniuriam hominis excitatus est. Haec ipse qui passus est retulit. De his vero signis, quae per virtutem sancti Iuliani martyris Martinique confessoris beati in eius manibus Dominus operatus est, pleraque in libris Miraculorum, sicut ipse effatus est, scripsimus. Post has vero et multas alias virtutes, quas, Christo cooperante, complevit, advenit Turonus post festivitatem sancti Martini, ibique paululum commoratus, dixit nobis se haud longaevo tempore adhuc in hoc mundo retinere aut certe velocius dissolvi; et vale dicens, abscessit, gratias agens Deo, quod, priusquam obiret, sepulchrum beati antistitis osculare promeruit. Cumque ad cellam suam accessisset, testamento condito, ordinatis omnibus ac sancto Martino Hilarioque antistitibus heredibus institutis, aegrotare coepit ac dissenteriae morbo gravari. Sexta quoque aegrotationis eius die mulier, quae ab spiritu immundo saepius vexata a sancto emundari non poterat, ligatis per se a tergo manibus, clamare coepit ac dicere : « Currite cives, exsilite populi, exite obviam martyribus confessoribusque, qui ad excessum beati Aridii conveniunt. Ecce adest Iulianus a Brivate, Privatus ex Mimate, Martinus a Turonus Martialisque ab urbe propria. Adest Saturninus a Tolosa, Dionysius ab urbe Parisiaca, nonnulli et alii, quos caelum retinet, quos vos ut confessores et Dei martyres adoratis. » Haec cum in exordio noctis clamare coepisset, a domino suo revincta est; sed nequaquam potuit continere. Quae rumpens vincula, ad monasterium cum his vocibus properare coepit; moxque beatus vir spiritum tradidit, non sine testimonio veritatis, quod sit susceptus ab angelis. Mulierem quoque in exequiis suis cum alia muliere nequitiori spiritu vexata, ut est sepulchro tectus, a nequitia infesti daemonii emundavit. Et credo, ob hoc Dei nutu easdem in corpore positus non po||tuit emundare, ut exequiae illius hac virtute glorificarentur. Post celebrato vero funere mulier quaedam rictu patulo sine vocis officio ad eius accessit tumulum, quod osculis delibato, elocutionis meruit recipere beneficium.

XXX. Hoc anno mense secundo tam in Turonica quam in Namnetica gravis populum lues adtrivit, ita ut modico quisque aegrotus capitis dolore pulsatus, animam funderet. Sed factae rogationes cum grandi abstinentia et ieiunio, sociatis etiam elemosinis, averso divini furoris impetu mitigatum est. Apud Lemoficinam vero urbem ob dominici diei iniuriam, pro id quod in eo operam publicam exercerent, plerique igne caelesti consumpti sunt. Sanctus enim est hic dies, qui in principio lucem conditam primus vidit ac dominicae resurrectionis testis factus emicuit; ideoque omni fide a christianis observari debet, ne fiat in eo omne opus publicum. In Turonica vero nonnulli ab hoc igne, sed non die dominico, sunt adusti. Siccitas immensa fuit, quae omne pabulum herbarum averteret, unde factum est, ut gravis morbus in pecoribus ac iumentis invalescens, parum unde sumeretur origo relinqueret; sicut Abbacuc propheta vaticinatus est[1] : *Deficient ab esca oves, et non erunt in praesepibus boves.* Non modo enim in domesticis, verum etiam in ipsis ferarum immitium generibus haec lues crassata est. Nam per saltus silvarum multitudo cervorum vel reliquorum animantium prostrata per invia nacta est. Foenum ab infusione pluviarum et inundatione amnium periit, segetes exiguae, vineae vero profusae fuerant; quercorum fructus ostensi effectum non obtinuerunt.

XXXI. IN CHRISTI NOMINE INCIPIT DE EPISCOPIS TURONICIS. Licet in superioribus libris quaedam scripsisse visus sim, tamen propter ordinationem eorum et supputationem, quo tempore primum praedicator ad Turonicam accessit urbem, reciprocari placuit.

Primus Gatianus episcopus an‖no imperii Decii primo a Romanae sedis papa transmissus est. In qua urbe multitudo paganorum in idolatriis dedita commorabatur, de quibus nonnullos praedicatione sua converti fecit ad Dominum. Sed interdum occulebat se ob inpugnationem potentum, eo quod saepius eum iniuriis et contumeliis, cum repperirent, adfecissent; ac per criptas et latibula cum paucis christianis, ut diximus, per eodem conversis, mysterium sollempnitatis die dominica clanculo caelebrabat. Erat autem valde religiosus et timens Deum; et, nisi fuisset talis, non utique domus, parentes et patriam ob dominici amoris diligentiam reliquisset. In hac urbe sub tali conditione

---

1. *Hab.* 3, 17.

perpensius, ut ferunt, annos [quinquaginta] commoratus, obiit in pace, et sepultus est in ipsius vici cimiterio, qui erat christianorum; et cessavit episcopatus triginta septem annis.

Secundus anno imperii Constantis primo Litorius ordinatur episcopus. Fuit autem ex civibus Turonicis, et hic valde religiosus. Hic aedificavit ecclesiam primam infra urbem Turonicam, cum iam multi christiani essent; primaque ab eo ex domo cuiusdam senatoris basilica facta est. Huius tempore sanctus Martinus in Galliis praedicare exorsus est. Sedit autem annis triginta tribus et obiit in pace; sepultusque est in suprascripta basilica, quae hodieque eius nomine vocitatur.

Tertius sanctus Martinus anno octavo Valentis et Valentiniani episcopus ordinatur. Fuit autem de regione Pannoniae, civitate Sabaria. Qui ob amorem Dei apud urbem Mediolanensem Italiae primo monasterium instituit; sed ab haereticis, eo quod sanctam Trinitatem intrepidus praedicaret, virgis caesus atque expulsus de Italia, in Galliis accessit. Multos paganorum converti fecit, templa eorum statuasque confregit, fecitque multa signa in populo, ita ut ante episcopatum duos suscitaret mortuos, post episcopatum autem unum tantummodo suscitavit. Hic transtulit corpus beati Gatiani sepelivitque eum iuxta sepulchrum sancti Litorii in illa nominis sui praefata basilica. Hic prohibuit Maximum, ne gladium in Hispania ad interficiendos destinaret haereticos, quibus sufficere statuit, quod a catholicorum ecclesiis erant vel communione remoti. Consummato ergo praesentis vitae cursu, obiit apud Condatensem vicum urbis suae anno octogesimo primo aetatis. De quo vico navigio sublatus, Turonus est sepultus in loco, quo nunc adoratur sepulchrum eius. De cuius vita tres a Severo Sulpicio libros conscriptos legimus. Sed et praesenti tempore multis se virtutibus declarat. In monasterio vero qui nunc Maior dicitur basilicam in honore sanctorum apostolorum Petri et Pauli aedificavit. In vicis quoque, id est Alingaviensi, Solonacensi, Ambaciensi, Cisomagensi, Tornomagensi, Condatensi, destructis delubris baptizatisque gentilibus, ecclesias aedificavit. Sedit autem annos viginti sex, menses quattuor, dies decem et septem, et cessavit episcopatus dies viginti.

Quartus Bricius ordinatur episcopus anno Archadii et Honorii secundo, cum pariter regnarent. Fuit autem civis Turonicus, cui trigesimo tertio episcopatus anno crimen adulterii est impactum a civibus Turonicis; expulsumque eum, Iustinianum episcopum ordinaverunt. Bricius vero ad papam Urbis dirigit. Iustinianus autem post eum abiens, apud urbem Vercellensem obiit. Turonici iterum malignantes, Armentium statuerunt. Bricius vero septem apud papam Urbis annis degens, idoneus inventus a crimine, ad urbem suam redire iussus est. Hic aedificavit basilicam parvulam super corpus beati Martini, in qua et ipse sepultus est. Cumque portam ingrederetur, Armentius per aliam portam mortuus efferebatur; quo sepulto, cathedram suam recepit. Hunc ferunt instituisse ecclesias per vicos, id est Calatonno, Bricca, Rodomago, Briotreide, Cainone; fueruntque omnes episcopatus eius anni quadraginta septem. Obiitque, et sepultus est in basilicam, quam super sanctum Martinum aedificavit.

Quintus Eustochius ordinatur [episcopus], vir sanctus et timens Deum, ex genere senatorio. Hunc ferunt instituisse ecclesias per vicos Brixis, Iciodoro, Lucas, Dolus. Aedificavit etiam ecclesiam infra muros civitatis, in qua reliquias sanctorum Gervasi et Protasi martyris condidit, quae a sancto Martino de Italia sunt delatae, sicut sanctus Paulinus in epistola sua meminit. Sedit autem annos septemdecim. Et sepultus est in basilica, quam Bricius episcopus super sanctum Martinum struxerat. ‖

Sextus ordinatur Perpetuus, de genere et ipse, ut aiunt, senatorio et propinquus decessoris sui, dives valde et per multas civitates habens possessiones. Hic, submota basilica, quam prius Bricius episcopus aedificaverat super sanctum Martinum, aedificavit aliam ampliorem miro opere, in cuius absida beatum corpus ipsius venerabilis sancti transtulit. Hic instituit ieiunia vigiliasque, qualiter per circulum anni observarentur, quod hodieque apud nos tenetur scriptum, quorum ordo hic est.

De ieiuniis.

Post quinquagesimam quarta, sexta feria usque ad natale sancti Iohannis.

De kalendis septembris usque kalendas octobris bina in septimana ieiunia.

De kalendis octobris usque depositionem domni Martini bina in septimana ieiunia.

De depositione domni Martini usque natale Domini terna in septimana ieiunia.

De natale sancti Hilarii usque medio Februario bina in septimana ieiunia.

De vigiliis.

Natale Domini in ecclesia.
Epiphania in ecclesia.
Natale sancti Iohannis ad basilicam domni Martini.
Natale sancti Petri episcopatus ad ipsius basilicam.
Sexto kalendas aprilis resurrectio Domini nostri Iesu Christi ad basilicam domni Martini.
Pascha in ecclesia.
Die Ascensionis in basilica domni Martini.
Die quinquagesimo in ecclesia.
Passio sancti Iohannis ad basilicam in baptisterio.
Natale sanctorum apostolorum Petri et Pauli ad ipsorum basilicam.
Natale sancti Martini ad eius basilicam.
Natale sancti Simphoriani ad basilicam domni Martini.
Natale sancti Litorii ad eius basilicam.
Item natale sancti Martini ad eius basilicam.
Natale sancti Bricii ad domni Martini basilicam.
Natale sancti Hilarii ad domni Martini basilicam.

Hic aedificavit basilicam sancti Petri, in qua cameram basilicae prioris posuit, quae usque nostris temporibus perseverat. Basilicam quoque sancti Laurenti monte Laudiaco ipse construxit. Huius tempore aedificatae sunt ecclesiae in vicis, id est Evina, Mediconno, Barrao, Balatedine, Vernao. Condiditque testamentum et deputavit per singulas civitates quod possedebat, in eis ipsis scilicet ecclesiis, non modicam et Turonicae tribuens facultatem. Sedit autem annos triginta, et sepultus est in basilica sancti Martini.

Septimus vero Volusianus ordinatur episcopus, ex genere senatorio, vir sanctus et valde dives, propinquus et ipse Perpetui episcopi decessoris sui. Huius tempore iam Chlodovechus regnabat in aliquibus urbibus in Galliis. Et ob hanc causam hic pontifex suspectus habitus a Gothis, quod se Francorum ditionibus subdere vellet, apud urbem Tholosam exilio condempnatus, in eo obiit. Huius tempore vicus Mantolomaus aedificatus est, et basilica sancti Iohannis ad Maiorem monasterium. Sedit autem annos septem, menses duos.

Octavus Verus ordinatur episcopus. Et ipse pro memoratae

causae zelo suspectus habitus a Gothis, in exilio deductus vitam finivit. Facultates suas ecclesiis et bene meritis dereliquit. Sedit autem || ann\s undecim, dies octo.

Nonus Licinius, civis Andecavus, qui ob amorem Dei in Orientem abiit sanctaque loca revisit. Exinde digressus, in possessione sua monasterium collocavit infra terminum Andecavum, et postea abbatis officium monasterio, ubi sanctus Venantius abba sepultus est, functus, ad episcopatum eligitur. Huius tempore Chlodovechus rex victor de caede Gothorum Turonus rediit. Sedit autem annos duodecim, menses duos, dies viginti quinque, et sepultus est in basilica sancti Martini.

Decimo loco Theodorus et Proculus, iubente beata Chrodielde regina, subrogantur, eo quod de Burgundia iam episcopi ordinati ipsam secuti fuissent et ab hostilitate de urbibus suis expulsi fuerant. Erant autem ambo senes valde; rexeruntque ecclesiam Turonicam simul annis duobus, et sepulti sunt in basilica sancti Martini.

Undecimus Dinifius episcopus, et ipse ex Burgundia veniens. Qui per electionem praefatae reginae ad episcopatum accessit; cui aliquid de fisci ditionibus est largita, deditque ei potestatem faciendi de his rebus quae voluisset. Qui maxime ecclesiae suae quod fuit melius dereliquit; largitus est etiam quiddam et bene meritis. Sedit autem menses decem, et sepultus est in basilica sancti Martini.

Duodecimus Ommatius de senatoribus civibusque Arvernis, valde || dives in praediis. Qui, condito testamento, per ecclesias urbium in quibus possedebat facultates suas distribuit. Ipse exaltavit ecclesiam infra muros urbis Turonicae sanctorum Gervasi et Protasi reliquiis consecratam, quae muro coniuncta est. Hic coepit aedificare basilicam sanctae Mariae infra muros urbis, quam imperfectam reliquit. Sedit annos quattuor, menses quinque; obiitque et sepultus est in basilica sancti Martini.

Tertius decimus Leo ex abbate basilicae sancti Martini ordinatur episcopus. Fuit autem faber lignarius, faciens etiam turres olocriso tectas, ex quibus quaedam apud nos retinentur. In aliis etiam operibus elegans fuit. Sedit autem menses sex, et sepultus est in basilica sancti Martini.

Quartus decimus Francilio ex senatoribus ordinatur episcopus, civis Pictavus, habens coniugem Claram nomine, sed filios non habens. Fueruntque ambo divites valde in agris, quos maxime sancti Martini basilicae contulerunt, reliqueruntque quaedam et proximis suis. Sedit autem annos duos, menses sex; obiitque et sepultus est in basilica sancti Martini.

Quintus decimus Iniuriosus, civis Turonicus, de inferioribus quidem populi, ingenuus tamen. Huius tempore Chrodieldis regina transiit. Hic peraedificavit ecclesiam sanctae Mariae infra muros urbis Turonicae. Huius tempore et basilica sancti Germani aedificata est. Vici etiam Noviliacus et || Luciliacus fundati sunt. Hic instituit tertiam et sextam in ecclesia dici, quod modo in Dei nomine perseverat. Sedit autem annos sexdecim, menses undecim, dies viginti sex; obiitque et sepultus est in basilica sancti Martini.

Sextus decimus Baudinus ex referendario Chlotharii regis ordinatur episcopus, habens et filios, multis elemosinis praeditus. Aurum etiam, quod decessor eius reliquerat, amplius quam viginti milia solidorum, pauperibus erogavit. Huius tempore alter vicus Noviliacus aedificatus est. Hic instituit mensam canonicorum. Sedit autem annos quinque, menses decem; obiitque et sepultus est in basilica sancti Martini.

Septimus decimus Guntharius ex abbate monasterii Sancti Venanti ordinatur episcopus, vir valde prudens, dum abbatis fungeretur officium, et saepius legationes inter reges Francorum faciens. Postquam autem episcopus ordinatus est, vino deditus, paene stolidus apparuit. Quae res eum in tantum amentem faciebat, ut convivas, quos bene noverat, nequiret agnoscere; saepius tamen eos conviciis agebat et improperiis. Sedit autem annos duos, menses decem, dies viginti duos. Obiit autem, et sepultus est in basilica sancti Martini. Cessavitque episcopatus anno uno.

Octavus decimus Eufronius presbiter ordinatur episcopus, ex genere illo, quod superius senatores nuncupavimus, vir egregiae sanctitatis, ab ineunte aetate clericus. Huius tempore civitas Turonica cum omnibus ecclesiis magno incendio concremata est; de quibus ipse postea duas reparavit, tertiam seniorem relinquens desertam. Postea vero basilica sancti Mar||tini et ipsa incendio est adusta per Wiliacharium, cum ibi confugium pro Chramni quondam circumventione fecisset; quam postea idem pontifex texit stagno, opitulante rege Chlothario. Huius tempore basilica sancti Vincenti aedificata est. Taurisiaco, Cerate et Orbaniaco vicis ecclesiae aedificatae sunt. Sedit autem annos septemdecim, obiitque aetate septuagenaria, et sepultus est in basilica sancti Martini. Cessavitque episcopatus dies novemdecim.

Nonus decimus Gregorius ego indignus ecclesiam urbis Turonicae, in qua beatus Martinus vel ceteri sacerdotes Domini ad pontificatus officium consecrati sunt, ab incendio dissolutam dirutamque nanctus sum, quam reaedificatam in ampliori altiorique fastigio septimo decimo ordinationis meae anno dedicavi; in qua, sicut a longevis aevo presbiteris comperi, beatorum ibidem reliquiae Acaunensium ab antiquis fuerant collocatae. Ipsam etiam capsulam in thesauro basilicae sancti Martini repperi, in qua valde putredine erat pignus dissolutum, quod pro eorum fuerat virtute delatum. Ac dum vigiliae in eorum honore celebrarentur, libuit animo haec iterum, praeluciscente cereo, visitare. Quae dum a nobis attente rimantur, dicit aedis aedituus : « Est hic, inquit, lapis opertorio tectus, in quo quid habeat, prorsus ignoro, sed nec praecessores ministros huius custodiae scire comperi. Deferam eum, et scrutamini diligenter, quid contineat infra conclusum. » Quem delatum reseravi, fateor; et inveni in eum capsulam argenteam, in qua non modo beatae legionis testium, verum etiam multorum sanctorum tam martyrum quam confessorum reliquiae || tenebantur. Nancti etiam sumus et alios Col. 537. lapides, ita ut hic erat, concavos, in quibus sanctorum apostolorum cum reliquorum martyrum pignora tenebantur. Quod munus ego divinitus indultum admirans et gratias agens, celebratis vigiliis, dictis etiam missis, haec in ecclesia collocavi. In cellula sancti Martini ecclesiae ipsi contigua sanctorum Cosmae et Damiani martyrum reliquias posui. Basilicae sanctae parietes adustos incendio repperi, quos in illo nitore vel pingi vel exornari, ut prius fuerant, artificum nostrorum opere imperavi. Baptisterium ad ipsam basilicam aedificare praecepi, in quo sancti Ioannis cum Sergii martyris reliquias posui; et in illo priore baptisterio sancti Benigni martyris pignora collocavi. In multis vero locis infra Turonicum terminum ecclesias et oratoria dedicavi sanctorumque reliquiis illustravi; quae memorare ex ordine prolixum censui.

Decem libros Historiarum, septem Miraculorum, unum de Vita Patrum scripsi; in Psalterii tractatu librum unum commentatus sum; de Cursibus etiam ecclesiasticis unum librum condidi. Quos libros licet stilo rusticiori conscripserim, tamen coniuro omnes sacerdotes Domini, qui post me humilem ecclesiam Turonicam sunt recturi, per adventum domini nostri Iesu Christi ac terribilem reis omnibus iudicii diem, si numquam confusi de ipso iudicio discedentes cum diabolo condempnemini, ut numquam libros hos aboleri faciatis aut rescribi, quasi quaedam eligentes et quaedam praetermittentes, sed ita omnia vobiscum integra inlibataque permaneant, sicut a nobis relicta sunt. Quod si te, sacerdos Dei, quicumque es, Martianus noster septem disciplinis erudiit, id est, si te in grammaticis docuit legere, in dialecticis altercationum propositiones advertere, in rethoricis genera metrorum agnoscere, in geometricis terrarum linearumque mensuras colligere, in astrologiis cursus siderum contemplare, in arithmeticis numerorum partes colligere, in armoniis sonorum modulationes suavium accentuum carminibus concrepare; si in his omnibus ita fueris exercitatus, ut tibi stilus noster sit rusticus, nec sic quoque, deprecor, ut avellas quae scripsi. Sed si tibi in his quiddam placuerit, salvo opere nostro, te scribere versu non abnuo. Hos enim libros in anno vigesimo primo ordinationis nostrae perscripsimus; et licet in superioribus de episcopis scripserimus Turonicis, adnotantes annos eorum, non tamen sequitur haec supputatio numerum chronicale, quia intervalla ordinationum integre non potuimus repperire. Est ergo omnis summa annorum mundialium talis :

A principio usque ad diluvium anni MMCCXLII.

A diluvio usque ad transitum filiorum Israhel in mari Rubro anni MCCCCIIII.

Ab hoc maris transitu usque ad resurrectionem dominicam anni MDXXXVIII.

A resurrectione dominica usque ad transitum sancti Martini anni CCCCXII.

A transitu sancti Martini usque ad memoratum superius annum, id est ordinationis nostrae primum et vicesimum, qui fuit Gregorii papae Romani quintus, Guntchramni regis trigesimus primus, Childeberti iunioris decimus nonus, anni CXCVII.

Quorum omnis summa est anni MMMMMDCCXCII.

EXPLICIT IN CHRISTI NOMINE LIBER HISTORIARUM DECIMUS.

INDEX ALPHABETICUS

A

Aaron, I, 75, 188.
Abbacuc, I, 47; II, 197.
Abia, fil. Roboam, I, 13.
Abitus. — *V.* Avitus.
Abiud, fil. Zorobabel, I, 14.
Abraham, patriarcha, I, 8, 9, 12, 14, 75, 141, 188; II, 170.
Abraham (S.), abbas S. Cyrici Arverni, I, 53.
Abrincatis, Abrincatina urbs, *Avranches*, II, 112.
Abrunculus. — *V.* Aprunculus.
Absalon, Abessalon, Abissalon, fil. David, I, 117.
Acaunenses, Acauni. — *V.* Agaunenses.
Achaz, fil. Joathae, I, 13.
Achim, Ioachim, fil. Sadoch, I, 14.
Adam, I, 6, 7; II, 66.
Adovacrius. — *V.* Odovacrius.
Adovarius. — *V.* Audovarius.
Adrianus, Aelius, imperator, I, 19.
Ae —. *Cf.* E —.
Aegila. — *V.* Calomniosus dux.
Aegyptus, Aegiptus, I, 10, 15, 47, 141, 201. — Egyptus pro Syria, I, 131. — Aegyptii reges : *V.* Cencris, Thephei, Vafres. — Aegyptius planctus, I, 232; Aegyptiae herbae, I, 202. — *Cf.* Nilicolae.
Actalia. — *V.* Italia.
[Aethelbertus], rex Cantiae, I, 120; II, 121.

Aetherius, Etherius, episc. Lexoviensis, I, 225, 226.
Aetherius, Eterius, episc. Lugdunensis, II, 142, 143, 193.
Aetius, patricius, I, 39-42.
Aetius, archidiac. Parisiensis, I, 163.
Afer. — *V.* Quintianus, episc. Arvernensis.
Africa, I, 32, 53; II, 66, 69, 154. — Africanum regnum, I, 33.
Agasastus, rex Atheniensium, I, 15.
Agatadis, rex Assyriorum, I, 15.
Agathae, Agatensis urbs, *Agde* (*Hérault*), I, 197; II, 119, 120. — Agatenses, I, 197. — Episc. : Phronimius.
Agaunum, Acaunense monasterium, *Saint-Maurice*, I, 78. — Agaunenses, Agaunes, Agauni, I, 78, 79. — Acaunensium (Reliquiae SS.), II, 203.
Agennensis urbs. — *V.* Aginnum.
Agericus, Agyricus, episc. Viridunensis, I, 100; II, 43, 97, 100, 103, 119.
Agila, Agyla, rex Gothorum, I, 97, 108.
Agila, legatus Gothorum, I, 185-188.
Aginnum, Agennum; Agennensis, Agenensis urbs, *Agen*, I, 208; II 35, 110. — Agennenses, II, 125; Aginensis : *V.* S. Vincentius. —

Episc. : Antidius. — Basilicae : S. Caprasii et S. Vincentii.
Aginus, Agynus, dux, II, 163.
[Agiulfus], diac. Turonensis, « diaconus noster », II, 151, 154.
Agnes, abbatissa S. Crucis Pictavensis, II, 144-147.
Agricius, episc. Tricassinus, II, 77.
Agricola (S.), martyr Bonon., I, 51.
Agricola, Agricula, Agirœcula, episc. Cabillonensis, I, 190 ; II, 53.
Agricula, Agroecula, episc. Nivernensis, II, 142.
Agricola, patricius, I, 119.
Agrippinensis. — *V.* Colonia.
Agroecula. — *V.* Agricola.
Agroetius « ex primitivorum notariorum Iovini » I, 46.
Agust — . *V.* August — .
Agynus. — *V.* Aginus.
Agyricus. — *V.* Agericus.
Alamanni, I, 21, 22, 31, 32, 44, 45, 52, 58, 59, 67. — *Cf.* Suebi.
Alangaviensis, Alingaviensis vicus, *Langeais (Indre-et-Loire)*, II, 198.
Alani, I, 41, 45.
Alaricus I, rex Gothorum, I, 42.
Alaricus II, rex Gothorum, I, 55, 56, 63, 65-68, 75, 76, 82.
Albiga, Albigis, Albigensis, Albegensis, Albiensis civitas, *Albi*, I, 36, 68, 223 ; II, 7, 87, 112. — Albigenses, II, 68. — Episc. : Desideratus, Diogenianus, Salvius.
Albini (Basilica S.) Andegavensis, I, 210.
Albinus rector Provinciae, episcopus Ucecensis, I, 134, 205.
Alboenus, rex Langobardorum, I, 106, 131, 160.
Albofledis, filius Childerici I, regis Francorum, I, 60.
Alchima, Alchuma, soror Apollinaris episc. Arverni, I, 76, 83.
Alexander. — *V.* Sulpicius Alexander.
Alingaviensis. — *V.* Alangaviensis,
Alithius, episc. Cadurcensis, I, 50.
Amalaberga, uxor Hermenefredi regis Thoringorum, I, 77.
Amalaricus, rex Gothorum Hispan.,
fil. Alarici II, I, 68, 76, 82, 97.
[Amalasuntha], filia Theodorici, regis Italiae, I, 97, 98.
Amalo dux, II, 121, 122.
Amandus, episcopus Burdegalensis, I, 50.
Amantes duo, I, 25.
Amatus, patricius Provinciae, I, 132.
Ambaciensis, Ambiacensis vicus, *Amboise (Indre-et-Loire)*, I, 65 ; II, 198.
Ambrosius, civis Turonensis, I, 208, 209 ; II, 8.
Amelius, episc. Begorritensis, II, 70, 96.
Aminadab, fil. Aram, I, 12.
Amon, Ammon, rex Iudaeorum, I, 13, 15.
Amo, dux Langobardorum, I, 134, 135.
Ampsivarii, I, 44.
Anastasius, abbas S. Victoris Massiliensis, I, 207.
Anastasius, presbyter diocesis Arvernensis, I, 110.
Anastasius, imperator, I, 68.
Anatholius, puer Burdigalensis, II, 80.
Andarchius, Andarcus, I, 136, 137.
Andecava, Andecavus, Andigava, Andigavus, Andegavis ; Andecavensis, Andegavensis urbs, I, 51, 137, 175, 184, 213 ; II, 64, 84, 165, 172, 173, 201. — Andecav. territorium, terminus, regio, I, 155 ; II, 12, 85, 109, 201. — Andecavi, I, 173, 220 ; II, 189. — Andecavensis homo, I, 203. — Episc. : Audioveus, Domitianus, Licinius. — Comes : Theodulfus. — Civis : Licinius, episc. Turon. — Basilica : S. Albini.
Andelaum, *Andelot (Haute-Marne)*, II, 112.
Andreae (Basilica S.) Arvernensis, I, 126.
Aniani (Basilica S.) Aurelianensis, II, 109.
Anianus (S.), Annianus, episc. Aurelianensis, I, 39.
Animodus, vicarius, II, 159.
Anitius locus, *Le Puy en Velay*, II, 191.

INDEX ALPHABETICUS

Annanias, I, 187, 211; II, 144.
Anninsola, Anni insula monasterium, *Saint-Calais*, I, 155.
Ansolvadus, Ansoaldus, e proceribus Chilperici I, ejusdem legatus, I, 150, 190, 211, 212, 234; II, 10, 56, 75.
Antestius, II, 69, 85, 86, 125.
Antidius, episc. Agennensis, II, 51.
Antiochia, Anthiocia, Antiohtia, Antiocia; Anthiocena urbs, I, 19, 131; II, 188. — Anthiocia Egypti (*pro Syriae*) urbs, I, 131. — Episc. : Babillas, Ignatius, Symeon stylites. — Basilica S. Juliani.
Antolianus (S.), martyr Arvernensis, I, 21.
Antonius, monachus, I, 22.
Antoninus, imperator, I, 19.
Apamia, Syriae urbs, I, 131.
Apocalypsis, I, 169.
Apollinaris, Apollonaris, Appollonaris, episc. et senator Arvernensis, fil. Sidonii Apollinaris, I, 68, 76.
Apostolorum (Basilica SS.). — *V.* Petri (Basilica S.) Parisiensis.
Aprunculus, Abruncolus, Abrunculus Divionensis, episc. Lingonensis et Arvernensis, I, 53, 54, 65, 76.
Aptacharius, Aphtarius, (*Authari*), rex Langobardorum, II, 120, 158.
Aquensis urbs, *Aix*, I, 208. — Aquenses, I, 134. — Episc.: Pientius.
Aquis, Aquensis, Aquinsis urbs, *Dax*, II, 31, 50, 65. — Episc.: Faustianus, Nicecius.
Aquileia urbs, *Aquilée*, I, 41, 42.
Aram, fil. Esdrom, I, 12.
Arar, Araricus fluvius, *la Saône*, I, 60, 177; II, 72. — Ararica litora, II, 72.
Aravatius (S.), episc. Tungrensis et Treiectensis, I, 37.
Arbogastis comes, I, 44.
Arcadius, imperator, I, 26; II, 198.
Arcadius, senator Arvernensis, I, 82, 83, 91.
Ardoennensis silva, II, 66.
Aredius. — *V.* Aridius.
Aregysilus, quidam Francus, I, 86.

Aregundis, uxor quarta Chlotacharii I, I, 105, 106.
Arelate, Arelatensis urbs, *Arles*, I, 22, 39, 94, 124; II, 82, 119, 139, 144. — Arelatense castrum : *V.* Ugernum, II, 74. — Arelatensis provincia, I, 107, 134; II, 74, 97, 190; *Cf.* Provincia. — Arelatenses, I, 20. — Arelatensis. *V.* Dynamius. — Episc. : Licerius, Sabaudus, Trophimus, Virgilius. — Monasterium et abbatissa : *V.* Theodegildis.
Arfaxat, Arphaxath, I, 8.
Argentoratensis urbs, Strateburgus, Stradeburgus, *Strasbourg*, II, 131, 185.
Argeus, rex Macedoniorum, I, 15.
Argivi, I, 14. — Rex : Trophas.
Ariani. — *V.* Arius.
Aridius, vir inluster, I, 61, 62.
Aridius, Aredius, abbas Lemovicensis, II, 60, 69, 194-196.
Arisitensis vicus, *Alais?* I, 151. — Episc. : Mondericus.
Arius, Arrius, hereticus I, 53, 54, 75, 188; II, 106.—Ariana, Arriana haeresis, lex, secta, I, 32, 46, 60, 98, 122, 181, 185, 188; II, 106. — Ariani, Arriani, I, 34, 66. — Arianus, episc., I, 34, 66.
Armenia, Arminia, II, 188.
[Armentaria], neptis Gregorii episc. Lingon., mater Gregorii Turonensis, I, 152, 207.
Armentarius, Iudaeus, II, 22.
Armentius, episc. Turonensis, I, 31; II, 199.
Arminia, II, 188.
Arnegysilus, socius Berulfi ducis, II, 69.
Arrius, Arriana lex. — *V.* Arius.
Artemius, Arthemius, episc. Arvernus, I, 24, 50.
Artimeus, episc. Senonicus, II, 77.
Arvernus, Arverna urbs, *Clermont-Ferrand*, I, 20, 24, 25, 46, 49-54, 65, 68, 76, 77, 82-85, 90, 94, 95, 107-110, 113, 114, 124, 126-128, 130, 133, 136, 137, 154, 155, 192, 215, 216, 227; II, 64, 67, 160-163, 201.—

Arv. territorium, terminus, regio, I, 117, 153, 177; II, 64, 67, 73, 160. — Arverni, Arvernus populus, I, 25, 83, 108, 114, 124, 128, 193, 215; II, 72. — Mart. : Cassius, S. Iulianus. — Episc. : Stremonius, Urbicus, Legonus, Illidius, Nepotianus, Artemius, Venerandus, Rusticus, Namatius, Eparchius, Sidonius, Aprunculus, Eufrasius, Apollinaris, Quintianus, Gallus, Cautinas, Avitus. — Archidiaconus. : Iustus. — Dux. Nicetius. — Comites : Hortensius, Firminus, Salustius, Nicetius, Eulalius. — Senatores : Arcadius, Euvodius, Ommatius. — Cives : Ascovindus, Avitus imperator, S. Gallus, S. Genesius Tigern. Palladius comes Gabal., Ursus. — Basilicae et monast. : S. Andreae, S. Cassii, S. Cyrici, S. Petri, S. Stephani. — Baptisterium, I, 155.

Arverna clades, I, 125, 172.

Arverna Lemannis, *la Limagne.* — *V.* Lemane.

Arvernum delubrum, Vasso Galatae (templum Mercurii), I, 21.

Asa, fil. Abiae, I, 13.

Asclipius, ex duce, I, 212.

Ascovindus, civis Arvernensis, I, 113.

Ascyla, uxor Richimeris, mater Theodomeris regis, I, 46.

Aser, fil. Iacob, I, 9.

Asia, I, 19.

Assyrii, I, 14, 15. — Reges : Agatadis, Eutropes, Ninus.

Asteriolus, amicus Theodoberti I, regis Francorum, I, 99.

Asterius, patricius, I, 46.

Atalus. — *V.* Attalus.

Athalocus, episc. Arianus, II, 106.

Athanagildus, Athanachildis, Athanieldus, Adthanaeldus, rex Gothorum, I, 108, 122, 129, 181; II, 119.

Athanaricus, rex Gothorum, I, 37, 57.

Athenienses, I, 15. — Rex : Agasastus.

Atora. — *V.* Vicus Iuliensis.

Attalus, Atalus, Athalus, nepos Gregorii episcopi Lingon., I, 87-90.

Attanense monasterium, *Saint-Yrieix,* II, 60, 194-196. — Abbas : Aridius.

Attica, I, 15. — Rex : Cecrops.

Atticus, consul, I, 26.

Attila, rex Chunorum, I, 39-41.

Audica, rex Galliciae, I, 231.

Audinus, civis Turonensis, II, 45, 125.

Audoveus, episc. Andegavensis, II, 172.

Audo, judex, II, 16.

[Audofleda], filia Childerici regis Francorum, uxor Theodorici, regis Italorum, I, 97, 98.

Audovaldus dux, II, 156, 157.

Audovarius, Adovarius, comes, I, 124.

Audovera, uxor prima Chilperici I, regis Francorum, I, 123, 147, 184, 224.

Augustodunum, Agustidunum; Agustoduensis, Agustidunensis urbs, *Autun,* I, 83; II, 140, 141, 193. — Martyr : S. Symphorianus. — Episc. : Eufronius, Siagrius. — Abbas : Virgilius. — Archidiac. : Pappolus. — Diac. : Desiderius, Eustasius. — Basilica S. Symphoriani. — Agusthidenense monasterium, II, 140. — Comes : Gregorius.

Augustus, Octavianus, imperator, I, 15, 17.

Aunacharius, episc. Autisiodorensis, II, 142.

Auno, pagensis Turonensis, II, 45.

Aunulfus quidam, I, 140.

Aurelianus, Aurilianus, Aurilianis, Aurilianensis urbs, *Orléans,* I, 39, 51, 79, 118, 120, 178; II, 44, 49, 50, 92, 128. — Aurilianenses, II, 8, 19, 20, 23. — Episc. : Anianus (S.), Austrinus, Namatius. — Basilicae : S. Aniani et S. Aviti. — Comes : Willacharius.

Aurelianus, Aurilianus, imperator, I, 93.

Aurelius, Aurilius, episc. Vellavensis, II, 191.

Ausanius, amicus Parthenii, I, 101.

Ausciensis urbs, *Auch*, II, 68, 187. — Episc. : Faustus, Saius.
Austadius, episc. Nicensis, I, 205.
Austerchildis. — *V.* Austrigildis.
Austrapius, dux Francorum, episc. Sellensis, I, 115, 116.
Austrasii, I, 160, 168.
Austrighyselus, pagensis Turonensis, II, 44, 45.
Austrigildis, Austregildis, Austrechildis, Austerchildis, cognomento Bobilla, uxor tertia Gunthramni regis Francorum, I, 120, 161, 170, 179.
Austrinus, filius Pastoris, episcopus Aurelianensis, II, 109.
Austrovaldus, Austroaldus dux, II, 87, 97, 125.
Authari, rex Langobardorum. — *V.* Aptacharius.
Autisiodorensis, Authisiodorensis, Audisiodorensis urbs, Audisiodorum, *Auxerre*, I, 132. — Authisiodorense territorium, I, 159. — Episc. : Aunacharius. — Basilica :

S. Germani. — Comes : Peonius.
Avallocius vicus, *Havelu* (*Eure-et-Loir*), I, 139.
Avinio, Avennio, Avennica, Avenneca, Avenniensis urbs, *Avignon*, I, 61, 124, 125, 206, 214-216; II, 11, 37, 39, 40, 42, 51, 187. — Avennicum, Avenniocum territorium, I, 133, 134; Avennicorum muri, I, 197. — Avenn. pontifex, I, 206.
Aviti (Basilica S.) Aurelianensis, II, 50.
Avitus, Abitus, archidiaconus et episcopus Arvernus, I, 128, 154, 155-II, 160.
Avitus, civis Arvernus, episc. Placentinus, imperator Romanus, I, 48, 53.
Avitus, episc. Viennensis, I, 63, 64, 163.
Avitus (S.), abbas Perticensis, I, 79.
Avius. — *V.* Vedastes, II, 8.
Azor, fil. Eliachim, I, 14.
Axona fluvius, *Aisne*, I, 226.

B

Babel, civitas, I, 8.
Babillas, episc. Antiochensis, I, 19.
Babylonia, Babilonia, Babillonia, I, 8, 10, 13, 15, 141. — Rex : Nabuchodonosor.
Babylonya civitas, *Le Caire*, I, 10.
Baddo senior, legatus Fredegundis, II, 86, 104.
Badegysilus, Batechisilus, Bategiselus, Baudegisilus, episc. Cenomannensis, major domus regiae, I, 206; II, 16, 81, 82, 160.
Badericus, rex Thoringorum, I, 77.
Baioariorum dux. — *V.* Garivaldus.
Baiocassini, (*Bayeux*), I, 173. — Episc. : Leudovaldus. — *Cf.* Saxones Baiocassini, I, 174; II, 163, 164.
Bolatedinis vicus, *Balesmes* (*Indre-et-Loire*), II, 200.
Ballomeris, II, 15, 36, 40, 122. — *Cf.* Gundovaldus.

[Barcinona] civitas et portus, *Barcelone*, I, 82.
Barraus vicus, Berravensis pagus, *Barrou* (*Indre-et-Loire*), I, 208; II, 200.
Basilii (Regula S.), II, 195.
Basilius, episcopus, I, 55.
Basilius, civis Pictavensis, I, 135.
Basina, fil. Chilperici I, regis Francorum, monialis S. Crucis Pictavensis, I, 184, 224; II, 134, 140, 148, 174, 175, 177-180, 185, 186.
Basina, uxor 1. Bisini, regis Thoringorum, 2. Childerici I, regis Francorum, I, 49.
Baudastis dux. — *V.* Bladastis.
Baudegisilus, Baudegylus, diaconus, I, 158.
Baudegisilus, episc. Cenomannensis. — *V.* Badegysilus.
Baudinus, Baudenus, episc. Turo-

14

nensis, ex domestico (ex referendario, X, 31), Chlothacharii I, regis Francorum, I, 106, 107 ; II, 202.

Begorra ; Beorritana, Beorretana urbs, *Cieutat (Hautes-Pyrénées)*, II, 96, 113. — Episc. : Amelius.

Belial, I, 153.

[Beliciensis], *Belley*. — Episc. : Felix, II, 142, 143.

Belisarius, Belsuarius patricius, comes stabuli, I, 99.

Belphegor, I, 47.

Belsephon, locus Palestinae, I, 12.

Belsonancus villa, *Beslingen* (*Grand duché de Luxembourg*, II, 66.

Benarna, Benarno, urbs (*diruta saec. IX ; nomen Bearn adhuc restat*), II, 96, 113.

Beniamin, fil. Iacob, I, 9, 10.

Benigni (Reliquiae S.), II, 203.

Beorritana urbs. — *V.* Begorra.

Beppolenus, Beppolinus, dux, I, 175 ; II, 75, 84, 105, 163, 164, 166.

Beregisilus. — *V.* Eberegiselus, episc. Colonensis.

Beregisilus, cognatus Eufrasii presbyteri Arverni, I, 128.

Beretrudis, uxor Launebodis ducis. II, 130.

Berravensis pagus, Barraus vicus, *Barrou (Indre-et-Loire)*, I, 208 ; II, 200.

Bersabe, uxor David, I, 12.

Bertchramnus. — *V.* Berthechramnus.

Berthacharius, Bertecharius, Bertharius, rex Thoringorum, I, 77, 81.

Berthechramnus, Berthchramnus, Berttramnus, Berthramnus, fil. Ingytrudis, episc. Burdegalensis, I, 164, 167, 190, 192 ; II, 30, 31, 50, 54, 65, 67, 68, 127-129.

Berthechramnus, Berthramnus, Berteramnus, archidiaconus Parisiensis, episc. Cenomannensis, II, 82, 108, 142, 143.

Berthchramnus, diaconus Burdegalensis. — *V.* Waldo, II, 67.

Bertheflcdis, filia Chariberthi, monialis Turonensis, II, 127.

Berthefredus, Bertefredus, I, 198 II, 98, 100, 102-104, 119, 182.

Berthegundis, Bertegundis, fil. Ingytrudis religiosae Turonensis, II 127-129, 167.

Berulfus, Berulius dux, I, 192, 193 208, 220 ; II, 69.

Bethlcem, I, 15.

Betoricus, Beturica. — *V.* Biturigus

Bilicio castrum, *Bellinzona*, II, 156

Bippolinus. — *V.* Beppolenus.

Biricho. — *V.* Brachio.

Bisinus, rex Thoringorum, Basina maritus, I, 49.

Biterris urbs, Bitturensis civitas *Béziers*, I, 93, 94.

Biturigus, Bituriga, Biturigas, Bitu ricus, Bitoricus, Biturica, Bituri cae, Bituricas, Biturga, Bitoricas Bitorex, Beturica, urbs, *Bourges*, 20, 21, 42, 51, 83, 126, 152, 178 184, 193, 208, 220, 221, 227 ; II 119, 184, 190, 191. — Biturig. terri torium, terminus, regio, I, 153, 220 II, 42, 86, 110, 190. — Biturigi, Bito rigi, Byturigi, I, 193, 220 ; II, 13, 14 23, 24, 72. — Biturigensis ecclesia I, 21. — Episc. : Tetradius, Reme dius, Sulpicius, Eustasius. — Archi diac. : Leonastis. — Comes : Ollo

Bladastis, Blaudastis, Baudastis dux I, 208, 220, 221 ; II, 26, 34, 38, 53 70.

Blesenses, (*Blois*), II, 8, 19.

Boantus Cabillonensis, II, 56.

Bobilla. — *V.* Austrigildis.

Bobo, dux Chilperici I, regis Franco rum, fil. Mummolini, I, 183, 234.

Bobolenus, referendarius Fredegun dis reginae, II, 77, 85.

Bodegisilus. — *V.* Bodigisilus.

Bodicus, comes Britannorum, I, 160

Bodigisilus, Bodegisilus, legatus fil. Mummolini Suessionici, II, 155

Bodygisilus dux, II, 68.

Bononia civitas, *Bologne*, I, 51.

Booz, fil. Salmae, I, 12.

Boso, fidelis Guntchramni regis, II 40, 125.

Boso. — *V.* Gunthchramnus Boso.

Brachio, Biricho, Piricho, Thoringus abbas Manatensis, I, 155.
Brannacus. — *V.* Brinnacus.
Bricavicus, *Brèches (Indre-et-Loire)*, II, 199.
Briccius, Bricius, Bricio, episc. Turonensis, I, 30, 31; II, 198-200.
Bricteri, Brictori, I, 44.
Brinnacus, Brannacum, villa, *Berny-Rivière (Aisne)*, I, 118, 136, 172, 179, 183, 192. — Brinnacinsis domus, I, 194.
Briotreidis vicus, *Bléré vel Bridoré, vel Brizay (Indre-et-Loire)*, II, 199.
Britanus comes, I, 129. — Uxor : Caesaria; fil. : Palladius.
Brittanni (in Anglia), I, 24.
Brittania, Brittaniae, *Bretagne*, I, 117, 160, 161, 171, 173, 175, 191; II, 163, 165, 166. — Brittani, I, 51, 106, 117, 160, 175, 176, 184; ii, 108, 120, 163, 165. — Brittanorum, Brinctanorum comites, I, 106. — Comites : Chanao, Macliavus, Chonomoris, Chonoober, Bodicus, Theodoricus, Warocus. — Britto : Winnochus presbyter.
Briva-Curretia, Brava-Currecia vicus, *Brives-la-Gaillarde*, II, 11, 12.
Brivate, Brivatensis vicus, *Brioude*, I, 49; II, 196. — Brivatensis diocesis, I, 111. — Basilica: S. Iuliani.
Brixis vicus, *Braye vel Brizay (Indre-et-Loire)*, II, 199.
Brunechildis, Bruneheldis, Brunichildis, Bronichildis, uxor 1. Sigiberti, 2. Merovechi fil. Chilperici, I, 122, 129, 140, 147, 148, 156, 160, 162, 165, 184, 198, 226, 227;
II, 18, 34, 43, 52, 66, 70, 91, 97, 98, 100, 102, 107, 110, 111, 113, 115, 122, 126, 131, 132, 184.
Buccelenus dux, I, 98, 99, 108.
Bucciovaldus abbas, a nonnullis « Buccus validus» vocatus, II, 119.
Buconia, Bugonia silva (*prope Coloniam civit*), I, 69.
Bulgiatensis villa, *Bongheat (Puy-de-Dôme)*, I, 90.
Burdegala, Burdigala; Burdegalensis, Burdigalensis urbs, *Bordeaux*, I, 68, 137, 177, 192, 207, 213, 225; II, 30, 34, 50, 113, 128, 175. — Burdigalensis terminus, regio, II, 92.
— Burdegalenses, II, 125. — Episc.: Amandus, Leontius, Berthechramnus, Gundegisilus cognom. Dodo. — Presbyter : Heraclius, episc. Ecolisnensis. — Burdigalensis monachus, I, 127. — Comes : Gararicus. — Civis : Desiderius. — Puer : Anatholius. — Burdegalenses vici, I, 177.
Burgulenus, Burgolinus, fil. Severi, I, 173; II, 77, 140.
Burgundia, Burgundiae, I, 54, 57, 63, 79, 83, 90, 114, 155, 163; II, 201. — Burgundiones, Burgondiones, I, 45, 46, 54, 57, 63, 68, 79, 80, 132; II, 72. — Reges : Gundevechus, Gundobaldus, Godegisilus, Chilpericus, Sigimundus, Godomarus. — Burgundiones senatores, I, 63.
Burgundio, nepos Felicis, episc. Namnetorum, I, 210.
Byppolenus. — *V.* Beppolenus.
Byzantium. — *V.* Constantinopolis.

C

Cabillonnum, Cabillonum, Cavillonnus, Cavillonus, Cavilonnus, Cavelonnus; Cabillonensis, Cavillonensis, Cavellonensis, Cavelonensis, Chavelonensis urbs, *Chalon-sur-Saône*, I, 114, 126, 174, 190; II, 18, 49, 56, 92, 104, 110, 122, 165, 166, 193, 194. — Episc. : Agricula, Flavius, Veranus. — Basilica : S. Marcelli.
Cabillonum (*Ascalonium?*) vinum, I, 93.
Cubsensis episcopus. — *V.* Vindimialis.
Cadurcus, Cadurcensis, Caturcina urbs, *Cahors*, I, 83, 185, 227; II,

29, 102, 113. — Catorcinae parrochiae, I, 227. — Episc. : Alithius, Maurilius, Ursicinus. — Abbas, II, 29. — Cadurcinum, I, 138.

Caecrops, rex Atticae, I, 15.

Caesar (Iulius), I, 15.

Caesaraugusta; Caesaraugustana civitas, *Saragosse*, I, 45, 96.

Caesariensis episc. — *V.* Eusebius.

Caesaria (S^a) Arelatensis, II, 139, 144.

Caesaria, uxor Britani comitis, I, 129.

Caesaria, socrus Firmini, comitis Arverni, I, 111.

Caesarii (S.), episc. Arelatensis constituta, II, 137. — S. Caesarii regula, II, 139, 144.

Caesarius, consul, I, 26.

Cain, II, 168.

Cainan, I, 7

Caino; Cainonense, Cainnoninse, Cannonense castrum et monasterium Turonense, *Chinon*, I, 161, 208; II, 199.

Cala; Calensis villa, *Chelles(Seine-et-Marne)*, I, 183, 234; II, 9, 184.

Calatonnus vicus, *Chalenton ? comm. de Saché (Indre-et-Loire)*, II, 199.

Calliciensis. — *V.* Galliciensis.

Calomniosus, cognom. Egela dux, II, 74.

Caluppa reclausus Meletensis, I, 153.

Calvariae mons., I, 8.

Camaracus, Camaracum; Camaracensis urbs, *Cambrai*, I, 46, 70, 230.

Campania, *Champagne*, I, 89, 148; II, 58. — Campaniae regnum, II, 98; ducatus, II, 105. — Duces : Lupus, Wintrio. — Campanenses, I, 160; Campanensis populus, II, 156, 192. — *Cf.* Remensis campania.

Canao, fil. Waroci comitis Britanni, I, 174; II, 165.

Canini campi (*canton du Tessin*), II, 156.

Cannonensis. — *V.* Caino.

Cantabennensis crypta. — *V.* Cantobennicus mons.

Canthia, Ganthia, Chancia, *royaume de Kent*, I, 120; II, 121.

Cantobennicus mons, Cantabennensis crypta, *Chantoin (Clermont-Ferrand)*, I, 24, 52.

Capitolium Tolosanum, I, 20.

Capraria castrum, *Cabrières(Hérault)* I, 94.

Caprasii (S.) basilica Agennensis, 208.

Caput Arietis, Caput Arcetis castrum, *pays de Cabaret (Aude)*, II, 74.

Carbonaria silva, *forêt Charbonnière* I, 43.

Carcasona urbs, *Carcassone*, II, 77, 87, 125.

Carietto, magister militum, I, 44.

Carnotena, Carnotina urbs, *Chartres* II, 17, 56, 92. — Carnotensis pagu II, 112. — Carnot. territorium terminus, I, 178; II, 92; diocesi II, 17.—Carnoteni, II, 8.— Episc Pappolus. — Carnotensis vicus Avallocius, I, 139.

Carpilio, socer Actii patricii, I, 42.

Carpitanio ; rov. (*Tolède*), I, 22 231, 232.

Carthago, Cartago magna, I, 21, 3 II, 154-156, 158. — Episc. : S. Cy prianus, Eugenius. — Carthagi nenses, I, 146; II, 158. — Carta ginense bellum, II, 156.

Cartherius. — *V.* Charterius.

Cassiani (S.) abbatis Massiliens regula, II, 195.

Cassii (S.) basilica Arverna, I, 11

Cassius (S.) martyr Arvernus, I, 2

Castinus, comes domesticorum, I, 4

Catalaunensis urbs, *Châlons-sur Marne*, I, 184. — Episc. : Elafiu Felix.

Catianus, Catinus. — *V.* Gatianus.

Cato, presbyter Arvernus, I, 10 109, 113, 126.

Catthi, Chatthi, I, 44.

Cautinus, diaconus Iciodorensis episc. Arvernus, I, 108-111, 11 126, 127; II. 161.

Cavillonensis civitas. — *V.* Cabillo num.

[Cecrops], Caecrops, rex Atticae, I, 15.
Cellula S. Maxentii, *Saint-Maixent (Deux-Sèvres)*, I, 67.
Celsus, Caelsus, patricius Provinciae, I, 119, 124, 132.
Cencris, Chencris, rex Aegypti, I, 15.
Cenomannis; Cenomanica, Cenomannorum, Cinommanica, Cinomanica urbs, *Le Mans*, I, 71, 206, 225; II, 81, 82, 127, 160.—Cenomanici, Cinomannici, I, 147, 150, 173; II, 189. — Caenomannica ecclesia, II, 121. — Cinomannicum monasterium : Anninsola, I, 155. — Episc. : Badegysilus, Berthecramnus, Domnolus, Innocentius. — Abbas : Theodolphus.
Cerate, *Céré (Indre-et-Loire)*, II, 202.
Ceresium stagnum, *lac de Lugano*, II, 157.
Cesarius. — *V.* Caesarius.
Cham, fil. Noe, I, 7.
Chamavorum pagus, I, 44.
Chanaan, Channaan terra, I, 10.
Chanao, Chonoo, comes Brittanorum, I, 106, 107, 117.
Chararicus, rex Francorum, I, 70.
Charegyselus, cubicularius Sigiberti, I, 141.
Charibertus, Caribertus, Chariberthus I, rex Francorum, I, 105, 114, 116, 118, 120, 135, 157, 190, 191, 214; II, 9, 10, 13, 15, 111. 112, 121, 124, 127, 134, 145. — Uxores : 1, Ingoberga; 2, Merofledis ; 3, Theudogildis; 4, Marcoveifa; — liberi : Berthefledis, Chrodechildis.
Charimeris, episc. Virdunensis, referendarius Childeberthi II, II, 119.
Chariulfus, quidam dives Conveniensis, II, 38, 40, 41, 43.
Charivaldus Francus, II, 192.
Charterius, Cartherius, episc. Petrocoricus, I, 213; II, 25.
Chatthi, I, 44.
Chedinus dux, II, 157.
Chencris. — *V.* Cencris.
Cheupha, Cleupha, pater Symeonis, Hieros. episcopi, I, 19.
Childeberthus I senior, Childebertus, Childobertus, Chyldebertus, Chyldobertus, rex Francorum, I, 76, 82, 83, 87, 91, 92, 94-96, 98, 105, 106, 114-116, 118, 140, 180, 206, 214; II, 16. — Uxor : Ultrogotho.
Childeberthus II, Childebertus, Childibertus, Chilbertus, Chlidebertus, Clideberthus, Hildebertus, Ildebertus, rex Francorum, fil. Sigiberti, I, 141, 142, 147, 150, 152, 156, 161, 162, 166, 172, 174, 177, 190, 197-199, 207-209, 212, 215, 216, 219-221, 223, 227, 230, 233; II, 9, 10, 13, 14, 16, 23, 25, 32-34, 36, 37, 42, 51, 56-58, 63, 64, 66-71, 81, 85, 87, 91, 92, 96-100, 102-105, 107, 110-118, 120, 123-127, 131-133, 139, 141, 148, 151, 156, 158-160, 165, 167, 175, 181-184, 187, 192, 193, 204.
Childericus I, rex Francorum, I, 47, 49, 51, 52, 55.
Childericus, filius Chlothacharii I, I, 105, 106.
Childericus, rex Wandalorum, I, 37.
Childericus, Hildericus, Chaldericus, Saxo dux, II, 8, 64, 187.
Chilpericus, rex Burgund., fil. Gundevechi regis, I, 57. — Filiae : Chrona, Chrodechildis.
Chilpericus rex, *pro* Childebertho II, II, 182 (*ligne 28*).
Chilpericus I, rex Francorum, I, 105, 118, 119, 122, 123, 129, 135, 137-142, 147, 148, 150, 152, 155-159, 162-168, 171, 172, 174, 177-179, 181-185, 188-194, 197-199, 202, 207-213, 216, 219-227, 230, 232-235; II, 8-13, 16, 18, 24, 25, 31, 32, 36, 49, 52, 53, 55, 64, 65, 77, 84, 85, 94, 98, 108, 113, 129, 134, 145, 159, 166, 183-185, 193. — Nero nostri temporis et Herodis, I, 234. — Uxores : 1, Audovera; 2, Fredegundis; 3, Galsuenda; I, 105, 122, 140. — Liberi : Theodoberthus, Merovechus, Chlodovechus, Basina, Rigunthis, Samson, Chlodoberthus, [Dagobertus], Theodoricus, Chlotharius II; 1, 140, 158, 178, 179, 182, 194.

Chlochilaicus, Chochilaicus, rex Danorum, I, 77.
Chlodechildis. — *V.* Chrodechildis.
Chlodericus, fil. Sigiberti Claudi regis Francorum (Ripuar.), I, 67, 69.
Chlodobertus, fil. Chilperici I, I, 178, 179, 194.
Chlodoaldus. — *V.* Chlodovaldus.
Chlodomeris, Chlodemeris, rex Francorum, I, 58, 76, 79, 80, 90-92, 98, 118, 163. — Uxor : Guntheuca. — —Filii : Theudoaldus, Guntharius, Chlodovaldus.
Chlodomeris, fil. Gunthchramni, I, 120, 161.
Chlodosinda, Chlothsinda, Chlotsinda, filia Chlothacharii I, uxor prima Alboeni, regis Langobard. I, 105, 106, 131.
Chlodosuinda, Chlodosinda, fil. Sigiberti I, II, 107, 113, 116, 117, 120, 123.
Chlodovaldus presbyter, fil. Chlodomeris, regis Franc.; I, 80, 92.
Chlodovechus I, rex Franc., I, 46, 50, 55-57, 59-62, 65-71, 75, 76, 83, 93, 97, 102, 105, 106, 142, 146; II, 200, 201. — Uxores : 1, concubina quædam; 2. Chrodechildis. — Liberi : 1. Theudericus I; 2. Ingomeris, Chlodomeris, Childebertus I, Chlothacharius I, Chlotchildis.
Chlodovechus, Chlodoveus, fil. Chilperici I, I, 123, 135, 137, 148, 155, 183, 184, 193; II, 15, 55, 56.
Chlogio, rex Franc., I, 46.
Chlothacharius I, Chlotcharius, Chlotharius, Clottarius, Clotharius, rex Francorum, I, 76, 80, 81, 83, 91-94, 96, 98, 105, 106, 109, 110, 112-121, 131, 140, 141, 160, 179, 206, 213, 214; II, 13, 25, 32, 36, 37, 40, 99, 108, 114, 124, 138, 144, 145, 194, 202. — Uxores : 1. Guntheuca; 2. Radegundis; 3. Ingundis; 4. Aregundis; 5. Chunsina; 6. Vuldetrada. — Liberi : 3. Gunthecharius, Childericus, Charibertus I, Gunthchramnus, Sigibertus I, Chlodosinda;

4. Chilpericus I; 5. Chramnus, Gundovaldus (?).
Chlothacharius II, Chlotharius, etc. rex Francorum, II, 9, 10, 15, 18, 37, 49, 55, 64, 77, 84-86, 98, 108, 117, 166, 193, 194.
Chlotharius, fil. Gunthchramni, I, 120, 161.
Chochilaicus, Chlochilaicus, rex Danorum, I, 77.
Choni. — *V.* Chuni.
Chonomoris, comes Brittanorum, I, 106.
Chorinthus — *V.* Corinthus.
Chramnesindus, Chramsindus, Cramsindus, civis Turonicus, II, 46, 109, 110.
Chramnus, fil. Chlothacharii I, I, 105, 106, 109-111, 113-118; II, 202.
Christoforus, Cristoforus negotiator, II, 44.
Chrocus, rex Alamannorum, I, 21, 22.
Chrodechildis, Chrodechyldis, Chlodechildis, Chlodigildis, Chlotchildis, Chrodegildis, Chrodieldis, Chrothchildis, Clodechildis, fil. Chilperici regis Burgundionum, uxor Chlodovechi I, I, 57, 59, 71, 79, 80, 90-92, 96, 105, 110; II, 201, 202.
Chrodechildis, Chlotchildis, fil. Chlodovechi I, uxor Amalarici regis Gothorum, I, 76, 82.
Chrodechildis, etc., fil. Chariberthi, monialis S. Crucis Pictavensis, II, 134, 135, 138-142, 149, 173-180, 186, 187.
Clodechildis, fil. Gunthchrammi regis Franc., II, 112.
Chrodinus quidam, I, 212.
Chrona, Crona, (Saedeleuba, *Fred. III,* 17), fil. Chilperici regis Burgundionum, I, 57.
Chrononense monasterium. — *V.* Crononense.
Chundo, cubicularius Gunthchramni regis, II, 165, 166.
Chuni, Choni, I, 37-39, 41, 42, 119, 123. — Chunorum rex *sive* Gaganus, I, 124.

(Chunimundus), rex Gepidorum, pater Rosamundae, I, 131.

Chunsina, uxor quinta. Chlothacharii I, I, 105.

Chuppa, comes stabuli Chilperici I. I, 184; II, 41, 159, 160.

Chus, fil. Cham, I, 7, 8. — *Cf.* Zoroaster.

Ciricus, Cirola. — *V.* Cyricus, Cyrola.

Cisces, rex Lydiae, I, 15.

Cisomagensis vicus, (?), *Ciran-la-Latte (Indre-et-Loire)*, II, 198.

Ciucilo, Ciuciolo, comes palatii Sigiberti I, I, 168.

Cl — . *V.* Chl — .

Clara, uxor Francilionis, episc. Turon., II, 201.

Claudius, imperator, 1, 17.

Claudius quidam, II, 26-29.

Clemens I, episc. Romanus, I, 18.

Clementis (Ecclesia S.) Rom., II, 154.

Clennus, flumen, *Clain*, II, 141.

Cleuphas, Cheuphas, pater sancti Symeonis, I, 19.

[Cleph], rex Langobard., I, 132.

Clo — . *V.* Chlo —.

Clysma civitas (*Colsum prope Suez?*) I, 10.

Cocia, Coetia, Cothia silva, *la forêt de Cuise*, I, 118, 182.

Columna, vicus prope Aurelan, *Saint-Péravy-la-Colombe, vel Coulmiers (Loiret)*, 1, 79.

Colonia; Colonensis, Colosinensis, Agripina, Agrepina, Agrippinensis, Agripenensis urbs, I, 42, 44, 69, 214. — Episc. : Eberegiselus.

Colosinensis. — *V.* Ecolisna.

[Compendium], Conpendium, *Compiègne*, I, 118, 224.

Condatensis vicus, *Candes (Indre-et-Loire)*, I, 26; II, 83, 198. Basilica : S. Martini.

Confluentis castrum, *Coblentz*, II, 58.

Consonanis urbs, *St-Lizier (Ariège)*, II, 112.

Constans, imperator, I, 22; II, 198.

Constans, Constancius, fil. Constantini tyranni Rom., I, 45.

Constantina, Constancia urbs, *Coutances*, II, 76. — Constantini civitas., I, 167. — Episc. : Romacharius.

Constantina, Costantina ñ. Burgulini, monialis S. Crucis Pictavensis, II, 140.

Constantinopolis, Constantinopolitana urbs, I, 23, 64, 130, 131, 176, 213-215; II, 32, 36, 63, 177. — *Cf.* Romani imperatores.

Constantinus I, imperator Romanus, I, 22, 45, 60.

Constantinus iunior, imperator. I, 22.

Constantinus. — *V.* Tiberius Constantinus imperator.

Constantius imperator, I, 22.

Convenas; Convenica, Conveniensis urbs, *Comminges (Haute-Garonne)*. II, 34-36. — Civis : Chariulfus.

Corinthii, I, 15. — Rex : Oxion.

Cornilius, episc. Romanus, I, 21.

Cornutius vicus, *Corps-Nuds (Cornus?) (Ille-et-Vilaine)*, I, 175.

Cosmae (S.) et S. Damiani ecclesia Rom., II, 153.

Cosmae (S.) reliquiae, II, 203.

Cothia, Cocia, Cotia silva, *la forêt de Cuise*, I, 118, 182.

Crescens, quidam Nicensis, I, 205.

Crisantus, *V.* Chrysantus.

Crispini (S.) et S. Crispiniani basilica Suession., I, 179; II, 99.

Crispus fil. Constantini imperatoris, I, 22.

Crona. — *V.* Chrona.

Cronon*e*nse, Chrononense monasterium, *Cournon (Puy-de-Dôme)*, I, 130.

Crucis (Monast. S*ᵃᵉ*) Pictav., I, 81, 184, 217, 218, 224; II, 91, 134-148, 173-181, 186. — Abbatissae : Agnes, Le*n*bovera; praeposita : Iustina; moniales : Basina, Constantina, Chrodechildis, Radegundis.

Cymulus *aut* Emerius, episc. Santonicus, I, 121.

Cyprianus (S.) episc. Carthag., I, 21.

[Cyrici], Cirici, S. Quirici monasterium Arvern., I, 53.

Cyrola, Cirola, Cirula, episc. Arianus, I, 33-36.

D

Dacco, Dacolenus, quidam Francus, fil. Dagorici, I, 172.
Dagaricus, I, 172.
[Dagobertus], fil. Chilperici, I, 178, 179.
Dagulfus, Daulfus, abbas, II, 64, 65.
Dalmatius, episc. Rutenensis, I, 151, 190, 227.
Damiani (Ecclesia S.). — *V.* SS. Cosmae et Damiani ecclesia.
Damiani (Reliquiae S.), II, 203.
Dan, fil. Iacob, I, 9.
Dani, 1, 77.
Daniel, Danihel, propheta, I, 13.
Darabennenses, Rabennenses, *Francs de Thérouanne*, I, 168.
David, rex Iudaeorum, I, 12, 13, 15, 30, 47, 75, 109, 117, 186, 188, 200; II, 168.
Deas castrum, *Dio (Hérault)*, I, 94.
Decimus Rusticus, praefectus, ex officiorum magister, 1, 45, 46.
Decius imperator, I, 19, 20; II, 197.
Deensis urbs, (*Cod.* Virdunensis), *Dé (Drôme)*, I, 134.
Deoteria, Deuteria, uxor 1. Biterrensis cuiusdam; 2. Theodeberti I. regis Franc., I, 94, 95.
[Deotherius], Diotherius, episc. Vinciensis, II, 119.
Desideratus, episcopus Albigensis, II, 68.
Desideratus, episcopus Viridunensis, I, 99.
Desiderius, episc. Helosensis, II, 67.
Desiderius, diaconus Augustodunensis, II, 141.
Desiderius dux, I, 155, 183, 208, 220, 221; II, 11, 25, 26, 34, 43, 69, 87, 161-163.
Desiderius, civis Burdegalensis, II, 93, 94.
Dianae simulacrum, II, 60, 61.
Didimia, monialis Pictav., II, 179.

Dinamius. — *V.* Dynamius.
Dinifius, Dynifius, episc. Turon., I, 90; II, 201.
Diocletianus, Dioclicianus imperator, I, 22. — Diocliciani persecutio, I, 22, 138.
Diogenianus, episc. Albig., I, 50.
Dyonisii (S.), S. Dionisii basilica Parisius, I, 176, 177, 179.
Dyonisius (S.), Dionisius, episc. Paris., martyr, I, 20; II, 196 — S. Dyonysii tumulus, I, 176.
Diotherius, episc. Vinciensis, II, 119.
Disciola, puella monast. S. Crucis Pictav., I, 217, 218.
Dispargum castrum, « in termino Thoringorum », (?), I, 46.
Divio, Divionense castrum, Dijon, I, 54, 61, 93, 114, 126, 152. — Divionense territorium, I, 100. — Divionensis civis: Aprunculus, episc. Arvernus.
Divitia civitas, Deutz (*Prusse rhénane*), I, 115.
Dodo, Dolo, fil. Severi, I, 173.
Dodo. — *V.* Gundegisilus episc. Burdegal., comes Santon.
Dolensis vicus, *Déols (Indre)*, 1, 51.
Dolus vicus, *Dolus (Indre-et-Loire)*, II, 199.
Domigiselus, Domegyselus, legatus Chilperici I, I, 211, 234.
Domighiselus, Domigisilus, civis Andegav. (*forte idem atque praecedens*), II, 64, 84.
Dominicus caecus, quidam, I, 204.
Domitianus, episc. Andegavensis, II, 135.
Domitianus, Domicianus, imperator, I, 18.
Domnola, filia Victurii episc. Redonensis, relicta Burgolini, uxor Nectarii, II, 77, 85.
Domnolus, episc. Cenomann, I, 206; II, 135.

[Donatus], medicus Austrigildis reginae, I, 180.
Dornonia, flumen, *Dordogne*, II, 26, 32.
Dracolenus, Dragolenus, cognomine Industrius, dux, I, 172, 173.
Droctegyselus, Ductighissilus, episc. Suession., II, 132.
Droctulfus, Dructulfus, nutritor puerorum Childeberthi II, II, 133, 134.
Ductighissilus. — *V.* Droctegyselus.
Dunum, Dunense castrum, *Châteaudun*, II, 17, 27, 112. — Dunenses, I, 140; II, 8. — Episc. : Promotus.
Dynamius, Dinamius, episc. Ecolisnensis, I, 50.
Dynamius, Dinamius, rector Provinciae Arelatensis, I, 205, 207; II, 102, 155.

E

E—. *Cf.* Ae—.
Eber, Heber, fil. Sale, I, 8.
Eberegiselus, Beregiselus, episc. Colonensis, II, 175.
Eberegyselus, Ebreghyselus, legatus Brunichildis reginae, II, 122.
Ebero, cubicularius Childeberthi II, II, 13.
Eberulfus cubicularius, II, 19, 20, 26-28.
Eberulfus pagensis Turon., II, 45.
Ebracharius, Ebrecharius, dux, II, 122, 163-165.
Ebredunensis, Ebredonensis urbs, *Embrun*, I, 132-135, 170. — Episc : Salonius. — Ebredunensis via, I, 134.
Ebreghyselus. — *V.* Eberegyselus.
Ebron, Hebron, Enacim terra, I, 7.
Ecdicius senator, I, 54, 55.
Ecolisna, Ecolisma, Ecolisina; Ecolisnensis, Ecolesinensis, Ecolonensis, Colosinensis, *Angoulême*, I, 68, 140, 180, 205, 206; II, 25. — Ecolesenenses, II, 72. — Episc. : Dinamius, Frontonius, Heraclius, Maracharius, Nicasius. — Comites : Chramnulfus, Maracharius, Nanthinus.
Edobeccus, I, 45.
Edom. — *V.* Esau.
Egela. — *V.* Calomniosus dux.
Egidius, Egydius, episc. Remensis, I, 168, 198, 219-221; II, 14, 33, 105, 182, 183, 185.
Egidius, magister militum Galliae, pater Syagrii, I, 49, 51, 55.
Egolismensis. — *V.* Ecolisna.
Egyptus. — *V.* Aegyptus.
El. — *Cf.* Hel.
Elacris, Flavaris, flumen, *Allier*, I, 177.
Elafius, episc. Catalaunensis, I, 184.
Elarius. — *V.* Hilarius.
Elavaris, Elacris, Flavaris, flumen, *Allier*, I, 177.
Eleazar, fil. Eliuth, I, 14.
Eliachim, fil. Abiud, I, 14.
Elias, proph., I, 30, 229.
Eliseus proph., I, 30.
Eliud, fil. Achim, I, 14.
Emerius, Cymulus, episc. Santonicus, I, 120, 121.
Emerius quidam, II, 162.
Emmanuhel, I, 200.
Enacim terra, « quae prius Hebron vocabatur », I, 7.
Ennodius, Innodius, ex-comitatu, dux Turon. et Pictav., princeps Vici Iuliensis et Benarnae, I, 172; II, 69, 96; ex-duce, II, 183.
Enoch, I, 6, 7.
Enos, I, 7.
Eo —. *V.* Eu —.
Epagatus. — *V.* Vettius Epagatus.
Eparchius, episc. Arvern., I, 52.
Eparchius, Ebarchius, Ebarcius, reclausus Ecolisn., I, 205.
Epiphanius, Ephyfanius, episc. (Foroiuliensis ?), I, 215.
Epifanius, Aepifanius, abbas S. Remigii Rem., II, 184-185.
Epolon, martyr Antioch., I, 19.
Eposium castrum, *Yvois, nunc Cari-*

gnan (Ardennes), II, 59. — Monasterium : S. Martini (Vulfilaïci).
Eraclius. *V.* Heraclius.
Ermen — . *V.* Hermen —.
Erpom, Herpo dux, I, 159.
Esaias, Isaias propheta, I, 48, 118, 151; II, 168.
Esau, is qui Edom, fil. Isaac, I, 9.
Esdras, Hesdras, propheta, I, 13.
Esdrom, Esrom, fil. Pharae, I, 12.
Etsichyus. — *V.* Hesychius.
Etherius. — *V.* Aetherius.
Euarix, rex Gothorum. — *V.* Euricus.
Euchirius, senator Arvern., I, 52.
Eufemiae (Ecclesia S^{ae}) Rom., II, 154.
Eufrasius, episc. Arvern., I, 65, 76.
Eufrasius, presbyter Arvern., filius Euvodii senatoris, I, 128.
Eufronius, episc. Augustod., I, 51.
Eufronius, Eofronius, Eophronius, Efronius, Eufonius, episc. Turon., I, 113, 121, 193; II, 124, 135, 139, 202.
Eufronius, Eufron, Syrus, negotiator Burdegal., II, 30, 31.
Eugenius, episc. Carthag., martyr, I, 33-36.
Eugenius, tyrannus Rom., I, 44.
Eulalius, Elalius, comes Arvernus, II, 64, 69, 87, 160-163.
Eunius, Eonius, episc. Veneticus, I, 174, 175, 184.
Eunius. — *V.* Mummolus patricius.
Eunomius, Eonomius, comes Turonicus, I, 190, 192; ex-comite, II, 23.
Euph — . *V.* Euf —.
Eurichus, rex Galliciensis, I, 231.
Euricus, Eoricus, Euatrix, Euvarex, rex Gothorum, I, 52, 55.
Europs, Eorops, rex Sicyonis, I, 14.
Eusebius, episc. Caesariensis, historiographus, I, 5, 22, 30; II, 106.
Eusebius, episc. Paris., negociator Syrus, II, 191.
Eusebius (S.), episc. Vercell., I, 189.
Eustasius, diaconus Augustod., episc. Biturig., II, 191.
Eustochius, episc. Turon., I, 31, 50, 68; II, 199.
Euticis quidam haereticus, I, 64.
Eutropes, rex Assyriorum, I, 15.
Euvarex. — *V.* Euricus.
Euvodius. — *V.* Evodius.
Eva, Euva, I, 6, 24; II, 66.
Evantius, Euvantius, episc. Viennensis, II, 82.
Evantius legatus, fil. Dinamii Arelat. II, 155.
Evena, Evina, vicus, *Esvres* (*Indre-et-Loire*), II, 200.
Evodius, Euvodius, presbyter, senator Avernus, I, 111, 128.
Exsuperius, episc. Tolos., I, 50.
Ezechias, Ezechia, fil. Achaz, rex Iudæorum, I, 13, 30.
Ezechiel, propheta, I, 13; II, 151, 168.

F

F — . *Cf.* Ph —.
Faileuba, uxor Childeberti II, II, 100, 113, 132.
Falech, fil. Heber, I, 8.
Faramodus, presbyter, frater Ragnimodi, episcopi Parisiensis, II, 191.
Faraon, — *V.* Pharaon.
Faraulfus, cubicularius Chilperici I, II, 18.
Farro, consiliarius Ragnacharii, regis Franc., I, 70.
Fausta, uxor Constantini imperatoris, I, 22.
Faustianus, Fausticianus, episcopus Aquensis, II, 31, 50, 65.
Faustus, episc. Ausciencis, II, 68.
Felix (S.), martyr Gerundensis, II, 94.
Felix, episc. Beliciensis, II, 142, 143.
Felix, episc. Catalaunensis, II, 142, 143.
Felix, episc. Namneticus, I, 106, 129, 151, 176, 193, 209, 210; II, 135.

Felix, senator Massiliensis, I, 136, 205.
Felix, Filex, legatus Childeberthi II, II, 115-117.
Felix, legatus Gunthchramni regis, II, 58.
Ferreolus, episc. Lemovicinus, I, 175; II, 12.
Ferreolus, episc. Ucecensis, I, 205.
Festus, rex Lacedaemoniorum, I, 15.
Finees. — *V*. Phinees.
Firminus, comes Arvernus, I, 111, 124, 128, 130, 131.
Flavaris, Elavaris, flumen, *Allier*, I, 177.
Flavianus domesticus, II, 110, 160, 175.
Flavius, Flavus, episc. Cabillonensis, referendarius Gunthchramni regis, I, 190; II, 193.
Florentianus, Florientianus, maior domus reginae, II, 123.
Florentius. — *V*. Gregorius Georgius Florentius, episc. Turon.
Floriacum villa, *Fleurey-sur-Ouche* (*Côte-d'Or*), I, 100.
Fortunatus presbyter, I, 153.
Franci, Franchi, I, 41-46, 48, 49, 51, 52, 54, 56, 61, 63, 65, 70, 80, 81, 95, 101, 106, 108, 112, 115, 118, 133, 140, 146, 162, 197, 214, 233; II, 16, 25, 31, 36, 76, 81, 113, 120, 157, 192, 200, 202. — Franci Tornacenses, II, 192. — Duces : Genobaudes, Marcomeris, Sunno. — Reges : Theodomeris, Chlogio, Merovechus, Childericus I, Chlodovechus I, Ragnacharius, Sigebertus Claudus, Chararicus, Theodoricus I, Chlodomeris, Childeberthus I, Chlothacharius I, Theodobertus I, Theodovaldus, Charibertus I, Gunthchramnus, Sigibertus I, Chilpericus I, Childeberthus II, Chlotharius II, Theodobertus II. — Franci : Grippo, Warmarius. — Francus quidam, II, 62, 77.
Francia, I, 43, 44, 112, 115; II, 113.
Francilio, episc. Turon., senator Pictav., I, 90; II, 201.
Fredegundis, uxor 2. Chilperici I, I, 123, 141, 148, 156, 157, 165, 168, 172, 178, 183, 191-193, 202, 222-225, 233, 235; II, 9, 10, 14, 16, 18, 26, 41, 43, 55, 68, 70, 71, 75-77, 83-86, 104, 115, 129, 163, 166, 181, 182, 192.
Friardus (S.), reclausus Vindonitensis, I, 129.
Frigeridus. — *V*. Renatus Frigeridus.
Fronimius. — *V*. Phronimius.
Frontonius, episc. Ecolisnensis, I, 180.
Frontonius, diaconus Petrocoricus, I, 213.

G

Gabalis, Gabalitana, Gaballitana urbs, *Javols* (*Lozère*), I, 22, 129, 226, 227. — Gabal. territorium, terminus, regio, II, 160, 190. — Episc. : S. Privatus, Parthenius. — Comites : Palladius, Romanus, Innocentius. — Basilica : S. Privati; abbas : Lupentius.
Gad, fil. Iacob, I, 9.
Gailenus, puer Merovechi, filii Chilperici I, 155, 156, 168.
Gailesuinda. — *V*. Galsuenda.
Gaiso, comes Turonicus, II, 124.
Galatae (Vasso), delubrum Arvernum, I, 21.
Galienus, amicus Gregorii Turon., I, 191, 192.
Galilei, I, 17.
Gallia, Galliae, Galleae, Galeae, I, 19, 21, 22, 31, 36-40, 42, 44-46, 49, 53, 55, 65, 66, 71, 75, 77, 97, 119, 123, 125, 131-134, 161, 175, 178, 183, 202, 213-215, 227, 230, 232; II, 32, 36, 37, 39, 43, 50, 52,

57, 70, 72, 80, 81, 120, 123, 126, 185, 187-189, 198, 200. — Galicani fines, II, 135. — Gallica lingua, I, 21. — Galliarum senatores, I, 227. — *Cf.* Gallicia.
Gallicia, I, 31, 181, 184, 231 ; II, 80. — Gallia pro Gallicia, I, 230. — Galliciense regnum, I, 231. — Reges : Audica, Eurichus, Miro. — Episc. : Martinus. — Legati, I, 184.
Gallienus imperator, I, 21.
Gallomagnus, referendarius, II, 133, 134.
Gallus (S.), episc. Arvern., fil. Georgii senatoris, I, 107, 108, 111.
Galsuenda, Gailesoinda, uxor tertia Chilperici I, I, 122: II, 10, 113.
Ganthia, Canthia, *Kent*, I, 120; II, 121.
Garacharius, comes Burdegalensis, II, 53.
Gararicus dux, II, 13, 24.
Garivaldus, dux Baioariorum, I, 109. — Uxor : Vuldetrada.
Garonna, Garumna, flumen, II, 34, 35, 64.
Gatianus, Catianus, episc. Turon., I, 20, 27 ; II, 197, 198.
Gaudentius, magister equitum, pater Aetii, I, 42.
Gazitina vina, II, 28.
Gelesimeris, rex Wandal., I, 37.
Genabensis urbs. — *V.* Ianuba.
Genobaudes, dux Francorum, I, 42.
Genovefa (S.), Genuvefa, virgo Paris., I, 105.
Georgius. — *V.* Gregorius Georgius Florentius.
Germania, Germaniae, I, 42, 44, 45, 55.
Germani (S.) basilica Antisiodor., I, 159.
Germani (S.) basilica Licaniacensis (SS. Laurentii et Germani basil.), I, 52.
Germani (S.) basilica Turon., II, 202.
Germanus (S.) episc. Paris., I, 121, 140, 153, 156, 163 ; II, 78, 135, 145. — Liber vitae ejus, I, 153.

Germanus, praefectus urbis Romae, II, 152.
Gerontius dux, I, 45.
Gerunda urbs, *Girone*. — Martyr. : S. Felix, II, 94.
Gervasii et Protasii (SS.) ecclesia Turon., II, 201.
Gervasii et Protasii (Reliquiae SS.), II, 199.
Goar, I, 45.
Godegisilus, Godegiselus, Godigisilus, rex Burgund., I, 57, 60-63, 75.
Godegisilus, rex Wandal., I, 45.
Godegyselus, dux, I, 140.
Godeghiselus, Ghodegisilus « quasidux », II, 103, 104.
Godinus, I, 148.
Godomarus, rex Burgund., I, 57, 75, 79, 80, 83.
Gogo, nutricius regis, I, 190, 197.
Goisuinta, Gesintha, Gunthsuentha, uxor 1, Athanagildi, 2, Leuvichildi, regum Gothorum, I, 129, 181 ; II, 91.
Goliath, Golia, allophylus, I, 30, 200.
Gothi, Goti, I, 23, 37, 40, 41, 45, 46, 51, 52, 55, 56, 65, 67, 68, 93, 94, 97, 151, 232, 233 ; II, 11, 72, 87, 97, 120, 125, 126, 200, 201. — Gothorum regnum, I, 197. — Reges : Athanaricus, Alaricus I, Theodorus, Thorismodus, Euricus, Alaricus II, Amalaricus, Theoda, Theodegiselus, Agila, Athanagildus, Leuva I, Leuvichildus, Richaredus. *Cf.* Italici reges. — Gothus quidam, I, 122.
Gothia, Gotia, I, 141.
Gracina, insula Pictavensis, I, 190.
Graeci, Greci, I, 182, 189, 227, 231.
Gratianopolitana urbs, *Grenoble*, I, 134.
Gratianus, imperator, I, 23, 24.
Gratus consul, I, 20.
Gredonense castrum, *Grèzes-le-Château (Lozère)*, I, 22.
Gregorius I, papa, II, 151-154, 204.
Gregorius (S.), episc. Lingonensis comes Augustodun., I, 87, 90, 93, 113, 152.

Gregorius Georgius Florentius, episc. Turonicus, I, 4, 10, 14, 19, 20, 30, 31, 33, 38, 41, 45, 53, 64, 75, 76, 82, 84, 90, 93, 96, 98, 107, 112, 116, 123, 126-129, 138, 140, 147, 150-158, 162-168, 171, 172, 184, 185-194, 205-207, 210, 212-214, 217, 221, 225-229, 231 ; II, 4-8, 9-12, 20-22, 27, 28, 31, 49-53, 58-63, 79, 82, 91-96, 104-105, 109-111, 115-118, 127-130, 134, 135, 138, 139, 151, 154, 166, 167-172, 173-181, 185, 188, 189, 191, 196-198, 201-204, et passim.

Grindio, familiaris Merovechi, I, 168.

Grippo, Gripo, legatus, genere Francus, II, 154-156, 159.

Gundegisilus, Grndegysilus, Gundigisilus, Gundegessilus, Gundigysilus, cognomine Dodo, episc. Burdegal., comes Santonicus, II, 68, 141, 142, 147, 175, 180.

Gundericus, rex Wandal., I, 31, 32.

Gundevechus, Gundeuchus, rex Burgund., I, 57.

Gundobadus, filius Gunthchramni, I, 120.

Gundobaldus, Gundobadus, Gundobaudus, rex Burgund., I, 57, 60-64, 75, 78.

Gundovaldus, Gundoaldus, *dicitur* fil. Chlothacharii I, I, 213-215 ; II, 11, 12, 15, 24-26, 29-41, 50, 53, 65, 122-126, — *Cf.* Ballomeris.

Gundovaldus, Gundoaldus, dux, I, 138, 147.

Gundovaldus, comes Meldensis, II, 64.

Gundulfus ex-domestico, dux, I, 207, 216.

Guntharius, abbas S. Venantii Turon., episc. Turon., I, 107, 109 ; II, 202.

Guntharius, fil. Chlodomeris regis Franc., I, 80, 92.

Guntharius, Gunthecarius, fil. Chlothacharii I, I, 93, 105, 106.

Gunthchramnus, Guntchramnus, Gunthramnus, Guntcramnus, Guntramnus, Gundramnus, Gunttbramnus, Gunthcharmnus, Guntharmnus, Gunchramnus, rex Francorum, I, 105, 114, 118-120, 124, 125, 132, 133, 135, 138-140, 142, 151, 152, 155, 159, 161, 170, 172, 174, 179, 184, 190, 192, 197-199, 207-209, 211, 213-216, 220-223, 226, 227, 230, 234 ; II, 9, 10, 12-17, 19-26, 29, 32-34, 36, 37, 40-42, 46, 49-59, 64-66, 69-74, 77, 80-82, 84-87, 91-92, 97, 98, 100-102, 104, 105, 107-118, 122, 123, 125, 126, 128, 133, 140, 142, 145, 158, 163-166, 175, 184, 185, 187, 192-194, 204. — Uxores et concubinae : 1. Veneranda, 2. Marcatrudis, 3. Austrigildis cognomento Bobilla. — Liberi : Clodechildis ; 1. Gundobadus ; 2. filius, I, 120 ; 3. Chlotharius, Chlodomeris.

Gunthchramnus Boso dux, I, 140, 150, 155-159, 168, 172, 173, 214-216 ; II, 14, 15, 32, 36, 37, 39, 66, 67, 97, 100, 101, 119.

Guntheuga, uxor 1. Chlodomeris. 2. Chlotacharii I, I, 80.

Gunthsuenhta. — *V.* Goisuinta.

H

Habraam. — *V.* Abraham.

Heber, fil. Sale, I, 8.

Hebraei, I, 10, 11, 14. — Hebraeus : Iudas (Quiriacus). — Hebraea Massiliensis, I, 210.

Hebron. — *V.* Ebron.

Hebron gigas, conditor Babyloniae, I, 8.

Heleazar, Eleazar, fil. Heliuth, I, 14.

Helarius. — V. Hilarius.

Helena, mater Constantini imperatoris, I, 22.

Helia. — *V.* Hierusolyma.

Heliachim, fil. Abiud, I, 14.

Helias propheta, I, 30, 229.

Heliseus propheta, I, 30.

Helius Adrianus. — *V.* Adrianus.
Heliùth, fil. Ioachim, I, 14.
[Helmechis], famulus Alboeni regis Langobardorum, I, 132.
Helosinses, *Eauze (Gers)*, II, 67. — Episc.: Desiderius, Laban.
Heraclius, Eraclius, episc. Ecolisn., presbyter Burdegalensis, legatus Childeberthi I, I, 120, 121, 180, 181.
Heraclius, tribunus Ioviniarum, I, 43.
Hereneus. — *V.* Irenaeus.
Hermenefredus, Hermenefledus, rex Thoring., I, 77, 78, 80-82.
Herminichildus, Iohannis (I, 182), filius Leuvichildi regis Gothorum, I, 129, 181, 182, 211, 217, 223, 227, 231; II, 69.
Herodes, rex Iudaeorum, I, 15, 17, 110. — Herodes appellatur Chilpericus I, I, 234.
Herodianus mos, I, 180.
Herpo, Erpo, dux, I, 159.
Hesdras, Esdras, propheta, I, 13.
[Hesychius], Etsicyus, Issichyus, episc. Gratianopolit., II, 142, 143.
Hieroboam, rex Iudaeorum, I, 13.
Hieronimus (S.), presbyter, I, 5, 22, 23, 30.
Hierosolyma, Hierusolima, Hierusalem, Helia urbs, I, 5, 9, 17, 19, 23, 30, 68, 155, 171. — Episc. : Symeon.
Hiesu Nave. — *V.* Iosue.
Hiezechihel, Ezechiel, propheta, I, 13; II, 151, 168.
Hilarii (S.) basilica Pictav., I, 67, 116, 172, 193; II, 140-142, 147, 174, 175, 180, 187. — Abbates : Pascentius, Porcarius.
Hilarius (S.), Helarius, Hylarius, Elarius, episc. Pictav., I, 22, 23, 75, 189; II, 9, 146, 196, 199, 200.
Hillidius, Illidius, episcopus Arvernus, I, 24.
Hippolytus (S.), martyr, I, 19.
Hireneus. — *V.* Irenaeus.
Hispani, Spani, I, 161, 212, 230; II, 91.
Hispania, Hispaniae, Ispania, Spania, Spaniae, I, 24, 31, 32, 45, 68, 76, 82, 96, 97, 108, 122, 129, 161, 177, 181, 182, 184, 188, 211, 212, 217, 223-224, 227, 230-232; II, 12, 69, 71, 74, 80, 81, 85, 87, 91, 94, 105, 118, 119, 122, 126, 198. — Hispan. reges, I, 230. *Cf.* Gothi. — Hispaniae fontes, II, 187. — Hispanae gemmae, II, 186. — Hispanus limes, I, 55.
Holophernes, Olifernes, II, 121.
Honericus, Honoricus, rex Wandal., I, 33, 36.
Honorius, imperator, I, 26, 41; II, 198. — Honoriani duces, I, 46.
Horosius. — *V.* Orosius.
Hortinsi (comitis Arverni) stirps, I, 128.
Hospicius (S.), Hospitius, reclausus Nicensis, I, 202-204.
Hulda, *Oust (qui in Vilaine fl. influit)*, II, 163.
Hyppolitus. — *V.* Hippolytus.

I

Iacob, fil. Isaac, I, 9, 10, 12, 75, 188, 200, 201. — *Cf.* Israhel.
Iacob, fil. Mathan, I, 14.
Iacob, fil. Machiavi, comitis Britann., I, 161.
Iacobus apostolus, frater Domini, I, 16, 18; II, 57.
Iacobus, episc. Nisebenus, I, 22.
Iafeth, fil. Noe, I, 7.
Ianuba, Ienuva; Ianubensis urbs, *Genève*, I, 125.
Iareth, I, 7.
Iciodorus, Iciodorensis vicus, *Yzeures (Indre-et-Loire)*, II, 199. — Isiodorensis, Siodunensis pagus, I, 208.
Idomei, I, 9.
Iechonias, fil. Iosiae, I, 14.

Ienuva civitas, Ianuba, *Genève*, I, 125.
Iesse, fil. Obeth., I, 12.
Iesu Nave. — *V.* Iosue.
Ignatius, episc. Antioch., I, 19.
Illidius, Hillidius, episc. Arvernus, I, 24.
Imnacharius, fidelis Chramni, I, 111.
Indiae, I, 10.
Industrius. — *V.* Dracolenus dux.
Ingoberga, uxor 1. Chariberthi I, I, 120; II, 121.
Ingomeris, fil. Chlodovechi I, I, 58.
Ingotrudis, Ingitrudis, Inghitrudis, Ingytrudis religiosa Turon., I, 171 ; II, 37, 127-129, 166, 167.
Ingundis, uxor 3. Chlothacharii I, I, 105, 106.
Ingundis, fil. Sigiberti I, uxor Herminichildi, filii Leuvichildi regis Gothorum, I, 129, 181-182, 227, 231 ; II, 63, 66, 69, 107, 115, 119.
Iniuriosus, episc. Turonicus, I, 105, 106; II, 202.
Iniuriosus, senator Arvern., I, 25.
Inuriosus, ex vicario, II, 23, 24.
Innocentius, episc. Cenomannensis, I, 206.
Innocentius, episc. Ruten., comes Gabalitanus, I, 226, 227; II, 162.
Innodius. — *V.* Ennodius.
Ioachim, fil. Sadoc, I, 14.
Ioatham, fil. Oziae, I, 13.
Iob, I, 178, 185; II, 168.
Iobab « hoc est Esau », 1, 9.
Iobab, « qui et Iob », I, 9.
Iocundiacensis domus ? (*prope Tours*) I, 158.
Iohannes-Baptista (S.), I, 229 ; II, 199-200. — S. Ioh.-Bapt. festivitas, II, 55.
Iohannes (S.), apostol. et evangel., I, 18, 19, 34, 186, 228; II, 147, 169.
Iohannes III, papa Rom., I, 170.
Iohannes, tyrannus Romanus, I, 41, 42.
Iohannes, fil. Eulalii comitis Arverni, II, 162.
Iohannes, Turonicus quidam, pater Sichnrii, II, 44.

Iohannes. — *V.* Herminichildus.
Iohannis (S.) basilica Maioris monasterii, II, 200.
Iohannis (SS.) et Pauli ecclesia Rom., II, 154.
Iohannis (Reliquiae S.) (*nescio cujus*), II, 203.
Iohel, propheta, I, 234.
Ionas, propheta, I, 8, 110.
Ioram, fil. Iosaphat, I, 13.
Iordanes, Iordannes, flum., I, 12, 201.
Iosaphat, fil. Asae, I, 13.
Ioseph, fil. Iacob, I, 9, 10.
Ioseph, pater Christi, I, 14, 16.
Ioseph ab Arimathaea, I, 16.
Iosias, fil. Amon, I, 13.
Iosue, Iesu Nave, Hiesu Nave, I, 7, 12.
Ioviniarum (*id est* Iovianorum) tribunus Heraclius, I, 43.
Iovinus imperator, I, 45, 46.
Iovinus rector Provinciae, I, 134, 205, 207.
Iovis, deus, I, 57.
Iovius, II, 133. — Uxor : Septimina, nutrix infantium Childeberthi II.
Iovolautrum. — V. Lovolautrum.
Irenaeus (S.), Hereneus, episc. Lugdun., I, 19.
Isaac, Isac, patriarcha, I, 9, 12, 188.
Isachar, fil. Iacob, I, 9.
Isaias, Esaias, propheta, I, 48, 119, 151 ; II, 168.
Isera, Esera, fluv., *Isère*, I, 135.
Isiodorensis pagus. — *V.* Iciodorus.
Ismahelitae, I, 10.
Israhel, « id est Iacob », I, 9, 200. — Israhel, Israel, filii Israhel, Israhelitae, Israhelitas populus, I, 9, 10, 12-15, 30, 47, 141 ; II, 204. *Cf.* Hebraei. — Israhel regnum, I, 13. — Israheliticorum regum historiae, I, 30.
Issichyus. — V. Hesychius.
Itali, I, 98.
Italia, Aetalia, Etalia, I, 31, 41, 45, 51, 52, 78, 94, 95, 97-99, 108, 131-133, 135, 160, 169, 214, 230 ; II, 36, 63, 116, 120, 123, 156, 157, 198,

199. — Reges : Theodoricus, Amalasuntha, Theodadus. — Dux *vel* praefectus. : Narses.
Iuda, Iudas, fil. Iacob, I, 9, 12, 201. — Iuda regnum, I, 13.
Iudas proditor; Scharioticae maledictiones, I, 167.
Iudas Hebraeus, post baptismum Quiriacus, I, 22.
Iudaea, I, 15. — Iudaei, Iudei, I, 16, 18, 20, 110, 128, 154, 199, 210, 211 ; II, 22, 23, 49, 187. — Iudaei Arverni, I, 154, 155. — Iudaei : Armentarius, Priscus. — Iudaeus quidam medicus, I, 152. — Iudaeus conversus : Phater, I, 211.
Iudith, II, 121.
Juliani (S.) basilica Antioch., I, 131.
Iuliani (S.) basilica Brivat., *Saint-Julien de Brioude*, I, 49, 52, 84, 90, 107, 111, 137; II, 195.
Iuliani (S.) mart. basilica Paris., I, 211; II, 95, 96.

Iulianus (S.), martyr Brivat., I, 84, 90 ; II, 161, 195, 196. — S. Iul. festivitas, II, 161 ; liber Virtutum, I, 84 ; liber Miraculorum, I, 90.
Iulianus, presbyter Randanensis, I, 126.
Iuliensis. — *V.* Vicus Iuliensis.
Iulius Caesar, imperator. — *V.* Caesar.
Iuno dea, I, 57.
Iustina praeposita S. Crucis Pictav., II, 175.
Iustinianus, episc. Turon., I, 31 ; II, 198, 199.
Iustinianus imperator, I, 99, 108, 109, 130.
Iustinianus, nepos Justini II, I, 175, 176.
Iustinus II, imperator, I, 130, 131, 135, 168, 169, 175.
Iustinus, philosophus, I, 19.
Iustus, archidiac. Arvern., I, 24.
Iuvencus, presbyter, poeta, I, 22.

L

Laban, episc. Helosensis, II, 67.
Laburdus urbs, *pays de Labour* (*Bayonne*), II, 112.
Lacidemonii, I, 15. — Rex : Festus.
Laedi, Lydi, I, 15. — Rex : Cisces.
Lambrus vicus, *Lambres* (*Nord*), I, 141.
Lampadius, diaconus Lingonensis, I, 151-152.
Langobardi, I, 106, 131, 132, 134, 135, 170, 202, 215, 230; II, 116, 120, 123, 156-158. — Reges : Alboenus (Cleph), Aptacharius, Paulus. — Duces : Amo, Rhodanus, Zaban. — Langobardus genere : Vulfilaicus, II, 59.
Lantechildis, filia Childerici I, I, 60.
Lapideus campus, *La Crau*, I, 134.
Latini, 15; II, 49, 187. — *Cf.* Roma. — Laticina, *pro* Latina vina, II, 28.
Latta monasterium (?) I, 138.
Laudiacus mons, Laudiacensis mons, Laudiacus vicus, *Montlouis* (*Indre-et-Loire*), I. 31 ; II, 200.
Laurentii (Basilica S.) in monte Laudiaco, II, 200.
Laurentii (Basilica S.) Paris., I, 206, 215.
Laurenti et Germani (Basilica SS.) Licaniacensis, I, 52.
Laurentius (S.), archidiac. et martyr Romanus, I, 19, 204.
Lazarus, I, 186; II, 169, 170.
Leger, flumen. — *V.* Liger.
Legonus, episc. Arvernus, I, 24.
Lemane, Lemanis Arverna, Limane, *la Limagne*, I, 82, 177.
Lemovicas, Lemovecas, Limovicas ; Lemovicina, Lemoficina urbs, *Limoges*, I, 155, 175, 213 ; II, 13, 72, 113, 194, 197. — Lemovicinus pagus, terminus, territorium, I, 114, 117, 138, 155 ; II, 11, 60. — Lemovicini, I, 20. — Episc. : Ferreolus, Martialis. — Lemovicinus (Attanensis) abbas : Aridius. — Comites : Nunnichius, Terentiolus.

Leo, episc. Turon., abbas S. Martini Turon., I, 90; II, 201.
Leo, civis Pictavensis, I, 113.
Leo, coquus Gregorii episc. Lingonaci, I, 87-90.
Leo —. *Cf.* Leu—.
Leonardus, ex domestico, II, 16.
Leonastis, archidiaconus Biturigensis, I, 152.
Leontius, episc. Burdegalensis, I, 120, 121.
Leuba matrona, socrus Bladastis ducis, II, 70.
Leubastes martyrarius et abbas Turon., I, 109.
Leubovera, Leobovera, abbatissa S. Crucis Pictav., II, 134, 140, 141, 143, 173-181, 186.
Leucadius, senator Biturigensis, I, 21.
Leuchadius, vinitor fiscalis Gracin., pater Leudastis, I, 190.
Leudastis, Leudastus, Leodastis comes Turon., I, 157, 190-193, 221-223.
Leudeghisilus, Leudoghisilus, Leodoghyselus, dux, II, 37, 38, 40-42, 66, 74.
Leudovaldus, Leoaldus, episc. Baiocass., II, 76, 104.
Leudovaldus episc. (Abrinc. aut Baiocass.), I, 198.
Leudovaldus Francus, II, 192.
Leuva, Leva, rex Gothorum, I, 129; II, 119.
Leuvichildus, Leuvichildis, Levieldus, Levigildus, Leuvieldis, Leuvigildus, rex Gothorum, I, 129, 181, 182, 185, 211, 217, 223, 224, 227, 230, 231; II, 69, 70, 74, 80, 81, 87, 91, 106, 119. — Uxores : 1. Theodosia, 2. Goisuinta. — Filii : Herminichildus, Richaredus.
Levi, fil. Iacob, I, 9.
[Lexoviensis], Lexoensis, Lixoensis urbs, *Lisieux*, I, 225, 226. — Episc: Aetherius.
Licaniacensis vicus, *Saint-Germain Lembron (Puy-de-Dôme)*, I, 52.
Licerius, episc. Arelat., referendarius Guntchramni, II, 82, 119.

[Licinius], episc. Andegavensis, I, 201.
Licinius, episc. Turon., abbas S. Venantii Turon., civis Andegav., I, 68, 71, 76; II, 201.
Liger, Leger, fluv., I, 27, 46, 65, 138, 150, 157, 177, 185, 192; II, 64. — Ligeris fluv. insula, I, 65.
Limane. — *V.* Lemane.
Liminius (S.), martyr Arvernus, I, 21.
Limovicas. — *V.* Lemovicas.
Lingonas, Lingonica urbs, *Langres*, I, 54, 93, 151, 152. — Lingonica ecclesia, I, 151. — Lingonici, I, 151, 152. — Episc. : Aprunculus, S. Gregorius, Mondericus, Mummolus, Pappolus, Tetricus.
Litigius, Lytigius, Arvernus quidam, I, 85.
Litorii (Basilica S.) Turon., II, 198, 200.
Lixoensis — *V.* Lexoensis urbs.
[Loccis], Lucas vicus, *Loches*, II, 199.
Longinus, espic. Pamariensis, I, 34, 35.
Loth, II, 188, 189.
Lovolautrum; Lovolautrense castrum, Involautrum, *Vollore-Montagne aut Vollore-Ville (Puy-de-Dôme*, I, 84.
Lucas vicus. — *V.* Loccis.
Luciliacus vicus, *Luzillé (Indre-et-Loire)*, II, 202.
Lugdunum; Lugdunensis, Lugdunensium urbs, *Lyon*, I, 15, 20, 46, 78, 126, 151, 152, 170, 177, 197. — Episc. : I, 65. — Episc. : S. Photinus, Irenaeus, Patiens, Sacerdos, S. Nicetius, Priscus, Aetherius. — Lugdunense monasterium, II, 162. — Lugdunensis vicus : Octavus, II, 117.
Lugdunum Clavatum, *Laon*, I, 199.
Lupentius, abbas basilicae S. Privati Gabalitanae, I, 226.
Lupus, dux Campaniae, I, 136, 198, 199; II, 102, 103, 105, 185.

15

Lupus, civis Turonicus, I, 208, 209; II, 8.
Lydi, Laedi, I, 15.

Lytigius, Litigius, Arvernus quidam I, 85.

M

Macco, Maco, comes Pictav., II, 141, 176, 179, 186.
Macedonii, Machedones, I, 15.
Macho villa, *Saint-Saturnin vel Ville d'Isle (Vaucluse)*, I, 134.
Macliavus comes Britannorum, I, 106, 160, 161, 174. — Filii : Iacob, Warocus.
Magatrudis. — *V.* Magnatrudis.
Magdalum, locus Palestinae, I, 12.
Magnacharius, Magnarius, pater Marcatrudis, uxoris secunda Guntchramni, I, 120, 161, 170.
Magnatrudis, Magatrudis, uxor Badegysili episc. Cenomann., II, 82, 160.
[Magnebodus], diaconus Andegavensis, I, 203, 204.
Magnericus, Magnerocus, episc. Trever., II, 57, 81, 100, 101.
Magnovaldus dux, II, 100.
Magnovaldus, Magnoaldus, II, 81.
Magnulfus, episc. Tolosanus, II, 25, 32.
Maioris monasterii cellula, *Marmoutier (Indre-et-Loire)*, II, 198, 200. — Basilicae : S. Ioannis, SS. Petri et Pauli.
Mallulfus, episc. Silvanect., I, 235.
Mallulfus, episc. Viennensis, I, 64.
Manatense monast., *Menat (Puy-de-Dôme)*, I, 155. — Abbas : S. Brachio.
Manicheus, I, 17.
Mannasses, fil. Ezechiae, I, 13.
Mantolomaus, Montalomagensis vicus, *Manthelan (Indre-et-Loire)*, II, 44, 200.
Maracharius, episc. et comes Ecolisn., avunculus Nanthini comitis, I, 180.
Maratis, rex Sicyoniorum, I, 15.
Marcatrudis, fil. Magnacharii, uxor 2. Guntchramni, I, 120.
Marcellini et Petri (Ecclesia SS.) Rom., II, 154.

Marcelli (Festivitas S.), II, 92.
Marcellus, episc. Ucecensis, fil. Felicis senatoris Massil., I, 205.
Marcionitana haeresis, I, 19.
Marcomeris, dux vel regalis Francorum, I, 42, 44.
Marcovefa, Marcoveifa, Marchovefa uxor 4. Chariberti I, I, 120, 121, 190.
Marcus, evangelista, I, 18.
Marcus, referendarius Chilperici I, 175, 179, 217.
Maria (S.) mater Christi, I, 5, 14, 15; II, 83, 146, 147.
Maria quaedam, II, 90, 191.
Mariae (Basilica S.) Pictav., II, 147.
Mariae (Basilica S.) Rom., II, 154.
Mariae (Basilica S.) Tolos., II, 12.
Mariae (Basilica S.) Turon., II, 83, 201, 202.
Mariae et Ioh.-Bapt. (Ecclesia SS.) Turon., II, 83.
Marilegius villa, Mariligensis domus, *Marlenheim (Alsace)*, II, 134, 182.
Marileifus, primus medicorum Chilperici I, I, 157; II, 24.
Maroialensis eccl., *Mareuil (Loir-et-Cher)*, II, 13.
Maroialinsis villa, *Mareil (Sarthe)*, II, 160.
Maroveus, Maruveus, episc. Pictav., II, 24, 123, 129, 135, 138-141, 147, 174, 175, 177.
Mars deus, I, 57.
Martha, Marta, soror Lazari, II, 169.
Martialis, Marcialis, episc. Lemovic., I, 20, 113; II, 196.
Martianus (*immo* Maiorianus) imperator, I, 49.
Martianus II, 204.
Martini (Domus ?) territorii Biturig., II, 42.
Martini (Basilica S.) Brivae-Currtiae, II, 12.

Martini (Basilica S.) vici Condatensis, II, 83.
Martini (Oratorium S.) Paris., II, 78.
Martini (Basilica S.) Turon., I, 50, 66, 68, 71-72, 113, 115, 117, 139, 148, 151, 152, 155, 156, 158-160, 167, 181, 206, 207; II, 19-22, 26-29, 43, 53, 60, 61, 64, 83, 94, 121, 124, 128, 166, 199-204. — Abbas : Leo.— Monasterium puellarum in atrio basilicae S. Martini, II, 127, 166.
Martini (Cellula S.) Turon., II, 203.
Martini (Basilica S.) Vabrensis, II, 102, 103.
Martini (Monast. S.) Vulfilaici, II, 59, 62.
Martinus (S.), episcopus, Galliciensis, I, 181.
Martinus (S.), episc. Turon., I, 22, 24, 26, 27, 30, 50, 55, 66, 68, 71, 91, 96, 105-107, 109, 113, 118, 138, 139, 142, 147, 156, 158-160, 171-173, 181, 188, 190-192; II, 9, 11, 13, 19-22, 27, 28, 42, 43, 49, 50, 53, 59-63, 78, 80, 93, 124-126, 136, 146, 196, 198-204. — Libri de virtutibus S. Martini, I, 152. — S. Martini sepulchrum, I, 31, 51, 96, 118, 152, 156, 158, 159, 171, 191; II, 199.
Martinus, presbyter Lugdunensis, I, 129.
Martius campus, I, 42, 56.
Massilia, Masilia, Masillia; Massiliensis, Masiliensis urbs, I, 134, 136, 151, 155, 197, 207, 208, 213-215, 219, 223; II, 37, 56, 57, 117, 118. — Massiliensis provincia, I, 60; II, 85, 189. Cf. Provincia. — Massiliensis cataplus, I, 134; portus, I, 197.—Episc: I, 134.—Episc.: Theodorus. — Abbas (S. Victoris) : Anastasius. — Archidiac. : Vigilius. — Clerici, I, 207, 208. — Basilicae : S. Stephani, S. Victoris.
Massiliensis Hebraea, I, 210.
Mathan, fil. Eleazar, I, 14.
Mathusalam, I, 7.
Matisco; Matiscensis, Matascensis urbs, Mâcon, II, 57, 65, 91. — Matiscensis synodus, II, 65, 66.

Matrona flum., Marne, I, 184, 215; II, 55.
Mauriacus campus, (?) Moirey (Aube), I, 40.
Mauricius, Mauritius, imperator, I, 219, 230; II, 152, 154-156, 158, 159.
Maurilius, Maurilio, episc. Cadurc., I, 185.
Mauriopes vicus, (?) prope Pont-sur-Seine (Aube), II, 110.
Mauritania, I, 32.
Maxentii (Cellula S.), Saint-Maixent (Deux-Sèvres), I, 67.
Maxentius abba, I, 67. — Liber vitae illius, I, 67.
Maximini (Basilica S.) Trever., II, 57.
Maximinus (S.), episc. Trever., I, 22.
Maximus I, tyrannus, Trevericus imperator, I, 24, 42, 44, 163; II, 198.
Maximus II, imperator « a Gerontio duce in Hispaniam constitutus », I, 45.
[Mecledonense], Miglidunense castrum, Melun, I, 220. — Miglidunensis pagus, I, 222.
Medardi (Basilica S.) Suession., I, 116, 118, 141, 148, 179, 192; II, 99.
Medardus (S.), episc. Veromand., I, 116, 192; II, 99.
Medardus tribunus, II, 23.
Mediconnus vicus, Mougon (Indre-et-Loire), II, 200.
Mediolanense, Mediolense castrum, Château-Meillant (Cher), I, 220, II, 184.
Mediolanensis urbs, Milan, II, 156, 157, 198. — Mediolanenses, I, 26.
Meduana, flumen, Mayenne, II, 165.
Melania, Melanea, matrona, « Thecla vocata », I, 23.
Melantius, Melanius, episc. Rothomag., II, 18, 77, 84.
Meldus, Meledus; Meldensis urbs, Meaux, I, 147; II, 9, 64, 112, 131. — Meldense territorium, II, 26. — Comites : Gundovaldus, Werpinus.
Meletinse, Melitinse monast., (?) Méallet (Cantal), I, 153.

Memmatensis mons, *Mont-Mimat prope Mende* (Lozère), 1, 22.
Mercurius deus, I, 57.
Merita, Emerita civitas, *Merida (prov. Badajoz)*, I, 211.
Merofledis, uxor 2. Chariberti I, I, 120, 121, 190.
Meroliacense castrum, *Chastel Marlhac*, (*Cantal*), I, 84.
Merovechus, rex Francorum, I, 47.
Merovechus, fil. Chilperici I, maritus Brunechildis, presbyter Anniosol., I, 123, 147, 148, 155-160, 162, 166-168, 191; II, 10, 15, 55, 56.
Mettis; Mettensis, Mittensis, Metensis, Metinsis urbs, I, 38-39, 108, 128; II, 67, 81, 104, 110, 156, 183. — Episcopus et dux, II, 67. — Basilica : S. Stephani.
Michael (S.), Michahel, angelus, I, 218.
Miglidunense, Mecledonense castrum, *Melun*, I, 220, 222.
Mimate, *Mende*, II, 196.
Mincius, fluv., *Mincio*, I, 46.
Miro, Mirus, rex Gallaeciae, c. I, 184, 231.
Moabites, 1, 47.
Modestus, faber lignarius Turon., I, 192.
Mogontiacus urbs, *Mayence*, I, 43.

Momociacensis urbs, (?) II, 123. — Episc. : Sigimundus, II, 123.
Mondericus, episc. Lingon. et Arisit., archipresbyter Ternodor., I, 151.
Mondericus, Mundericus, parens Theodorici I, I, 85, 86.
Montalomagensis vicus. — *V.* Mantolomaus.
Montis Laudiacensis vicus. — *V.* Laudiacus.
Mosella, Musella, flum., II, 58. — Musella (*pro Mosa* ?), I, 89.
Moyses, I, 10-12, 14, 47, 75, 154, 188, 199, 229. — Moysaica lex, I, 154, 211.
Mummolinus Suession., II, 155.
Mummolinus, pater Bobonis ducis, I, 234.
Mummolus, cognomento Bonus, episc. Lingon., abbas Reomaensis, I, 152.
Mummolus, Mummulus, Eunius cognomento Mummolus, patricius Guntchramni, dux, comes Autisiod., I, 132-135, 155, 170, 197, 214-216; II, 7, 11, 25, 26, 30, 31, 34, 37-42, 51.
Mummolus, praefectus, I, 224; II, 16.
Mundericus. — *V.* Mondericus.
Musella, flum. — *V.* Mosella.
Musticae Calmes (?), *Plan-de-Fazi prope Embrun*, I, 182.

N

Naasson, fil. Aminadab, I, 12.
Nabuchodonosor, rex Babyloniae, I, 13, 15.
Namatius, Namacius, episc. Arvern., I, 51, 52.
Namatius, episc. Aurelian., II, 108, 109.
Namnetas; Namnetica urbs, I, 151, 176, 209, 210; II, 85, 108, 109, 163, 197. — Namn. terminus, territorium, II, 108, 109, 120. — Namnetici, I, 220; II, 109, 189. — Episc.: Felix, Nunnichius.
Nanninus, Nannenus, magister militum, I, 42-44.

Nanthinus, comes Ecolisnensis, I, 180.
Narbona; Narbonensis, Narbunensis urbs, I, 20, 209, 223; II, 81. — Narb. provincia, II, 106. — Episc.: Paulus.
Narses, Narsis, patricius, praefectus, dux Ital., I, 99, 108, 169, 170, 214; II, 36.
Nathan, propheta, I, 12.
Nebroth, Nebron, Hebron, gigas, conditor Babyloniae, I, 8.
Necetius. — *V.* Nicetius.
Nectarius, frater Badegysili episcopi Cenomann., II, 16.

Nectarius, maritus Domnolae, II, 77, 85.
Nemausus; Nemausensis urbs, *Nîmes*, II, 72, 74.
Nemptudorus vicus, *Nanterre (Seine)*, II, 193.
Nepotianus (S.), Neputianus, episc. Arvernus, I, 24, 25.
Neptalim, fil. Iacob, I, 9.
Nero, imper., I, 5, 18, 110, 234. — Nero appellatur Chilpericus I, I, 234.
Nevernas; Nevernensis urbs, *Nevers*, II, 49. — Episc. : Agroecula.
Nicasius, episc. Ecolisnensis, II, 51, 141, 142.
Nicaena, Nicea urbs, *Nicée*, I, 5. — Niceni canones, II, 127.
Nicea, Nicensis urbs, *Nice*, I, 133, 202, 205. — Episc. : Austadius; reclausus : Hospicius.
Nicetius, episc. Aquensis, ex comite, II, 31, 65.
Nicetius (S.), Nicecius, episc. Lugdun., fil. Florentini senatoris, I, 128, 129, 151, 152, 170; II, 53. — Liber vitae S. Nicetii, I, 128.
Nicetius (S.), episc. Trever., II, 194.
Nicetius, Necetius, rector Provinc., dux et comes Arvernus, II, 64, 72, 74, 85, 118.
Nicetius, maritus neptis Gregorii Turon. (*idemne ac praecedens?*), I, 156.
Niger mons, *Nigremont (Creuse)*, I, 114.
Nilus, fluv., I, 10.
Ninive, Nineve, vel Ninus civ., I, 8. — Ninnivitae, Nenevitae, I, 97; II, 153.
Ninus, rex Assyriorum, I, 8, 14.
Nisebenus episc. : Iacobus, I, 22.
Nivisium castellum, *Neuss*, I, 43.
[Nocito], Nuceto villa, *Noisy-le-Grand (Seine-et-Oise)*, I, 184.
Noe, I, 7, 8.
Nonnichius. — *V.* Nunnichius.
Novatianus, haereticus, I, 19.
Novempopulana, I, 55.
Novigentum villa, (?) *Nogent-sur-Marne (Seine)*, I, 197-199.
Noviliacus vicus. (?) *Neuillé (Indre-et-Loire)*, II, 202.
Noviliacus, alter vicus, II, 202.
Nuceto. — *V.* Nocito villa.
Nunnichius, Nonnitius, episc. Nammeticus, I, 210; II, 85.
Nunnichius, comes Lemovic., I, 213.

O

Obeth, fil. Booz, I, 12.
Ocrila, buticularius Aetii, I, 43.
Octavianus, archidiaconus Africanus, I, 36.
Octavianus Augustus, imperator. — *V.* Augustus.
Octavus vicus Lugdunensis (?) *Saint-Symphorien-d'Ozon (Isère)*, II, 117.
Odovacrius, Adovacrius, dux Saxon., I, 51-52.
Olifernes. — *V.* Holophernes.
Ollo, Ullo, comes Biturig., II, 39, 40, 42.
Olo dux, II, 156.
Ommatius, episc. Turon., senator Arvern., I, 90; II, 201.
Onestrudis, fluv., *Unstrut (qui in Saale influit)*, I, 81.
Oppila, legatus Gothorum, I, 227-230.
Orbaniacus vicus, *Orbigny (Indre-et-Loire)*, II, 202.
Orbicus. — *V.* Urbicus.
Orestes, episc. Vasat., II, 31, 65.
Orosius, Horosius, Orhosius, presbyter, I, 5, 8, 23, 30, 46, 146.
Oscara, Oscarus, fluv., *Ouche*, I, 61, 93.
Osser castrum (*Andalousie*), I, 231.
[Ostrogotho], filia Theodorici, regis Italici, uxor I Sigismundi, regis Burgundiae, I, 78.
Otto, referendarius Childeberthi II, II, 183.
Oxion, rex Corinthiorum, I, 15.
Ozia, fil. Ioram, I, 13.

P

Palladius, Paladius, episc. Santonicus, II, 31, 50, 51, 54, 65, 67, 85.
Palladius, Arvernus, comes Gabalitanus, I, 129, 130.
Pamariensis episc. : Longinus, I, 34, 35.
Pannonia, Pannoniae, I, 22, 38, 46, 181; II, 198.
[Papianilla], filia Aviti imper.; uxor Sidonii episc. Arverni, I, 53.
Papianilla, uxor Parthenii, I, 101.
Pappolenus, I, 210.
Pappolus, Popolus, episc. Carnot., II, 17, 56.
Pappolus, episc. Lingon., archidiac. Augustod., I, 152.
Parisius; Parisiorum, Parisiaca urbs, I, 20, 68, 71, 72, 83, 91, 105, 113, 116, 118, 121, 128, 138-140, 147, 153, 162, 167, 176, 179, 183, 184, 193, 199, 202, 206, 212, 215, 216, 220, 222, 224, 232-235; II, 9, 17, 18, 25, 26, 49, 55, 78, 79, 94-96, 104, 112, 122, 126, 166, 172, 173, 184, 191-193, 196. — Parisiacus terminus, I, 209; II, 95. — Parisii, Parisiaci, I, 20; II, 9. — Eccl., I, 163, 177; II, 16. — Episc. : Dionysius, Saffaracus, Germanus, Ragnemodus, Eusebius. — Archidiac.: II, 95; archid.: Aetius, Berthechramnus. Diac. : Theodolphus.— Rex : Childeberthus I. — Basilicae et oratoria : SS. Apostolorum *vel* S. Petri (*postea* S. Genovefae), SS. Dyonisii, Rustici et Eleutherii, S. Iuliani, S. Laurentii, S. Martini, S. Vincentii (*postea* S. Germani).
[Parium], Pharium marmor, I, 110.
Parthenius, Parthemius, episc. Gabalitanus, I, 129.
Parthenius quidam, I, 101.
Pascentius, episc. Pictav., abbas S. Hilarii Pictav., I, 116.
Pastor, pater Austrini, II, 109.
Pathmos insula, I, 18.

Patiens, episc. Lugdunensis, I, 55.
Patroclus (S.), abbas « in Biturigo », I, 153.
Paulellus, presbyter Remensis, I, 89.
Paulinus Petricord., poeta, I, 50.
Paulini (*Nolani?*) epistola, II, 199.
Paulus (S.), apostolus, I, 12, 18, 24, 39, 187, 201, 204, 212, 228, 229; II, 93, 142, 171, 172.
Pauli (Natale S.), II, 200.
Paulus, episc. Narbonn., I, 20.
Paulus, rex Langobardorum, II, 158.
Paulus comes, I, 52.
Pectavus. — *V*. Pictavus.
Pegasius, episc. Petrocor., I, 50.
Pelagia, uxor Iocundi, mater Aridii abbatis, II, 195.
Pelagiana haeresis, I, 130.
Pelagius II, papa, II, 151.
[Pelagius], Pelegius, Turonicus quidam, II, 82, 83.
Peonius, comes Autisiod., pater Mummoli, I, 132.
Perpetuus, episc. Turon., I, 50, 55; II, 199, 200.
Persae, Persi, I, 7, 131, 176; II, 188. — Persiva, II, 188.
Petreus, Petrius Pons, *Pompierre* (*Vosges*), I, 161.
Petrocorica, Petrocoricus, Petrogorica urbs, *Périgueux*, I, 206, 213; II, 25.—Petrogoricum territorium, I, 208. — Petrocorici, II, 72, 125. — Episc. : Cartherius, Pegasius, Saffarius.
Petri (Basilica S.) Arverna, I, 126.
Petri (S.), SS. Apostolorum (*postea* S. Genovefae) basilica Parisiensis, I, 71, 92, 105, 162, 163, 165, 193.
Petri (S.) apost. basilica Rom., I, 40; II, 154.
Petri (SS.) et Pauli basilica Maioris monast., II, 198.
Petri (SS.) et Pauli, S. Petri basilica Turon., I, 51; II, 200.
Petrus (S.), apostolus, I, 18, 39, 187, 204, 211; II, 93, 200.

Petrus diaconus Lingon., frater Gregorii episc. Turon., I, 151, 152.
Pharao, Farao, rex Aegyptae, I, 10, 11.
Phares, fil. Iudae, I, 12.
Phater, Phatyren, Iudaeus conversus, I, 211.
Phiahiroth, regio Palestinae, I, 12.
Phinees, Finees, sacerdos, I. 47.
Phinees, Finees, sacrilegus, I, 30.
Photinus (S.), episc. Lugdun., martyr, I, 19.
[Phronimius], Pronimius, civis Biturig., episc. Agath. et Vinciensis, II, 119.
Pictavus, Pictavis, Pectavus, Pectavis, Pectava; Pectavensis, Pectavina urbs, I, 23, 26, 66, 67, 81, 113, 116, 135, 138, 147, 151, 157, 172, 173, 184, 190, 224, 234; II, 13, 24, 26, 46, 96, 105, 112, 123, 128, 137-141, 143, 144, 146, 148, 167, 173, 175-177, 180, 186. — Pictav. terminus, territorium, I, 67, 184; II, 8, 110, 123, 130; diocesis, I, 116.— Pictavi, Pectavi, Pectavenses, I, 26, 27, 151, 173, 220; II, 13, 14, 26, 69, 99. — Pectavus civis, I, 113, 135; II, 201. — Episc.: S. Hilarius, Maroveus, Pascentius, Pientius, Plato. — Comes: Macco. — Archiater: Reovalis. — Pectava: Radegundis. — Basilicae et monast.: S. Crucis, S. Hilarii, S. Mariae. — Pictavensis insula: Gracina, I, 190.
Pientius, episc. Aquensis, I, 208.
Pientius, episc. Pictavensis, I, 116.
Pilatus, Pylatus, I, 16, 17. — Pilati Gesta, I, 16, 17.
Piricho. — *V.* Brachio.
Pirinaei montes. — *V.* Pyrinei.
Placentia urbs, *Plaisance*, I, 49. — Episc.: Avitus.

Placidina, Placidana, uxor Apollinaris episc. Arverni, I, 76, 83.
Plato, episc. Pictavensis, archidiac. Turonicus, I, 191, 192.
Policarpus (S.), episc. Smyrn., I, 19.
Polyoctus (S.), Polioctus, martyr, II, 9.
Pons Petreus, *Pompierre* (*Vosges*), I, 161.
Pontico, Pontigo, villa, *Ponthion* (*Marne*), I, 119, 226.
Porcarius, abbas S. Hilarii Pictavensis, II, 147.
Porto, *prope Romam*, II, 154.
Praetextatus, episc. Rotomagensis, I, 162-167; II, 17, 66, 75, 77, 83, 84, 116, 135.
Prilidan (S.), martyr Antioch., I, 19.
Priscus, episc. Lugdunensis, I, 128, 129; II, 66.
Priscus Iudaeus, I, 199-201, 210, 211.
Privati (S.) basilicae Gabalitanae abbas: Lupentius, I, 226.
Privatus (S.), episc. Gabalitanus, I, 22; Mimatensis, II, 196.
Proculus, episc. Turonicus, I, 90; II, 201.
Proculus, presbyter Lovolautrensis, I, 84.
Proculus, presbyter Massiliensis, I, 207.
Profuturus. — *V.* Renatus Profuturus Frigiredus.
Promotus, episc. Dunensis, II, 17.
Protasii (SS.) et Gervasii ecclesia Rom., II, 153.
Provincia, I, 73, 134, 205, 207; II, 73, 82, 85. — Patricii: Agroecola, Amatus, Celsus. — Rectores: Albinus, Dynamius, Iovinus, Nicetius. — *Cf.* Arelatensis et Massiliensis provinciae.
Pylatus. — *V.* Pilatus.
Pyrinei, Perinenses, montes, I, 46, 177.

Q

Quadraginta octo martyr. basilica in Armenia, II, 188.

Quintianus, Quincianus, Afer, episc. Ruten. et Arvern., I, 65, 76, 84, 85, 107, 128.

Quintinus, magister militum, I, 42, 43.
Quiriacus (Iudas Hebreus), I, 22.

Quiricus. — *V.* Cyricus.
Quirinus, Quiriacus, episc. Sisciensis, I, 22.

R

Rabennenses, Darabennenses, *Francs de Thérouane*, I, 168.
Rachel, uxor Iacob, I, 9, 10.
Radegundis (S.), filia Berthacharii, uxor 2. Chlothacharii I, monialis Pictav., I, 77, 81, 217, 218, 224; II, 37, 91, 134-140, 142, 143, 177, 178, 180.—S. Radegundae sepulchrum, II, 175, 180.
Ragnacharius, Ragnarius, rex Francorum (Camerac.), I, 55, 70.
Ragnemodus, Ragnimodus, Ragnemundus, Regnimodus, episc. Parisiensis, I, 156, 164, 177, 217; II, 9, 17, 95, 173, 191.
Ragnovaldus, Ragnoaldus, dux, I, 208; II, 12.
Raguhel, I, 9.
Randanense monasterium, *Randan* (*Puy-de-Dôme*), I, 126, 127.
Ratharius, quasi dux, II, 56, 57.
Rauchingus, Rauchigus, Savingus (II, 182), dux, « qui filium Chlothacharii I se esse dixit », I, 814, 149; II, 69, 71, 98-100, 182.
Rebecca, uxor Isaac, I, 9.
Redonica urbs, *Rennes*, I, 176; II, 163. — Red. territorium, I, 175; II, 120.— Rhedonici, II, 84.— Episc.: Victorius.
Regalis, episc. Veneticus, II, 164.
Regense territorium, *Riez* (*Basses-Alpes*), I, 132. — Episc. : Urbitus.
Remedii (S.), S. Remegii basilica Remensis, II, 105, 184, 185. — Abbas : Epifanius.
Remedius, episc. Biturig., I, 227.
Remedius (S.), Remegius, Remigius, episc. Remensis, I, 56, 59, 60. — S. Remedii festivitas, II, 67. — S. Remedii liber vitae, I, 60.
Remus, Rhemus, Remensis urbs, Reminse oppidum, *Reims*, I, 89, 115, 119, 140, 221; II, 104, 105, 184, 185. — Remensis campania, I, 115, 168. — Episc. : Egidius, Remedius, Romulfus. — Presbyter : Paulellus. — Dux : Lupus. — Basilica : S. Remedii.
Renatus Profuturus Frigiredus (Frigeridus), historiographus, I, 41, 45.
Renus. — *V.* Rhenus.
Reovalis, archiater Pictavensis, II, 177
Respendial, rex Alamannorum (*potius* Alanorum), I, 45.
Revocatus, episc. Africanus, I, 37.
Rhedonica. — *V.* Redonica.
Rhenus, Renus, fluv., *le Rhin*, I, 43-46, 69, 138, 139; II, 58.
Rheu, fil. Falech, I, 8.
Rhodanus, Rhotanus, Rodanus, fluv., *le Rhône*, I, 46, 60, 124, 125 133, 151, 177, 216; II, 72. — Rhodanitides ripae, I, 61; II, 72.
Rhodanus, Rodanus, dux Langobardorum, I, 134, 135.
Rhodoialensis, Rotoialensis villa, *Vaudreuil* (*Eure*), II, 18.
Rhodomaginsis. — *V.* Rothomagus
Richaredus, Richardus, Richarus, rex Goth., fil. Leuvichildi, I, 129 181, 182, 224; II, 74, 81, 87, 91 105-107, 115, 123, 126.
Richarius, frater Ragnacharii, regi Franc., I, 71.
Richimer, Richemer, pater Theodomeris regis Franc., I, 46.
Riculfus presbyter, archidiac. Turon., I, 191, 193.
Riculfus, Rigulfus, clericus, subdiac. Turon., 155, 191-193.
Rignomeris, frater Ragnacharii regis Franc., I, 71.
Rigoialinsis, Rotoialensis villa, *Rueil* (*Seine-et-Oise*), II, 104, 193.

Rigunthis, Rigundis, fil. Chilperici I, uxor Richaredi, I, 129, 181, 192, 202, 224, 232, 233; II, 11, 12, 16, 26, 32, 35, 41, 43, 129, 130.

Rimenses. — *V.* Remenses.

Roboam, rex Iudaeorum, I, 13.

Roccolenus, Ruccolenus, I, 147, 150.

Rod. — *V.* Rhod.

Rodomagus vicus, *Pont-de-Ruan (Indre-et-Loire)*, II, 199.

Roma, Romana urbs, I, 18, 19, 21, 23, 31, 37, 40, 41, 43, 45, 52, 121, 170, 203, 204; II, 151-154. — Romani, I, 15, 23, 43, 45, 46, 49, 51, 52, 55, 63, 198. — Rom. imperium, I, 48. — Romana ecclesia, I, 19, 197. — Papa, I, 121; II, 197-199. — Episc. aut papae : Clemens I, Xystus, Cornilius, Silvester, Iohannes III, Pelagius II, Gregorius I. — Rex : Silvius. — Imperat. : Iulius Caesar, Octavianus Augustus, Tiberius, Claudius, Nero, Vespasianus, Domicianus, Traianus, Adrianus, Antoninus, Decius, Valerianus, Gallienus, Aurilianus, Dioclicianus, Constantinus, Constans, Constantinus iunior, Valentinianus I, Valens, Gratianus, Valentinianus II, Theodosius I, Maximus I tyrannus, Eugenius tyrannus, Arcadius, Honorius, Theodosius II, Constantinus tyrannus, Constans, Maximus II, Iovinus, Iohannes, Valentinianus III, Avitus, Martianus (*immo* Maiorianus), Anastasius, Iustinianus, Iustinus, Tiberius II, Mauricius. — Praefectus urbis : Germanus.

Romacharius, episc. Constantinus, II, 76.

Romaniacus, Romanicus campus, *Romagnat (Puy-de-Dôme)*, I, 117.

Romanus, comes Gabalitanus, I, 130.

Romulfus, episc. Rem., fil. Lupi ducis, II, 185.

Romulfus, comes palatii Childeberthi II, II, 123.

[Rosamunda], fil. Cunimundi regis Gepid., uxor 2. Alboeni regis Langobard., I, 131, 132.

[Rosontinse], Rotbontinse territorium, *Ressons-sur-le-Matz (Oise)*, II, 114.

Rothomagus, Rotomagus, Rhodomagus, Rotomagensis, Rhothomagensis urbs, I, 140, 147, 162, 165, 220; II, 17, 18, 75, 76, 84. — Rotomagensis terminus, II, 18; ecclesiae, II, 76. — Rothomagenses, Rhodomagenses cives, II, 76, 77. — Episc. : Praetextatus, Melantius. — Archidiac., II, 84. — Comes, I, 220.

Rotinus. — *V.* Rutena.

Rotoialinsis. — *V.* Rigoialinsis villa.

Ruben, Rubin, fil. Iacob, I, 9.

Rubrum mare, I, 10-12, 15; II, 204.

Ruccolenus, Roccolenus, I, 147, 150.

[Rufinus], episc. Conven., II, 34.

Rusticus, episc. Arvern., I, 50, 51.

Rusticus, episc. Vici Iuliensis, II, 31.

Rutena, Rutinus, Rotinus, Rutina urbs, *Rodez*, I, 65, 68, 76, 93, 151, 190, 227; II, 64, 162. — Rutenus terminus, II, 160. — Ecclesia, I, 227. — Archidiac., II, 162-163. — Episc. : Dalmatius, Innocentius, Quintianus, Theodosius, Transobadus.

S

Sabaria, civitas Pannoniae, *Stein (Hongrie)*, I, 22; II, 198.

Sabaudus, episc. Arelatensis, I, 124; II, 82.

Sabellius haereticus, I, 64.

Sacerdos, episc. Lugdunensis, I, 128.

Sadducea malignitas, II, 167.

Sadoc, fil. Azer, I, 14.

Saffaracus, episc. Parisiensis, I, 128.

Saffarius, Safarius, episc. Petrocorensis, II, 141, 142.

Safira, Sapphira, uxor Annaniae, II, 144.

Sagittarius, Sagitarius, episc. Vap-

pinsis, I, 132, 170, 174; II, 26, 34, 38-40.
Saius, episc. Ausciensis, II, 68.
Salathihel, fil. Iechoniae, I, 14.
Sale, fil. Arfaxat, I, 8.
Salma, fil. Naasson, I, 12.
Salomon, Salamon, rex Iudæorum, I, 12, 13, 15, 140, 141, 187, 188; II, 5, 83. — Salomonis liber, I, 157.
Salonius, Salunius, episc. Ebredunensis, I, 132, 170, 174.
Salustius, historicus, I, 112; II, 7.
Salustius, fil. Euvodii, comes Arvernus, I, 111.
Salvius, episc. Albigensis, I, 189, 193, 217; II, 4, 68.
Samson, fil. Chilperici I, I, 171, 172.
Samuel, Samuhel, I, 12, 30.
Santonas, Sanctonas, Sanctona; Santonica, Sanctonica, Sanctonicorum urbs, I, 120, 121, 155, 180, 234; II, 68, 85. — Sanct. comitatus, I, 234. — Sanctonici, Santhonici, II, 72, 125. — Episc. : Emerius, Palladius. — Sanct. clerici, II, 68. — Comites : Gundegisilus cogn. Dodo, Waddo.
[Sapphira], Safira, uxor Annaniae, II, 144.
Saruch., fil. Rheu, I, 8.
Saturnini (Basilica S.) Tolos., I, 208.
Saturninus (S.), episc. Tolos., I, 20; II, 196.
Saturnus deus, I, 57.
Saul, rex Iud., I, 12.
Sauriciacus villa, (?) pays de Sorcy (Aisne), I, 132.
Saxones, I, 51, 52, 109, 112-115, 132, 133, 160. — Saxones Baiocassini, I, 174; II, 163, 164. — Dux : Odovacrius. — Saxo : Childericus, II, 8, 9, 64, 187. — Saxones pueri, II, 44.
Savingus. — V. Rauchingus.
Scaldis, fluv., Escaut, I, 69.
Scaphtarius, fidelis Chramni regis, I, 111.
Scitia, Scycia, provincia, I, 42.
Secundinus, amicus Theodoberti I, I, 99.
Sedulius, Sidulius, poeta, I, 189, 235.

Segusium, Sigusium, Suse, I, 135.
Sellense castrum, Chantoceaux (Maine-et-Loire), I, 116. — Episc. : Austrapius.
Sem, fil. Noe, I, 7, 8.
Semeon. — V. Simeon.
Senachar campus, I, 8.
Senoch (S.), abbas in Turonico, genere Theifalus, I, 153.
Senonica, Sinonica urbs, Sens, II, 166. — Episc. : Artimeus.
Septimania, Septemania, II, 69, 71, 80, 91, 97, 119, 125.
Septimina, nutrix infantium Childeberthi II, II, 133, 134.
Sequana, Sygona, fluv., Seine, I, 139, 215; II, 72, 79.
Sergius (S.), martyr, II, 30, 31. — S. Sergii reliquiae, II, 30, 31, 203.
Servius, rex Romanorum, I, 15.
Sessonias. — V. Suessionas.
Seth, fil. Adam, I, 7.
Severus, Sulpicius historicus, I, 8, 30; II, 198.
Severus, Siverus, socer Gunthchramni Bosonis, I, 173. — Filii : Burgolenus, Dodo.
Sexonas. — V. Suessionas.
Siagrius, Siacrius, Syagrius, rex Roman., fil. Egidii magistri milit., I, 51, 55, 70.
Siagrius, Siacrius, Sidiarius, episc. Augustodun., I, 152; II, 119, 141-143, 193.
Siagrius, Siacrius, fil. Desiderati, episc. Viridun., I, 100.
Siccharius, dux exercitus, II, 13.
Sicharius, Sycharius, civis Turonicus, II, 44-46, 109, 110.
Sicilia, Sicylia, I, 99; II, 151.
Sicyonii, Sicionii, I, 14, 15. — Reges : Eorops, Maratis.
Sidiarius. — V. Siagrius, episc. Agust.
Sidonius (S.), Caius Sollius Apollinaris, episc. Arvern., poeta, I, 53-55, 110, 205.
Sidulius, Sedulius, poeta, I, 189, 235.
Sifulgus. — V. Sigulfus.

Sigamber (Chlodovechus I, rex), I, 60.
Sigarius, civis Pictav., I, 135.
Siggo, Syggo, referendarius Sigiberthi I, I, 150.
Sigibertus Claudus, rex Francorum Ripuar., I, 67-69.
Sigibertus I, Sigiberthus, Sighibertus, Sigyberthus, Sygiberthus, Sygibertus, Sygybertus, Syghyberthus, Shygibertus, Syghibertus, rex Franc., I, 105, 116, 118, 119, 122-124, 129-141, 147, 148, 150-152, 160, 168, 172, 181, 190, 191, 198, 207, 214, 219; II, 9, 12, 13, 17, 18, 25, 33, 52, 69, 87, 111-114, 119, 123, 124, 129, 138, 139, 145, 158, 183.
Sigibertus I, pro Charibertus, I, 120.
Sigila, Sygila quidam, « qui ex Gotia venerat », I, 141.
Sigismundus, episc. Momociac., II, 123.
Sigismundus, Sygismundus, rex Burgund., I, 78, 79, 163.
Sigiricus, Sygiricus, fil. Sigismundi regis, I, 78.
Sigivaldus I, Sygivaldus, dux Arvern., parens Theodorici I, regis Francorum, I, 85, 90, 94, 155.
Sigivaldus II, fil. Sigivaldi I, I, 94.
Sigoaldus, legatus Childeberti, II, 14.
Sigulfus, affectator regni, II, 25.
Sigulfus, Sifulgus, dux, II, 64.
Sigulfus quidam, I, 137.
Sigusium, Segusium, *Suse*, I, 135.
Silvanectis; Silvanectensis urbs, *Senlis*, I, 235; II, 111-113. — Silvan. territorium, I, 258.—Episc. : Mallulfus.
Silvester (S.), episc. Rom., I, 60.
Silvester, presbyter Lingonicus, I, 151, 152.
Silvius, rex Latinorum, I, 15.
Simeon, fil. Iacob, I, 9.
Simeon (S.), Symeon, stylites, II, 61, 189.
Simeon, Symeon, episc. Hierosolymit., I, 19.
Simois, Semoes, fluv. Troiae, I, 124.
Simon, Symon, episc. Armen., II, 188.

Simon, Symon, magus, I, 18, 54, 191, 227.
Simphorianus. — *V.* Symphorianus.
Simplicius, episc. Vienn., I, 50.
Sinaï, Sina mons, I, 11.
Sinonica. — *V.* Senonica urbs.
Siria, Sirus. — *V.* Syria, Syrus.
Sirivaldus, Syrivaldus, I, 100.
Sisciensis eccl., *Sissek (Hongrie)*, I, 22. — Episc. : Quirinus.
Sisinnius, magister militum, I, 135.
Socratius, II, 162.
Sodoma, I, 201; II, 189.
Sollius. — *V.* Sidonius Apollinaris.
Solonacensis vicus, *Sonnay (Indre-et-Loire)*, II, 198.
Sophia, uxor Iustini imperatoris, I, 168, 176, 219.
Spani, Spania. — *V.* Hispani.
Stablo villa, *Estoublon (Basses-Alpes)*, I, 132.
Stampensis pagus, *Étampes*, II, 112, 184.
Stephani (Basilica S.) Arvernensis, I, 51.
Stephani (Basilica S.) Massiliensis, I, 207.
Stephani (Basilica S.) Mettensis, I, 38.
Stephani (Eccl. S.) Rom., II, 154.
Stephanus (S.), Stefanus, protomartyr, I, 18, 38, 39.
Stilico patricius, consul, I, 46.
Strateburgus urbs, II, 131; Argentoratensis urbs, « quam nunc Stradeburgum vocant », II, 185.
Stremonius (S.), episc. Arvern., I, 20, 24.
Suebi, id est Alamanni, I, 31. — Suavi, Suaevi, I, 160, 185. — *Cf.* Alamanni. — Suebi Gallicienses, I, 185.
Suessionas, Sessionas, Sessonas, Sesonas, Sexonas; Sessionica, Sessonica urbs, *Soissons*, I, 55-57, 116, 118, 119, 141, 148, 162, 179, 209, 213; II, 71, 99, 126, 131, 132, 182. — Sess. pagus, territorium, I, 148, 150, 224. — Episc. : Droctigisilus; archidiaconus, II, 132. — Sessioni-

cus : Mummolinus. — Basilicae : SS. Crispini et Crispiniani, S. Medardi.

Sulpicius, Sulpitius, episc. Biturig., I, 227; II, 191.

Sulpicius Alexander, historiographus, I, 42-45.

Sulpicius Severus, historicus, I, 8, 30; II, 198.

Summana, Sumena, *Somme*, I, 46.

Sunnegysilus, Suntnegisilus, comes stabuli, II, 133, 134, 182.

Sunniulfus, abbas Randanensis, I, 127.

Sunno, dux vel regalis Franc., I, 42. 44.

Susanna, uxor Prisci, episc. Lugdun., I, 128.

Sy. — *V.* Si.

Sygona, fluv. — *V.* Sequana.

Symeon, Symon. — *V.* Simeon, Simon.

Symphoriani (S.), Simphoriani basilica Augustodun., I, 51; II, 73.

Symphoriani (S.) natale, II, 200.

Syri, II, 30, 49, 191. — Syri : Eufronius negotiator Burdeg., Eusebius, episc. Paris.

Syria, Siria, I, 131. — *Cf.* Aegyptus.

Syrus, magister militum, I, 44.

T

Tarabennenses. — *V.* Darabennenses.

Tatto. — *V.* Wistrimundus.

Tauredunum castrum, (*pays de Vaux*), I, 125.

Taurisiacus vicus, *Thure (Indre-et-Loire*), II, 202.

Terenciolus, comes Lemovic., II, 72.

Ternodorense castrum, *Tonnerre*, I, 151. — Archipresbyter : Mondericus.

Tetradia, uxor 1. Eulalii comitis Arverni, 2. Desiderii ducis, II, 69, 87, 160-163.

Tetradius, episc. Biturig., I, 90.

Tetradius, Thetradius, consobrinus Cautini episc. Arverni, I, 126.

Tetricus (S.), Tetrecus, episc. Lingon., I, 114, 151, 152; II, 53.

Teud —. *V.* Theod —.

Tharacia. — *V.* Thracia.

Tharac, fil. Saruch, I, 8.

Thecla. — *V.* Melania matrona.

Theifali (?) *Tiffauges (Deux-Sèvres)*, I, 116, 153.

Theoda, Theuda, rex Gothorum, I, 97.

Theodadus, Theodatus, rex Ital., I, 98.

Theodegisilus, Theodegyselus, rex Goth., I, 97.

Theodoaldus, fil. Chlodomeris regis I, 80, 92.

Theodobaldus, Theodoaldus, Theodovaldus, Theudoaldus, Theudovaldus, rex Francorum, I, 95, 102, 107, 108, 112. — Uxor : Vuldetrada.

Theodoberthus I, Theodeberthus, Theodobertus, Theudobertus, rex Franc., I, 76, 77, 80, 81, 93-96, 98-102, 141, 142; II, 194.

Theodobertus II, fil. Childeberti II, rex Franc., II, 81, 98, 102, 112, 113, 123, 126, 132, 133.

Theodoberthus, fil. Chilperici I, I, 119, 123, 138-141, 150, 158, 168, 191.

Theodogildis, Theodegildis, Theudechildis, uxor 3. Chariberthi I, monialis Arelatensis, I, 120-122.

Theodomeris, Theudomeris, rex Franc., I, 46.

Theodoricus I, Theodericus, Theudoricus, Theudericus, fil. Chlodovechi, rex Francorum, I, 57, 68, 7 6 85, 87, 93, 94, 99-101, 119, 142.

Theodoricus II, fil. Childeberti II, rex Francorum, II, 92, 98, 102, 112, 113, 133.

[Theodoricus], fil. Chilperici I, I, 213, 217, 224.

Theodoricus, rex Ital., I, 78, 97.
Theodoricus, comes Britann., fil. Bodici, I, 161.
Theodorus, Teudorus, episc. Massil., I, 207, 213, 214; II, 37, 52, 56-58, 66, 118.
Theodorus, episc. Turon., I, 90; II, 201.
Theodorus, Theodor, rex Gothorum, I, 40, 41.
[Theodosia], uxor 1. Leuvichildi, regis Goth., I, 129, 181; II, 91.
Theodosius episc. et archidiac. Ruten., I, 190, 227.
Theodosius, Theudosius, imperator, I, 23, 24.
Theodosius II, imperator, I, 41. — Theodosiana lex, I, 136.
Theodovaldus. — *V*. Theodobaldus.
Theodulfus, abbas Cenomann., I, 206.
Theodulfus, Theudulfus, diac. Paris., II, 172-173.
Theodulfus, comes Andecav., II, 64.
Thephei, rex Aegypti, I, 15.
Thessalonicenses, Thesalocenses, II, 171.
Theud—. *V*. Theod—.
Theutharius, Theutherius, Tehutarius, presbyter, ex referendario Sigiberthi I, II, 129, 148, 180.
Tholosa urbs. — *V*. Tolosa.
Thoringia, I, 80, 81, 82, 109. — Thoringi, I, 77, 80, 81. — Reges: Bisinus, Badericus, Hermenefredus, Berthacharius. — Thoringus: Brachio, I, 155.
Thoringia (Transrhenana), I, 46, 49. — Thoringi, I, 46, 57.
Thorismodus, Thursemodus, rex Gothorum, I, 40, 41.
Thornacus, Thoronus.— *V*. Tornacus. Turonus.
Thraciae, Tharacia, Tharciae, *Thrace*, I, 23, 44.
Thursemodus. — *V*. Thorismodus.
Tiberis, fluv., *le Tibre*, II, 151.
Tiberius I, imperator, I, 16, 17.
Tiberius II Constantinus, Tyberius, imperator Constantinop., I, 130, 169, 170, 175, 176, 182, 197, 211, 218, 219.
Ticinum, Tycinum civitas, *Pavie*, I, 97; II, 158.
Tolbiacense. — *V*. Tulbiacense.
Toletum, Tolidus, urbs, *Tolède*, I, 182, 231.
Tolosa, Tholosa; Tholosana urbs, I, 20, 55, 63, 68, 208; II, 11, 12, 16, 25, 26, 32, 196, 200.— Tolos. pagus, territorium, terminus, II, 41, 74, 87. — Tolosani, II, 72, 125. — Episc.: S. Saturninus, Exsuperius, Magnulfus. — Basil.: S. Mariae, S. Saturnini. — *Cf*. Capitolium.
Tornacus, Thornacus, urbs, *Tournai*, I, 140, 141, 172, 193; II, 192. — Torn. pagus., I, 193. — Tornacenses Franci, II, 192.
Tornomagensis vicus, *Tournon-Saint-Pierre (Indre-et-Loire)*, II, 198.
Toronus. — *V*. Turonus.
Traducta, urbs, *Tanger*, I, 32.
Traguilla, famul. Amalasunthae reginae, 1, 97.
Traianus imperator, 1, 18, 19.
Transimundus, Trasamundus, rex Wandal., I, 32, 33.
Transobadus, archidiac. et presb. Ruten., I, 190, 227.
Tranquilla, uxor Sicharii civis Turon., II, 46, 110.
Trasamundus. — *V*. Transimundus.
Trecas; Tricassinorum, Tricasinorum urbs, *Troyes*, II, 58.— Episc.: Agricius.
Treiectensis urbs, *Maëstricht*, I, 38. — Episc.: S. Aravatius.
Treverus, Trevera; Treverorum, Treverica, Triverica urbs, I, 24, 42, 44, 46, 101; II, 57, 60, 100, 194. — Trevericus terminus, I, 87. — Episc.: Maximinus, S. Nicetius, Magnericus. — Trev. imperator: Maximus. — Basilica: S. Maximini.
Tricassinorum urbs. — *V*. Trecas.
Tricastinorum urbs, *Saint-Paul-Trois-Châteaux (Drôme)*, I, 170. — Episc.: Victor.

Valdenus Francus, II, 192.
Valens imperator, I, 23; II, 198.
Valentia urbs, *Valence (Drôme)*, I, 134, 135.
Valentinianus, haereticus quidam, I, 19.
Valentinianus I, imperator, I, 23; II, 198.
Valentinianus II, imperator, I, 44.
Valentinianus III, imperator, I, 41, 42.
Valentinus, primus rex Francorum, I, 42.
Valerianus imperator, I, 21.
Vandali, Wandali, I, 31-33, 37, 45. — Reges : Godigyselus, Gundericus, Honericus, Transimundus, Childericus, Gelesimeris.
Vappinsis eccl., *Gap*, I, 170. — Episc. : Sagittarius.
Varocus. — *V.* Warocus.
Vasatensis urbs, *Bazas*, I, 210, 213 ; II, 31. — Episc. : Orestes. — Monasterium, I, 210.
Vasconia, I, 208. — Wascones, II, 96, 97.
Vasso Galatae, delubrum Arvernum, (templum Mercurii), I, 21.
Vectius. — *V.* Vettius Epagatus.
Vedastes, Vidastis, cognomine Avius, II, 8.
Vellava urbs, *Pays de Velay*, II, 191. — Vellavum territorium, I, 137. — Villavi I, 216. — Episc. : Aurilius.
Venantii (Monast. S.) Turon., II, 201, 202. — Abbates : S. Venantius, Licinius, Guntharius.
Venantius (S.), abbas S. Venantii Turon., II, 201.
Veneranda, concubina Gunthchramni, I, 120.
Venerandus (S.), episc. Arvernus, I, 50.
Venetus, Venetica urbs, *Vannes*, I, 107, 174, 175; II, 69, 109, 164. — Viniticum territorium, II, 109. — Episc. : Eunius, Regalis.
Vennocus. — *V.* Winnochus.
Veranus, episc. Cabillonensis, II, 77, 92, 142, 143.

Vercellis, Vircellis; Vircellensis civitas, *Verceil*, I, 31; II, 199. — Episc. : S. Eusebius.
Verdunensis, Virdunensis urbs. — — *V.* Deensis urbs.
Veredunensis, Viredunensis, Viridunensis urbs; Viridunum, *Verdun*, I, 95, 99, 100; II, 43, 97, 103, 119, 183. — Viredunenses, Virdunenses, I, 100. — Episc. : Desideratus, Agericus, Charimeris. — Ecclesia, II, 97. — Oratorium, II, 103, 119.
Vernaus vicus, *Vernon (Indre-et-Loire)*, II, 200.
Verpinus. — *V.* Werpinus.
Verus, Virus, episc. Turon., I, 55; II, 200, 201.
Verus, Virus, episc. Vienn., II, 82.
Verus, Virus, nepos Eulalii comitis Arverni, II, 162.
Vespasianus, imperator, I, 18.
Vettius (S.), Vectius Epagatus, mart. Lugdun., I, 19, 21.
Vicinonia fluv., *Vilaine*, I, 174; II, 163, 165.
Victoris (Basilica S.) Massil., II, 118.
Victor, episc. Tricastin., I, 170.
Victor, Victur, fil. Maximi tyranni, I, 43.
Victoriacum, Victuriacum, Victuriacon; Victuriacensis villa, *Vitry (Pas-de-Calais)*, I, 141, 147, 230.
Victoriacus; Victuriacum castrum, *Vitry-le-Brûlé (Marne)*, I, 85.
Victorinus (S.), martyr Arvernus, I, 21.
Victorius, Victurius, episc. Redon., pater Domnolae, II, 77, 135.
Victorius, Victurius, dux Arvernus, I, 52, 53.
Victorius, Victorinus Aquitanus, I, 6. — Victuri cyclus, II, 187.
Victur—. *V.* Victor—.
Vicus Iulii, Vicus Iuliensis (Atora), *Aire (Landes)*, II, 31, 96, 112. — Episc. : Rusticus.
Vidastes. — *V.* Vedastes.
Vidimaclis Britannus, II, 108.
Vienna; Viennensis, Vienensis, Vien-

INDEX ALPHABETICUS

Triverica. — *V.* Treverica urbs.
Troiani, I, 124.
Trophas, rex Argivorum, I, 15.
Trophimus, episc. Arelatensis, I, 20.
Trudulfus, Trufuldus, comes palatii, II, 103.
Tulbiacense oppidum, *Tolbiac vel Zülpich*, I, 67, 82.
Tungrus; Tungrorum oppidum, *Tongres*, I, 37, 38.
Turonus, Toronus, Thoronus; Toronica, Thoronica, Turonica urbs, I, 20, 26, 27, 31, 65, 68, 71, 90, 105, 106, 109, 113, 117, 118, 121, 135, 137, 138, 147, 150, 153, 155, 157, 159, 171, 172, 185, 190-193, 207, 208, 213, 215, 227; II, 13, 23, 27, 44, 80, 82, 93, 94, 96, 112, 124, 125, 127, 129, 134, 139, 140, 159, 167, 188, 196-204. — Toron. territorium, terminus, regio, I, 66, 138, 153, 155, 156, 176, 193, 208, 213, 221; II, 13, 19, 24, 46, 110, 165, 203. — Turonici, Turoni, Toronici, Thoroni, Turonicus populus, I, 26, 27, 31, 50, 113, 140, 164, 173, 220; II, 12-14, 26, 44-46, 69, 99, 109, 124, 125, 198, 199. —
Turon. ecclesia, I, 90, 157; II, 121, 199-204. — Turon. episc., II, 197-204. — Episc. : Catinus (Gatianus), Litorius, Martinus, Briccius, Iustinianus, Armentius, Eustochius, Perpetuus, Volusianus, Verus, Licinius, Dinifius, Ommatius, Leo, Theodorus, Proculus, Francilio, Iniurosius, Baudinus, Guntharius, Eufronius, Gregorius. — Clerus, I, 107. — Archidiac. : Plato. — Martyrarius et abbas : Leubastes. — Comites : Gaiso, Leodastis, Eunomius, Willacharius; senatores, cives : Ambrosius, Chramnesindus, Litorius, Lupus, Pelagius, Sicharius, Wistrimandus. — Turonica : Ingotrudis. — Basilicae, monasteria, oratoria : S. Germani, SS. Gervasii et Protasii, S. Litorii, Maius monasterium, S. Mariae, S. Mariae et Iohannis-Bapt., S. Martini, SS. Petri et Pauli, S. Venantii, S. Vincentii; Cellula : S. Martini. — Toronicus vicus : Caino, I, 161, 208.
Tuscia, I, 98.
Tycinum. — *V.* Ticinum.

U

Ucetica urbs, Ucecensis civitas, *Uzès*, I, 205; II, 64. — Episc. : Albinus, Ferreolus, Marcellus.
Ugernum, Arelatense castrum (*nunc dirutum*; *situm erat prope Beaucaire*), II, 74, 97.
Ultrogotho, Ultrogoto, Vulthrogotha, uxor Childeberthi I, I, 117, 185.
Urbanus (S.), martyr Antioch., I, 19.
Urbanus, filius Melaniae matronae, I, 23.
Urbia fluvium, *Orge*, I, 212; pons
Urbiensis, I, 212.
Urbicus, Orbicus, episc. Arvern., I, 24.
Urbicus, Urbecus, Urbitus, episc. Regiensis, II, 142, 143.
Ursicinus, episc. Cadurc., referendarius Ultrogothonis reginae, I, 185, 227; II, 65.
Ursio, I, 198,; II, 98-100, 102, 103, 182.
Ursus, civis Arvernus, I, 136, 137.
Ursus alius, I, 136.

V

V. — *Cf.* W.
Vabrense pagus, *pays de Woëvre* (*Meuse*), II, 102. — Vabrensis pa-
gus, II, 102. — Basilica : S. Martini.
Vafres, rex Aegypti, I, 15.

nensium urbs, *Vienne*, I, 44, 61, 62, 79; II, 82. — Episc. : Simplicius, Mamertus, Avitus, Evantius, Virus.
Vigenna. — *V.* Vincenna.
Vigilius, archidiaconus Massiliensis, I, 134.
Vili—. *V.* Willi—.
Villavi. — *V.* Vellavi.
Vincenna, Vigenna fluv., *Vienne*, I, 27, 66.
Vincentii (Basilica S.) in territorio Agenn., II, 35.
Vincentii (Basilica S.) Paris. (*postea S. Germani*), I, 116, 153, 235; II, 56, 78.
Vincentii (Basilica S.) Turon., II, 202.
S. Vincentius, levita et mart. Hispaniae, I, 96, 97; II, 94.
Vinciensis, *Vence (Alpes-Maritimes)*. Episc. : Deotherius, Phronimius, II, 119.
Vindimialis (S.), episc. Cabsensis, I, 34-36.
Vindocinum castellum, *Vendôme*, II, 112.

Viniticus. — *V.* Venetus.
Vinthrio. — *V.* Wintrio.
Vir—. *Cf.* Ver—.
Virgilii opera, I, 136.
Virgilius, abbas Augustod., episc. Arelat., II, 119.
Visorontia, Virontia, *Vézeronce (Isère)*, I, 79.
Vitalis (S.), mart. Bonon, I, 51.
Vivariensis urbs, *Viviers*, II, 187.
Vogladensis campus, I, 67; Vogladense bellum, I, 71.
Volosianus, Volusianus, episc. Turon., I, 55; II, 200.
Vosagensis pagus, (?) *Bouges (Indre)* II, 110.
Vosagus Silva, *forêt des Vosges*, II 165.
Vuldetrada, Valdethrada, Vuldotrada, uxor 1. Theodobaldi regis Franc.; 2. Chlothacharii I; 3. Garivaldi, ducis Baioariorum, I, 108 109.
Vulfelaicus, Vulfilaicus, Langobardus, diaconus Epos., II, 59-62
Vulthrogotha. — *V* Ultrogotho.

W

W. — *Cf.* V.
Waddo, Waldo, maior domus Rigunthis reginae, comes Santonicus, I, 234; II, 26, 34, 38-41, 43, 186.
Waddo, Wado, Waldo (Berthchramnus), diaconus Burdegal., II, 67, 130, 131.
Wandali. — *V.* Vandali.
Wandalinus, Wandelenus, nutritor Childeberthi II, I, 197; II, 68.
Warmarius Francus, legatus Sigiberti I, I, 131.
Warocus, Warrocus, Warochus, Varocus, Varochus, comes Brittanniae, fil. Macliavi, I, 161, 174; II, 108, 109, 163-166. — Fil. : Canao.

Werpinus, Verpinus, comes Meldensis, II, 64.
Wiliacharius, Wilicharius, presbyter socer Chramni regis, I, 115, 117.
Wiliacharius comes (*forte idem ac* Willacharius comes), II, 165.
Wiliulfus, civis Pictav., II, 104, 105
Willacharius, comes Aurel. et Turon., II, 13.
Winnochus, Vonnocus, Britto, presbyter, I, 171; II, 79.
Wintrio, Vinthrio, dux Campan., II 64, 156.
Wisigardis, Visigardis, fil. Wacchonis regis Langob., uxor Theodoberthi, I, 93, 95, 99.
Wistrimundus cognom. Tatto, civis Turon., II, 196.

X

Xystus, episc. Romanus, I, 19.

Z

Zaban, dux Langobardorum, I, 134, 135.
Zabulon, fil. Iacob, I, 9.

Zara, fil. Raguhel, I, 9.
Zoroaster, « is qui Chus », I, 7.
Zorobabel, fil. Salathihel, I, 13, 14.

ERRATA

Tome I, page XI, au lieu de 513, lire 573.
— — XXVI, au lieu de **1679**, lire **1699**.
— — 62, l. 37, au lieu de *vectibu sillius*, lire *vectibus illius*.
— — 65, l. 17, lire *Gothorum, cum videret*.
— — 69, l. 31-32, ou *praebo; si videtur acceptum convertimini*.
— — 94, l. 17, lire *Sygivaldi filium*.
— — 145, l. 28. Ajoutez un *point* après *Childerici*.

Tome II, page 63, note 4, au lieu de *Corr.*, lire *Cod*.
— — 125, l. 21, au lieu de *eum*, lire *cum*.
— — 126, l. 1, au lieu de *prosequentibusqu(e)*, lire *prosequentibusqu[e]*.
— — 162, l. 26, au lieu de *Urbis*, lire *urbis*.
— — 183, note 17, au lieu de *hec*, lire *hęc*.

COLLECTION DE TEXTES

POUR SERVIR A L'ÉTUDE ET A L'ENSEIGNEMENT DE L'HISTOIRE

Publiée sous les auspices de la Société historique.

VOLUMES PUBLIÉS :

1. **RAOUL GLABER. Les cinq livres de ses histoires** (900-1044), publiés par Maurice Prou, ancien membre de l'École française de Rome, 1 vol. in-8.
   Ne se vend plus séparément.
   Pour les souscripteurs à la collection...................... 3 fr. 50

2. **GRÉGOIRE DE TOURS. Histoire des Francs**, livres I-VI; texte du manuscrit de Corbie, accompagné d'un fac-similé, publié par H. Omont, de la Bibliothèque nationale, 1 vol. in-8... 7 fr.
   Pour les souscripteurs à la collection...................... 5 fr.

3. **Textes relatifs aux institutions privées et publiques aux époques mérovingienne et carolingienne**, publiés par M. Thévenin. 1re partie, Institutions privées... 6 fr. 50
   Pour les souscripteurs à la collection...................... 4 fr. 50

4. **Vie de Louis le Gros**, par Suger, suivie de la **Vie du roi Louis VII**, publiées par Aug. Molinier................................... 5 fr. 50
   Pour les souscripteurs à la collection...................... 4 fr.

5. **Textes relatifs à l'histoire du Parlement depuis les origines jusqu'en 1314**, publiés par Ch.-V. Langlois, maître de conférences à la Faculté des lettres de Paris...................................... 6 fr. 50
   Pour les souscripteurs à la collection...................... 4 fr. 50

6. **Lettres de Gerbert** (983-997), publiées avec une introduction, par Julien Havet, bibliothécaire à la Bibliothèque nationale.................. 8 fr.
   Pour les souscripteurs à la collection...................... 5 fr. 50

7. **Les traités de la guerre de Cent ans**, publiés par E. Cosneau, professeur au Lycée Henri IV.. 4 fr. 50
   Pour les souscripteurs à la collection...................... 3 fr. 25

8. **L'Ordonnance Cabochienne (Mai 1413)**, publiée avec une introduction et des notes, par A. Coville, chargé de cours à la Faculté des lettres de Lyon.. 5 fr.
   Pour les souscripteurs à la collection...................... 3 fr. 50

9. **PIERRE DUBOIS. De recuperatione terre sancte**, traité de politique générale du commencement du xive siècle, publié par Ch.-V. Langlois, chargé de cours à la Faculté des lettres de Paris........................... 4 fr.
   Pour les souscripteurs à la collection...................... 2 fr. 75

10. **GALBERT DE BRUGES. Histoire du meurtre de Charles le Bon, comte de Flandre (1127-1128)**, publiée avec une introduction et des notes, par H. Pirenne, professeur à l'Université de Gand........... 6 fr.
    Pour les souscripteurs à la collection...................... 4 fr. 25

11. **Documents relatifs à l'administration financière en France de Charles VII à François Ier (1449-1523)**, publiés par G. Jacqueton, conservateur-adjoint à la Bibliothèque-musée d'Alger............... 8 fr. 50
    Pour les souscripteurs à la collection...................... 5 fr. 75

12. **Chartes des libertés anglaises** (1100-1305), publiées avec une introduction et des notes, par Ch. Bémont, maître de conférence à l'École des Hautes-Études.. 4 fr. 50
    Pour les souscripteurs à la collection...................... 3 fr. 25

13. **EUDES DE SAINT-MAUR. Vie de Bouchard le vénérable, comte de Vendôme de Corbeil, de Melun et de Paris (Xe et XIe siècles)**, publiée par Ch. Bourel de la Roncière............................. 2 fr. 25
    Pour les souscripteurs à la collection...................... 1 fr. 50

14. **Documents relatifs aux rapports du clergé avec la royauté, de 1682 à 1705**, publiés par Léon Mention, docteur ès-lettres... 4 fr. 50
    Pour les souscripteurs à la collection...................... 3 fr. 25

15. **Les grands traités du règne de Louis XIV de 1648 à 1659**, publiés par Henri Vast, docteur ès-lettres........................... 4 fr. 50
    Pour les souscripteurs à la collection...................... 3 fr. 25

16. **GRÉGOIRE DE TOURS. Histoire des Francs**, livres VII-X ; Texte du manuscrit de Bruxelles, avec index alphabétique, publié par Gaston Collon, élève de l'École des Chartes et de l'École des Hautes-Études................... 5 fr. 50
    Pour les souscripteurs à la collection...................... 4 fr. »

www.ingramcontent.com/pod-product-compliance
Lightning Source LLC
Chambersburg PA
CBHW070656170426
43200CB00010B/2260